여산원

KB105550

편산여 는내려퍼럼흘어 앙터리 이앗

담 … 임신원 주인. 기획, 음식 등을 한다.

무니글방을 운영하며 읽고 쓰고 말하는 일로 돈을 벌고 가끔 연극을 한다. 우스운 것은 무대에서, 슬픈 것은 글에서 다룬다. 그러나 우스운 것은 매개 슬프다고 생각한다. 엎루케 '무니'와 함께 산다. 정상성의 틈새, 제도의 사각지대로 숨어드는 섹슈얼리티 이야기에 이끌린다. 존재보다 는 존재 아닌 것들의, 주제보다는 비체의, 말보다는 소리를 내는 것들의 연대를 독하하는 데 시간을 쓴다. 주력 상품은 우정과 권섬.

유리 … 임신원 지원. 섬외, 시사 등을 한다.

작가, 반성폭력 활동가, 무니글방 글방지기다. 「눈물에는 체력이 누아있어」를 썼다. 기나피고 '인점미'와 함께 산다.

예인 … 임신원 촬영 감독. 촬영하다 쉬는 시간에 가끔씩 식탁에 앉는다. 아이돌 지망생, 리포터, 소규모 인플루언서, 인체모델을 거쳐 스스로를 찍는 사람이 되었다. 수원 성매매 집결지 기록 촬영 후 성노동자 인권 운동에 관심을 기울이고 있다. 청자그룹 W/O F. 멤버로 활동하고 있다.

여름 … 성노동자해방행동 주홍빛연대 차차 활동가.

조이 … (전)디지털성폭력 피해자를 지원하는 피해 지원 활동가.

춘장 … 국회의원 보좌진, 콘텐츠 노동자.

장혜영 … 21대 국회 정의당 비례대표 국회의원.

무모 … 새벽이생추어리 활동가.

미어캣 … (전)기후위기 비상행동 사무국 활동가, 음악가.

엉겁결

에밀 아자르 장편소설
용태리 옮김

옮김

프롤로그

"한 번에 한 분의 손님을 초대해 비친 만찬을 차려드려요. 대신 손님께선 이야기를 들려주세요.

식탁을 사이에 두고 당신과 나는 대화를 기록하고 싶습니다."

— 담

이것은 우리 모두를 위한 이야기입니다, 라고 말 편히 덧붙일 수 있다면 좋았을 것이다.

그러나 활동가 여섯 명과 밤을 먹고 기록한 글이 어떻게 우리 모두의 이야기가 될 수 있을까? 임상원은 과연 우리 모두를 위한 이야기가 될 수 있는가를 자문할 때마다 나는 그렇기도 하고 아니기도 하다는 답밖에는 할 수가 없었다. 아무 의미가 없으므로 나무랄 데도 없는 텅 빈 말, 그런 대답으로 위기를 모면하면서 세상 깨단코 했다. 애지중지하는 마음을 말문을 막는 마음이구나.

싶은 임상원이 무엇이라고 단언하는 일만큼은 하고 싶지 않았다. 내게 소중한 이곳을 가능한 한 근사하게 정의하고 싶었고, 그러지 못할 바에는 설명을 영영 보류하고 싶었

다. 금기야는 임상원에 관해서 아무 말도 할 수 없을 것 같았다. 잘 알려고 싶은 욕심이 턱끝까지 나머지를 눌 숨이 모자란다고 느꼈기 때문이다.

이렇듯 잔뜩 부푼 허영심에 구멍을 내고 시원하게 숨길을 터준 것은 가까운 동료들의 말이다.

오래된 친구 이슬아 작가는 말했다. "나는 서문이 너무 안 써질 때는 생각해, 우리 엄마 복희 씨가 이 글을 읽는다고 생각하면서 써. 그럼 참낟 적하려는 마음을 싹 사라져. 복희 씨가 서문만 보고 책을 덮지 않게 하는 것, 그게 내 서문의 목표야."

진밀한 이웃 하은비 작가는 언젠가 한 책을 두고 이렇게 썼다. "이 책은 가벼워서 듣고 다니기 좋다. 말의 높이가 낮다는 것은 이 책에서 무척 중요하다. 읽기에 매번 힘이 않이 드는 이에게는 그게 엄청 고맙고 반갑다."

마지막으로 임상원이 귀한 식구인 한유리 작가는 자신이 글을 쓸 때 떠올리는 한 문구를 일러주었다. 순정우 미구 송휸 물이 완결 기사에 달렸던 어느 댓글이다. "이렇게

람들, 여성, 장애인, 성노동자, 퀴어, 빈민, 홈리스, 청소년, 동물의 이야기가 곧 나의 이야기이기도 하다고 굳게 믿는 감각이상자들. 비관할 구석이 가득한 세상에서 냉소를 통해 똑똑해 보이기를 선택하지 않은 사람들. 너무 순진한 게 아니냐는 의심의 눈초리를 감수하면서 굳이 어떤 희망을 가져보기로 한 사람들.

나를 매번 놀랍게 한 것은 활동가들이 타고나기를 강건한 영혼의 소유자이거나 남에게 베풀고 남을 만큼 자원과 사랑이 넉넉한 사람들이 아니라는 사실이었다. 도리어 그들은 아프고 취약하며 그렇다는 이유로 미움받은 역사 또한 긴 사람들에 가까웠다. 그렇다면 왜? 자기를 돌보아도 모자랄 시간에 왜 어떤 사람들은 남을 돌보겠다고 오지랖을 부리는 걸까?

『작가는 어떻게 읽는가』라는 책에서 조지 손더스는 톨스토이의 단편 「주인과 하인」을 통해 똑같은 질문을 던진다. 시종일관 거만하고 계산적이었던 주인 바실리가 얼어 죽

이런 판결이 나왔는지 그 판사가 나와서 아주 친절하고 정확하게 설명해주세요. 법에 대해 아는 거 없지만 사람의 도리는 아는 아주 평범한 주부입니다." 우리는 자신의 글을 그분을 향해 쓴다고 했다.

친구들의 말을 되새기면서 나는 엄살원이 누구를 위한 이야기여야 하는지 알게 된다.

엄살원은 '우리' '모두'를 위한 이야기가 아니다. 엄살원은 우리로부터 쫓겨난 모두를 위한 시공간이다. 일찍이 우리에서 탈락된 우리에게 바짝 다가가는 안침이 열리는 곳이다. 기존의 '우리'를 구성하는 조건에 의문을 제기하지 않을 수 없었던 사람들, 약하다는 이유로 우리가 될 수 없었으며, 그런 협소한 우리를 받아들이길 거부하면서 우리의 삼엄한 경계를 풋아내는 우리가 오는 식당이다.

엄살원의 손님들은 활동가들이다. 사람에 따라서는 너무 특수한 인간들의 집합이라고 느낄 수도 있을 것이다. 자기 일도 아닌 문제에 자기 일처럼 화를 내는 게 직업인 사

활동가들의 대답은 다양했지만, 그들이 모두 밥을 먹고 산다는 점만은 같았다. 그들처럼 나의 일부이길 그친 나, 나만은 아닌 나, 시끄럽고 커다랗고 무수한 나로 살아보려는 일은 많은 열망을 소모한다. 그래서 이들에게 밥을 드는히 먹어치웠다고 생각했다. 밥상 앞에 앉은 손님들의 얼굴은 유순하기 그지없다. 농성의 도가 튼 사람이건 구획을 드나드는 사람이건, 수저를 뜨는 순간만큼은 다들 조그맣다. 한 명의 인간은 누구든 이렇게 작다는 사실, 그 사실 때문에 때로는 기가 막히고 때로는 가슴이 미어졌다.

밥과 후식과 술을 식탁 위로 분주히 나르면서 이 작은 '나'들의 목소리를 들었다. 떨리는 목소리, 굳센 목소리, 삐뚤어진 목소리, 굵은 목소리, 얄쌍당쌍한 목소리, 명징한 목소리, 웃는 목소리, 우는 목소리를 고루 들었다. 듣는 동안 이런 마음의 소리가 함께 들려왔다. 감히 이해하거나 공감한다고 단언하지 않으면서, 그렇다고 몰이해의 황무지에 서로를 내버려두지도 않으면서, 실로 '듣기'란 어떻게 가능

을 위기에 처한 하인 니키타를 살리기 위해 목숨을 바치게 되는 이유는 무엇인가? 어떻게 이런 변화가 가능한가? 바실리가 죽음의 위기 앞에서 불현듯 깨달음을 얻고 이타적인 인물로 변한 것가? 그렇지 않다. 바실리는 늘 그랬듯 자기 자신을 위해 행동한다. 그러나 이번에 바실리는 바실리이기만 한 바실리가 아니라, 니키타이기도 한 바실리를 위해 행동한다. 조지 순드스는 이렇게 말한다. "자신의 바로 자기 자신이라는 그의 생각은 진실이 아니었다. 그 긴 세월 그는 자기 자신의 일부일 뿐이었다."

순드스의 표현을 빌려 엄살원의 손님들에게 나는 묻고 싶었다. 당신들은 어떻게 '자기 자신'의 일부이기를 그만두었다는 놀라운 선택을 내릴 수 있었느냐고. 어떤 계기로 우리는 자신이기만 했던 자신의 투명도를 낮추어 마침내 나 아닌 존재들과 하나로 포개질까? 나는 고작 나에게서 그치지 않을 수 있다는 진실을 추구하는 데는 어떤 기쁨과 슬픔이 따를까?

렴을 다해 웃고 떠드는 식탁. 그 풍경을 당신께도 꼭 보여 드리고 싶다.

한가? 존중과 연대란 어떻게 가능한가? 이제 알겠다고 말함으로써? 아니면 여전히 모르겠다고 말함으로써? 이런 질문들이 우리의 중심을 세차게 훑드는 가운데 우리는 서로의 목소리를 듣기 위해 애썼다. 그러는 동안 목소리들은 서로에게 틈을 냈다. 우리가 우리의 일부아지만은 않도록. 그 소중한 생채기들의 기록이 여기에 있다. 그리고 목 이런 방식으로만, 엄살엔을 비로소 우리 모두를 위한 이야기라고 말해볼 수도 있을 것이다.

한 가지 더, 이 책에 수없이 많은 웃음이 등장한다는 사실이 잊히지 않으면 좋겠다. (웃음), (폭소), (쓰러짐), (배 잡고 쓰러짐)… 정다있던 주은으로 뭉뚱그리지 않고, 바로 여기에서 바로 그런 방식으로 웃었음을 정성스럽게 되살려 적는 길을 택해주신 편집부에 감사를 전한다. 이것은 무엇보다 웃어넘기지 않는 사람들의 이야기이기 때문이다. 웃으며 남기려는 사람들의 이야기이기 때문이다. 끝까지 말하기 위하여, 끝까지 듣기 위하여, 주인과 손님 모두 전

여름

진단명 없는 아픈 사람,

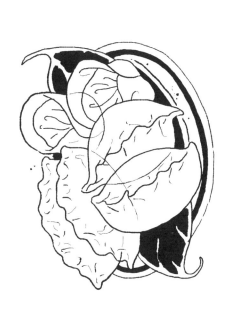

"만두 제나까 되게 예뻐졌죠. 아까 빛을 때 거정 많이 하셨잖아요. 이쪽이 여름 넘이 빗은 거고, 이쪽이 빗은 거. 거의 티 안 나지 않아요? 누가 빗은 건지 잘 모르겠죠? 우리 가는 국에 들어가는 만두처럼 빛 아가지고 한 번에 얇아보겠는데."

"만두라는 거… 어렵네요."

"그래도 맛은 똑같아요."

여름을 소개하는 사람은 선택해야 한다. 오해를 조장하며 편안해질 것인가, 오해를 감수하며 정화해질 것인가.

전자를 선택할 때, 나는 그룹 '아랫마을 홈리스야학 교사'라고 설명한다. 빈곤 당사자로서 평소하 (反)빈곤 이슈에 관심을 가지고 있었다는 그는 한글 사용이 어려운 홈리스를 대상으로 한글을 가르친다(2016년 보건복지부에서 실시한 노숙인 등의 실태조사에 따르면 전체 노숙인 중 27.1퍼센트가 한글이나 숫자 사용에 어려움이 있다고 한다). 그의 교실에서는 자음과 모음이 만나 교시원, 주방, 기초생활수급자, 무료급식소와 같은 단어를 이루고, 그 단어와 강하게 연결

된 홈리스 학생들의 발표가 자유롭게 펼쳐진다. 그렇게 나를 말하고 남을 들으며 읽고 쓰기를 배운 학생들은 가끔 수업 말미에 "재밌다"는 소감을 남기곤 떠난다. 여름이 담백한 혜식에 따르면 수업 자체가 재밌었다기보다는 그저 하루틈과 한글로 계임하고 한글밖 동료와 다니어 오는 놀이가 재있다는 뜻에 가까운 거라고는 하지만, 든는 사람 입장에서는 글쎄, 그게 다가 아닌 이야기 같아 얇아 슬그머니 웃음이 걸린다.

이런 일을 하는 여름을 환영하지 않는 사람은 드물다. 소개한 사람도 소개받은 사람도 편안한 표정으로 우호적인 대화를 나눌 수 있다. 그러나 "그분은 저를 위한 교사라고 알고 있어요.'라는 여름이 많은 '거는 그분과는 잘 모르는

사이예요.'라는 말과 같다. 여름이 누구인지 제대로 알기 위해서는 긴장을 반아들여야 한다.

후자를 선택할 때, 나는 긴장을 반아들일 준비를 한다. 그리고 그룹 '성노동자해방행동 주홍빛연대'에서 자치 활동가'이자 '성노동자'라고 설명한다. 여름은 치과 치료를 받으며 손을 뻗기 위해 성노동을 시작했다. 기스방, 룸, 집결지 등다양한 업종을 거치며 생계를 꾸리던 그는 성산업 내 열악한 노동환경에 문제의식을 느꼈고, 동료 성노동자와 함께 '성노동자해방행동 주홍빛연대'라는 인권 단체를 만들었다.

자치는 주홍글씨로 낙인찍힌 모든 성노동자를 위해 '차'별과 낙인을 '지'긋지긋 없애나가고

자 활동한다. 성매매 업소 경기 아웃리치(현장지원활동), 성노동자 혐오범죄 규탄 집회 등을 진행하고, 여성주의적 인터뷰 성노동을 다루는 콘텐츠를 생산하며, 성노동자를 타깃으로 하는 협박, 사기, 폭력 사건 피해를 지원한다. 최근에는 성매매 단속 중 불법 촬영과 같은 경찰의 위법한 채증(採證)과 정황의 위한 성노동자 인권침해 사례를 조사한 후 국가인권위원회에 진정하여 성노동자 인권운동의 역사에 의미 있는 족적을 남겼다.

이런 일을 하는 여름을 당신은 어떻게 생각할까? 여전히 환영하고 있을까? 여름을 아끼는 마음이 생긴 후로 나는 호스트탑을 그의 탈성매매를 노래하게 되었다. 성노동은 남들이 쉽게 전내하는 힘든 일이기 때문이다. 그러나 아무리 열심히 구인 구직 정보를 뒤져봐도 몸이 아픈 여름에게 필요한 만큼 임금을 지급하는 다른 일자리를 찾을 수가 없었다.

그런 내게 여름은 흔들림 없이 말한다. "성노동자에게도 노동자로서의 긍지가 있다. 사람은 누구나 평등하다. 성노동자의 일을 힘든 일로 만드는 조건을 개선해야 한다. 폭력과 착취는 당하는 사람이 잘못이 아니다."

사실 여름이 아팠다면 홈리스 아하! 교사로 일하게 되었을지도 모른다. 2019년, 인천 성매매 집결지 '옐로하우스' 재개발 투쟁에 참여한 그는 집결지 노동자들이 2평 남짓한 일터에서 먹고 자는 모습을 보며 성매매 여성의 주거권을 보장할 방법을 고민하게 되었고, 곧 여러 비적정 거처에 사는 사람의 주거권을 다루는 홈리스 아하!를 자신의 의제로가 적게 되었다.

그러므로 성노동자 여름은 없으면 아하! 교사도 여름도 없다. 습근 여름, 기쁜 여름, 발인하는 여름, 침묵하는 여름, 연대하는 여름, 소외되는 여름, 당찬 여름, 지친 여름, 자유를 갈망하는 여름, 도움이 필요한 여름, 비건 음식을 요리하는 여름, 고기 안주를 집어 먹는 여름... 우리는 단 한 명의 여름도 잃을 수 없다. 왜냐하면 그런 모든 여름의 끝으로 이어질 수밖에 없기 때문이다.

첫 손님으로 온 여름을 고스란히 맞이하며 환영한다. 여기는 염상원이니까. _유리

남 처음에 염상인이 뭐 하는 데라고 들으셨어요?

여름 아픈 사람 비건 밥 먹이는 데? 우리가 비건 밥 먹으면서 이
      태규 당하셨 되다고 해서 좋다고 했죠.

남 정확하다. 맞아요. 흔쾌히 와주셔서 감사해요. 많이
      드세요.

여름 네, (만두 한 입) 이 만두 너무 맛있어요.

남 감사합니다. 여름 님이 직접 써서 보내주신 자기 소
      개 글을 보니까 거의 이 사람 줄 세하려고 기획한 결
      로 오해하겠다 싶을 정도로 염상원에 딱이었어요.
      "진단명 없는 아픈 사람"이라고 소개하셨죠?

여름 네, 저는 계속 아픈데, 어디 한 군데 정해진 곳이 아픈 게 아
      니라 통증이 옮겨 다녀요.

나는 아픈데 숨명을 할 수 없고

답 옮겨 다니는 통증은 신체적인 건가요? 예를 들면 팔, 다리 이런 식으로 옮겨 다니나요?

여름 네, 신체적으로도 그렇고, 정신적으로도 아프고, 저녁부터는 통증 일기를 쓰고 있어요. 아플 때마다 어디가 아픈지, 상태가 어떤지를 다 적어요. 자가면역질환이 있는 친구가 그 일기를 보고 자기가 적는 여러 가지 증상을 알려줬는데 저하고도 겹치는 게 있어서 류머티즘 내과에 찾아갔어요. 그런데 제가 원하는 진단명 같은 건 주지 않고 아무 이상 없다고 하더라고요. 어떤 데에서 그냥 계속 약 먹어야 한다 그러고, 또 어떤 데는 현대 의학으로는 밝혀낼 수 없는 바이러스의 감염일 수도 있다 그러고, 아 씨 이거 뭐지… 그랬죠. 왜 아픈 건지 모르니까 당황스럽고, 자가면역질환을 알려준 친구는 와중에도 진단에 필요한 증상이 모두 발현돼서 진단을 받았다고 하더라고요.

여러 생각이 들었어요. 진단을 받는 것도 운이 따라야 하느냐, 의학에서 정해놓은 기준에 딱 맞아야 진단을 받을

수 있는 거고, 그래야 내 몸에 맞게 맞는 약도 먹을 수 있는 거고, 진단명이 없다는 게 되게 외로운 것 같아요. 아픈데, 분명히 나는 아픈데 설명은 할 수 없고, 꾀병 부리는 사람 같고, 그런 고민이 있습니다.

답 이다울 작가 생각이 너무 나요. 혹시 아세요? 그 친구도 『통증 일기』라는 투병 기록을 연재했었거든요. 그걸 엮어서 『전장의 무늬』라는 단행본을 냈고요. 이다울 작가는 최종적으로는 섬유근육통으로 진단을 받았어요. 이 작가가 병원 다녔던 순서도 여름 님이랑 비슷해요. 한때는 체력이 짱인 사람이었는데 어느 순간부터 아파서 병원을 전전했다고 하더라고요. 두 사람이 사용하는 언어가 비슷해서 놀랐어요. 진단명이 없다는 게 외로운 일이라는 표현도 그렇고, 진단명에 대한 갈망도 그렇고요.

여름 아, 들어봤어요. 저도 주변에 아픈 친구가 있었는데, 그 친

병 같은 경우에는 몸이 열성 약해져서 염증이 잘 생겨요, 그
내염도 그냥 한두 개가 아니라 대여섯 개씩 생기고, 어떤 경
우에는 과절통이 심하게 오기도 하고, 증상이 부위나 양상
이 다양해서 진단명을 찾기가 어려워요.

답　여름 님 소개 글에 또 그렇게 쓰셨잖아요. "염성 부리
　　기 데마왕. 아픈 사람들은 좀 더 염심을 부려도 된다
　　고 생각한다." 그네 염심 부리는 게 쉬운 일이 아니잖
　　아요. 귀찮을 수도 있고. 차라리 안 아프다고 거짓말
　　하는 게 나을 때도 있으니까. 여름 님한테 염심은 무
　　슨 의미예요?

여름　두 가지가 있는데요, 첫 번째는, 베를 들어 통증이 강도가
　　1부터 10까지 있으면 제가 경험하는 통증은 보통 5 이하거
　　든요. 그렇게까지 아프지는 않지만 너무거 지적이고 장
　　기적인 통증이 잊어요. 그러면 그게 아픈 것이 범주에 들어
　　가느냐에 대해서 고민을 해요. 제 마음속에서는 아프다는

누가 그런 말을 많이 했어요, 진단명 없음에 대해서, 그게
얼마나 외롭고 고립되는 경험인지. 제가 아프기 시작하면서
그 친구가 저에게 했던 얘기를 다시 생각하게 됐어요. 류머
티즘을 겪고 있는 사람들이 진단명을 얻기까지 병원을 돌아
다니는 기간이 평균적으로 몇 년 이상 된다고 하더라고요.

답　류머티즘이 정확하게 뭐예요?

여름　음… 자가면역질환의 일종이데요. 자가면역질환은 류머티
　　즘, 베체트병, 섬유근육통… 종류가 많아요. 류머티즘은 관
　　절염 같은 경우는 과절에 염증이 생기거나, 과절이 강직되
　　거나 퇴행하거나 하는 거예요.

답　그러니까 자기 몸이 자기한테 알레르기 반응을 보이
　　는 건가요?

여름　네, 몸이 자기 자신을 공격하는 병이에요, 베를 들어 베체트

여름 　신체적인 아픔은 없지만 정신적으로 뭔가 있는 거요, 어떤 트라우마라거나, 나는 건강하지 않고, 위험한 상태고, 그런 상황을 어떻게 표현해야 할지 모르겠고. 그리고 그게 사회적으로 납득될 수 있을지 모르겠을 때 아프다는 말을 빌려서 쓰는 것 같아요.

답 　좋은 전략이네요? 내가 임살을 부리면 다른 아픔도 가시화가 되고, 그리고 나면 다른 사람도 좀 편할 수 있고요. 어떻게 보면 임살을 부린다는 게 훨씬 더 에너지를 쓰는 일로 보여요. 여름 님 그런 별명도 있잖아요. 전체 활동가.

여름 　앗… 부끄러….

답 　저 진짜 동의하거든요. 여름 넘은 전체 활동가다. 사람이 할 수 있는 여러 일 중에 사회운동이 뭐 그렇게 쉬운 편도 아닌데… 이게 정찬이기도 하지만 걱정이

것 아무것도 할 수 없을 정도로 아픈 것만 범주화가 되는 거예요. 그래서 "내가 아프다"라고 말을 하기가 애매했는데요, 그데 제 애이이 약간 갓번이이거든요?

답 　다행이네요.. 균형이 잘 맞네요. (웃음)

여름 　네. (웃음) 그 애이이 제가 통을 일기를 쓰는 걸 보고 "보통 사람은 그렇게까지 매일 아프지 않아"라고 했어요. 그래서 아프다고 말해도 되는구나, 하고 않았요. 통증 5 이하이며 아프다고 말하기 시작한 게 첫 번째 였고, 나의 피로움, 고통을 설명할 수 없을 때, 그럴 때도 아프다는 말을 벌려 와서 쓰거든요. 그렇게 아프다고 말하는 걸 임 살 부린다고 표현했어요.

답 　그러니까 보통은 다르게 표현되는 어떤 현상을 아프 것으로 부르신다는 거죠. 그런 게 어떤 게 있을까요?

음식과 관련된 기억

기도해요. 주변에 아픈데 고기능인 사람들이 많거든요. 그런 경우에는 너무 잘 기능해서 아픔을 외면한 기도할 것 같아요.

유리: (촬영 마치고 함유) 너무 배고프다. 잘 먹겠습니다.

남: 만두 제니가 되게 예뻐졌죠. 아까 빛을 때 저쪽 냉장이 하셨잖아요. 이쪽이 여름 님이 빛은 거고, 이쪽이 제가 빛은 거. 개의 티 안 나지? 누가 빛은 건지 잘 모르겠죠? 유리 거는 구에 만두처럼 빛 여기가지고 한 번에 앉아보셨는데.

여름: 만두한 거… 어렵네요.

남: 그래도 맛은 똑같아요. 저도 오늘 카메라가 있어서 그런지 긴장을 해서 잘 못 빚었는 거예요. 예전에 팜 엄 식당 잠깐 할 때 하루에 혼자 뺴 개 가까이 빛고 그럴 때 잘했는데…

여름: 손 다쳐서서 더 그런 거 아니에요?

남: 네. 오늘 전반적으로 손이 좀 떴어요. 제대로 내 점해야 한다고 생각하니까… 열어서 보여드릴 것도 아닌데 혹시 몰라서 냉장고도 싹 정리했어요. 저는 남의 냉장고 열어보는 거 좋아하거든요. 여름 님 냉장고에는 지금 뭐 뭐 있어요?

여름: 두 달 동안 냉장고에 붙이되어서 상한 오이와 달라베틀여진 상추, 한 달 전 밑반찬으로 해놓은 무조림이 습습 영혼을 잠여가고 있습니다. 빨리 버려야 할 거 같아.

남: 무조림! 집에서 요리 좀 해 드시는 편이에요?

여름: 네. 요리하는 것 좋아하거든요! 주로 한식을 해 먹어요. 무조림, 제게유, 볶음밥, 나물무침 같은 것들 위주로 먹어요.

남: 한식 안 하길 잘했다. 한식 잘하는 사람 입맛 무서워.

유리 오늘 메뉴는 어떻게 구상했어요?

남 여름 님이라는 입시 '식구'가 집으로 찾아오는 귀한 님이잖아요. 마치 명절처럼. 그래서 명절 음식인 만두 했고, 만두랑 국수랑 잘 어울리니까 국수도 한 종류 했죠. 그럼 좀 제밌게 왜말까, 앙식 비빔국수니까… 이런 식으로 정했어요.

명절 음식 하니까 생각나는데, 〈나는 왜 알아요 + 웃어, 유머에〉라고, 가수 이랑 님이 친구들이랑 느꼈 그 메이크엄 제대로 하고 마지막에 전을 부쳐 먹는 뮤비가 있거든요? 전 봤을 때 막 울었어. 너무 예쁘고 좋아서. 나도 명절에 본가 안 가는 친구들 모아서 만두 빚거나 다른 규모가 큰 음식 해 먹거든요. 좀 손스러운데 그때마다 수으로 감동받아. 우리는 서로를 선택한 가족… 그러면서. (웃음)

유리 좋다. 명절 음식 좋아. 여름은 명절 음식 좋아해요?

여름 네. (끄덕끄덕)

남 좋아하는 음식 말해주세요. 나중에 또 준비할 때 반영할게요.

여름 주로 몸에 로운 거… 맵고 짜고 단 거요.

유리 싫어하는 음식은요?

여름 콩이나 견과류 안 먹어요. 왜냐면… 맛이 재수 없어요. 특히 콩밥이 너무 싫어요!

남 먹는 기쁨을 중요하게 여기시나고 미리 여쭤봤더니 여름 님은 별로 그렇지 않다고 답하셨죠. 저는 중요하게 여기는 편인 거 같아요. 근데 그걸 인정하기가 오랫동안 창피했어요. 지금도 그렇고요. 음식하고 맺는 관계가 하여튼 복잡해요. 뭐 먹고서, 아 실컷다, 그

저희 가족은 제가 중학교 3학년이 될 이후로 저를 기르는 것을 그만두고 각자 입에 풀칠을 하기 위해 집을 떠났거든요. 그래서 집에서 저 혼자 덩그러니 남게 됐는데, 이때부터 자취인지 아닌지 정의하기도 모호한 생활을 하게 됐어요. 아무도 저에게 집안일에 대해 알려주지 않고 집을 떡 떠났기 때문에 저는 자주 상한 음식을 먹고 놓아눕곤 했어요, 친구들은 이해를 못 했어요. "왜 자주 상한 걸 먹는 거야?" 그러면 저는 "우리 집에 먹을 게 그거밖에 없어서." 그러고 나서 상한 줄 몰랐는데 먹었다 먹어보니까 상했더라." 그랬어요.

다행히 교복이 바뀌고 나서는 귀신같이 상한 음식 냄새를 잘 알게 됐어요. 그래서 비릿하고 쉰 냄새가 나는 음식은 먹

지 않게 됐는데, 그래도 버리기 아까워 보이는 음식은 먹고 또 탈 나서 누워 있고..., 먹을 게 그거밖에 없었잖아요. 아니, 사실 그 정도 상한 건 먹어도 되는 줄 알았어요. 그런데도 항상 저는 상한 줄 몰라서 먹었다는 말을 일에 담고 싶었어요, 몰라서 먹었다는 게, 상한 음식을 먹어도 되는 줄 않았다는 것보다 덜 병청해 보이고, 덜 우스워 보이고, 덜 수치스러워서요.

조금 동떨어진 얘기일 수도 있는데요... 저는 주변에 같이 비건 실천하자고 권하더라가도, 제일 걸리는 게 그거거든요. 이건 진짜... 부지런하게 살려는 얘기로 들리기도 할 거 같은 거예요. 직접 음식을 하고, 냉장고 속 음식을 신선하게 관리하고, 영양 밸런스를 고려하고. 근데 이건 비건 아니어도 잘하는 사람 별로 없잖아요. 우리가 지나치게 욕식 중심적인 되려면서 살고 있기 때문에, 비건 지향인이 되려면 자기 돌봄 능력이 더 필요해지는 상황이 좀 억울한 거예요. 자

기 돌봄 꼭 잘해야 되나? 못하면 안 되나? 못하고도 비 진일 수는 없나?

여름

저는 자기돌봄이란 말을 보면, 살고 싶은 사람들이 하는 것이라는 생각이 들어요. 저는 자기돌봄을 잘 안 하는 타입이 거든요. 죽음에 대한 열망과 거리두기를 실패한 삶을 살고 있어서… 제 몸을 돌보고 싶은 마음이 생겨난다 해도 한때에 지나지 않고요. 자기 몸을 돌보고, 자신에게 좋은 것을 스스로 제공하고 싶은 마음과 노력을 놓치지 않는 건 어떻게 해야 하는지 아직도 잘 모르겠어요. 근데 그러는 걸 못 타는 그 낯설어가는 사람들도 있겠죠? 처럼.

유리: 그럼 당장 너무 아파서 돌봄이 필요할 때는 어떻게 해요?

여름: 에이에게 의탁해서 괴롭혀요. 사실 에이의 돌봄을 열심히 제공받고 해서 아픈 게 사라지지 않거든요, 만성질환이라는 아픈 게 자연현상같이 늘상 있으니까, 내 옆에서 아무것도 할 수 없는 무력감 같은 듯는 얹어서 수용해라….

유리: 아! (웃음)

남: 그것도 아무한테나 요구하는 게 아니죠. 어떻게 생각하면 영광이기도 해. (웃음)

여름: 그럼에도 이런 걸 견디겠다 다짐하고 제 옆에 있을 거라면 어디 한번 어디까지 버티는지 보자는 마음으로 앞으로도 열심히 괴롭혀줄 생각입니다. (웃음)

유리: 저도 남을 많이 괴롭히며 살고 있어서… 저 같은 경우는 돌봄을 제공받는 입장을 좀 갈고닦아 있어요. 나한테 뭔가를 줬을 때 거기에 걸맞은 다른 정신적 노동이나 이런 걸 내가 주겠다, 반드시 보답한다, 이런 거…〈왕좌의 게임〉에서 라니스터처럼.

남: "라니스터는 항상 빚을 갚는다." (웃음)

유리: 그렇죠.

남: 돌봄을 주고받는 일도 손발이 잘 맞아야 하는 것 같아요. 여름 님 소개 글에서 "돌봄을 좌우할 수밖에 없는 몸의 나약함을 사랑한다"는 말도 좋았어요.

여름: 그 문구 쓰기 전날에 제가 크게 아파서 새벽 3시에 에이을 불렀거든요. 그때 제가 옷을 다 입고 나오려는 찰나에 아뜻 게 없어졌어요. 그래서 전화로 "나 다 나았어" 이랬더니 제가

형태가 여기저기서 보이는 것 같아요. 그러니까 친구들한테도 의지할 수가 없고, 연인 관계인 딱 두 사람만 서로의 바닥을 보게 되는 거죠. 이게 인류가 일부일처를 오래 해와서인지, 사회가 기능을 못해서인지 했잖려요. 기능을 잘하는 사회에서는 일대일 연인 관계에 많은 의존을 하지 않아도 되나?

여름 그리고 아동 당사자가 모노아모리 관계에 있는 연인한테서만 돌봄을 기대하기도 하지만, 주변 사람들이 그렇게 생각하기도 하잖아요. 애인이 있는데 왜 나한테 도와달라고 하지?

답 맞아. (끄덕끄덕)

여름 그런 시선이 신경 쓰여서 애인한테 의지하게 되기도 하고요. 아니면 성격장애에 따라서도 관계의 양상이 달라요. 예를 들어 경계성 인격장애에(Borderline Personality

답 "네가 이렇게 갑자기 아프니까 우리가 단서 같이 살아야겠다" 하는 거예요. 이게 사람들에 따라서는 로맨틱하다고 느낄 수도 있는데 돌봄당한다는 건 어쨌든 필연적으로 자유를 통제당하고 빼앗기게 되는 거니까, 저는 속으로 '나의 자유를 제한하겠다고?' 이런 생각이 들었어요. '아프면 같이 살아야 되고 그럼 단서 자유를 빼앗기게 되는 건가?' 여기서 자유라는 건 미친 여자로 살아갈 자유예요. 물론 애인이 처럼 아주 잘 돌봐주지만, 제가 아주 불건강한 삶을 살고 싶은 사람이며, 그렇게 살지 못하도록 하거든요. 그거 아세요? 자기파괴적 욕구가 느는데 타인이 내 삶에 개입해서 자기파괴적 행동을 못 하도록 열받는 거, 사실 이게 애인 같은 게 아니라고, 내가 미친 탕이기 한데, 아무튼, 그래서 돌봄을 착취할 수밖에 없는 몸에 대해 생각하고….

답 돌봄이라는 게 여기서 조금, 저기서 조금, 이렇게 느슨한 공동체 내에서 충당이 될 수도 있잖아요. 그런데 보통 애인으로 구성지어진 존재한테만 몰빵하는 여름 비거니즘에 대해서도 최선을 다하지 않음에 대해서 고민을 많이 해요. 예전에 〈흉폭한 채식주의자들〉 팟캐스트에 나가서 '성노동 현장에서 비거니즘을 실천하기'에 대해 이야기를 했어요. 그런데 제가 어쩔 수 없이 비건 실천을 못 했던 부분, 이런 것만 얘기하는 거예요. 예를 들어서 손님이라는 배타성을 음식을 시키면 거의 고기 위주이 상황에서는 안 떨어면 부위기 깨는 것이 되니까 먼저 떠거든요. 그 부분을 피의 설명하는 거예요, 그때 나는 어쩔 수 없었어, 라고 말했는데 생각해보면 정말 어쩔 수 없었던 건가, 정말로?

유리 네. 아니, 그 상황에서 어떻게 안 먹어.

여름 저는 최선을 다하지 않았다는 걸 스스로 알고 있었어요, 어떤 방법을 써서라도 안 먹을 수 있었느데… 이게 약간 정신 승인가?

유리 응……

Disorder, BPD)의 경우, 저는 그 증상이 있을 때 모두의 불을 쳐냈어요, '어차피 이렇게 돌봐주다가 든 나를 버리고 떠날 거면 왜 돌봄을 제공하려고 드는 거지?' 하는 분노와 원망이 있었어요, 그때 최근에 BPD가 있을 때는 '왜 사람들이 날 돌보는 데 최선을 다하지 않는 거지?' 그런 생각이 드는 거예요. (웃음) "나 같은 편 그렇게 안 했어"라고 물어불이고, 그러면 상대는 "네가 너무 많은 일을 점어서 어떻게 해줘야 할지 모르겠어" 하고, 저는 또 "그게 변명이야?" 하면서 부노를 하고. (웃음)

유리 더 열심히 돌봤어야지!

여름 그때 정신병이 가라앉으니까 저도 같이 가라앉아서 괜찮아졌어요.

유리 다행이네요.

여름　그리고 정신병이 와서 기능을 할 수 없을 때, 배달 음식을 먹을 게
손 시켜 먹게 됐을 때, 그때도 최선을 다하지 않음에 대해 게
손 생각하게 되는 거요, 역시 정신줄이가? (웃음)

일동　(잠시 그게 최선인지 아닌지 토론)

인류는 용서받을 수 없다

유리 저는 최선보다는 책임에 대해서 자주 생각해요. 제가 아르바이트를 많이 하던 시기에는 명절마다 백화점 알바를 뛰었어요. 화이트데이, 발렌타인데이, 추석, 설날… 이럴 때 나가서 판매 MVP 찍는 걸 부업으로 해왔죠. 한편은 백화점 정욱 매장에서 사무 업무를 봤어요. 매장을 발굴하는 기계가 있었어요. 매장 위 생을 완벽하게 해놓고 노동자들이 고기를 발라내서 진짜 싱싱한 고기, 최고급 고기를 만드는 말이에요. 딱 봐도 이건 내가 못 사 먹을 고기다 싶은. 진짜 비싸 요. 하루에만 몇백억 원어치의 그런 고기 선물 세트 가 팔렸거든요. 얼마였지? 잠깐만요, 그때 일기에 써 봤는데. (일기 드라이브를 뒤지기 시작)

그때가 제가 비거니즘에 막 진입하던 시기였어요. 기억이 정확하지는 않은데 그 광경을 보면서 '인류는 용서받을 수 없다' 그랬어요. 직관적으로. '인류는 용 서받을 수 없는 지경에 이르렀다.' 그게 논리적인 단 계를 밟아서 드는 생각이 아니었고, 뭐라고 표현해

유리 아 할까, 신성을 해치는 일로 해서 했다고 해야 하나. 그 많이 머리를 떠나지 않는 거예요. '용서받을 수 없 어…'

남 이거 신화에서 그 카산드라, 아무도 자기 말 안 믿어 쥐서 돌아버리는 엔지니어 하는 말 안 아니야? (웃음)

유리 저한테 그다음으로 온 생각이 뭐였냐면, 이런 식으로 할 거면 책임을 지고 먹고 싶다. 고기를 먹기 위해 요 구되는 단계를 다 밟고, 그러니까 내가 동물을 기우는 것부터 시작해서…

남 맞아. 죽여도 내가 죽여야 한다. 정을 들이고, 죽이고, 상실에 대처하고 이런 것까지…

유리 조식동물들을 기분 좋으면 막 좋잖아. 그런 것도 똑 똑히 목격을 하고. 그러고서도 고기를 먹고 싶으면

답　저 비슷하게 '이건 용서받을 수 없는 수준의 욕심이
다' 하는 걸 요즘 요리 유튜브 보면서 느껴요. 유튜버
들한테도 시스템으로 유행하는 고기 부하가 있거든요.
가령 토마호크가 유행하면 유명 채널마다 다 토마호
크 요리를 하는 거야. 제일 이름도 고급담, 욕식내, 고
기남자... 어떤 사람은 고기가 배송 오는 것부터 보여
주는데, 그 고깃덩이가 이 테이블만큼 해요. 그걸 펼쳐
놓고 커다란 칼을 들고 발골을 해. 조리해서 먹을 때
도 덩어리째로 뚝 떼어서 주먹 쥐고 막 뜯어 먹는단
말이에요. 그 장면을 보면... 신고해야 될 것 같아.

유리　너무 존중 없어서?

답　그런 느낌이죠. 되게 여러 포인트가 있는데, 일단 한
사람이 한 번에 먹기에 너무 많은 양이야. 고기가 차
고 넘쳐. 그걸 손으로 뜯어 먹으면 테이블에 고기 조
각이나 국물이 뚝뚝 떨어지고. 누가, 왜 저렇게 많이

동물을 도축하고 뼈와 살을 발라내는 일까지 책임을
져야 고기를 먹을 수 있게 만들어야 하지 않겠냐. 아!
그날 일기 찾았어요. 그때 하루 매출이 2억에서 3억
정도였다고 돼 있네. 대단하죠.

답　하루에?

유리　응. 하루에 2억에서 3억. 이 규모가 내 상식 밖의 일
이었기 때문에 머릿속에서 2백만 원, 3백만 원으로
축소된 거네. (웃음)

답　유리의 상상력 속에서 하루에 2백만 원이면 진짜 많
이 버는 거구나. (웃음)

유리　맞아. 세상에, 하루에 백만 원 넘게 팔렸대~ 이러면
서. (웃음)

요. 환경정책 얘기할 때도 이 문제는 인구의 몇 퍼센트가 죽어야지 사람들이 행동할 거다, 이런 식으로 생각하고… 그런데 그러면 안 되잖아요.

여름 그럼 안 되죠, 죽으면 안 되죠.

답 나도 묵시록적인 장면 가지고 있어요. 실제로는 일어날 수가 없는 장면인데, 상상하면 섬찟해서 뭐라도 하게 만드는 장면이 있는데… 그러니까 결국 지구 종말이 온 거예요. 인류가 기후위기를 해결 못 해서 내가 죽을 차례가 됐는데, 해일이 덮쳐 와요. 해일이 일면 물기둥이 솟잖아요. 그 물기둥 안에 인간이랑 동물들이랑 함께 있는 거예요. 그러다 어떤 돼지랑 나란히 마주쳤어. 그때의 수치심을 생각하게 되거든요. 종말이 왔을 때, 죽음을 무전에 든 동물들끼리 시선을 교환하는 거죠. 그때, 어, 완전 미안하잖지?

먹어야 하나, 저래도 되나 싶어요. 그중에는 완전 산골에서 산적 모자 쓰고 가마솥 뚜껑 같은 데다 밥을 먹는 사람도 있거든? 얼굴을 찌푸리고 괴성을 내면서 먹어. 그러니까 연출하고 싶은 남성성이 너무 노골적인 거야. 원시적인 마초, 사냥꾼 인간 같은 거죠. 근데 그 고기를 뭐 사냥했어요? 로켓배송으로 시켰을 거 아니야? 근데 뭐라고 신고하겠어요. 고기를 주먹 쥐고 뜯어 먹습니다? (웃음) 이렇게 신고할 순 없잖아요. 근거가 없어요, 뭐히. 그런데도 그 장면이 어떤 협오 표현으로 느껴졌어요.

유리 그런 가지고 되게 많이 보셨네요.

답 신고하고 싶어서… 신고하고 싶어서 본 거예요.

유리 (웃음) 아 진짜 웃겨.

저, 환경 관련해서도 묵시록적인 생각 많이 하거든

여름, 유리 (목소)

담 '더 빨리 죽고 싶겠지?' 이런 생각이 들어요. 종말이 해일은 공평하니까 물 안에서 모든 종이 짬뽕처럼 만나는 거죠. 너무 미안하겠죠. 왜냐하면 나도 알고, 나하고 눈이 마주친 동물도 알 테니까요. 나하고 같은 종 때문에 이 사달이 났다는 것을. "너희 인간이 그랬다" 그럴 것 같아. 왜 이렇게 종말을 상상하게 될까.

유리 실제로 종말이 좀 더 가까이, 손에 잡힐 듯 가까이 있기 때문에 그러지 않을까요. 오늘 낮에도 되게 더웠 잖아요.

여름 맞아, 맞아.

담 좀 무섭게 더웠어.

아랫마을 홈리스야학

남: 이후에는 일정 따로 없으세요? 과일 먹을까요? 오렌지가 있어요.

여름: 좋아요. 저는 집에 가서 재택근무할 게 있어요. 답 없으요?

남: 저는 다른 건 없고, 여름 님 돌아가시면 수업 준비하려고요.

여름: 저도 수업 준비하는데,

남: 진짜요? 무슨 수업요?

여름: 홀리스 대상으로 한글 수업을 해요.

남: 한글을 어디서 해요?

여름: '홀리스행동'에서 여는 '아랫마을 홀리스야학'이에요.

남: 학생이 몇 명이나 돼요?

여름: 반응을 다 합치면 많아요, 이삼십 명.

남: 한글은 뭐부터 가르쳐야 하나요?

여름: 저희가 원래는 어린이용 교재를 가지고 자음, 모음부터 가르쳤는데요, 교사들은 그런 방식에 대한 문제의식이 있었어요. 한글만 배우는 데 급급한 거 아니냐, 교재 중심으로 하는 일반 정규교육이랑 다를 바가 없게 느껴진다, 그래서 지금은 한글을 목표로 삼지 않고 수단으로 삼아서 자기 이야기를 할 수 있게 하자, 이렇게 방향을 다시 잡았어요. 매주 다양한 주제를 정해서 공부하고 있고요, 전에는 돈 공부도 했어요.

남: 돈 공부요?

여름 아, 계산하는 법이요. 그 밖에도 다양한 활동을 함께해요. 병원에 대해서 이야기를 나누면서 요즘 내 몸 여디가 아픈지 종이에 색칠해 보고, 같이 노래 부르고 가사 공부도 하고, 글 같이 읽고 이게 무슨 글인지 나서서 '오늘의 문장'을 같이 쓰고요.

답 프로그램 알차네요. 얼마나 장기적인 프로젝트예요?

여름 아학 자체는 거의 10년 넘었어요. 봄학기, 가을학기로 구성되어 있고 중앙하면 방학을 해요. 한 학기당 한 달 반에서 두 달 정도 진행하고요.

홀리스 당사자분들이 교육을 받기 어려운 계층이다 보니까 배움에 대한 욕구가 많아 있어요. 그분들이 아학이 열없으면 홀 곳없다고 해서 맞들어진 거예요. 중간, 기말 평가 때나 학생회에서 앞으로 딸 배우고 싶은지 계속 이것을 받고 있어요. 다음 학기에는 영어교실이 열렸으면 좋겠다, 아니면 컴퓨터교실이 열렸으면 좋겠다, 그래서 홀리스 활동심이 이런 식으로요. 이런 방식에는 학생의 자행동

이 사라지지 않는 이상 계속할 것 같아요.

답 아학은 한 사람이 계속 다닐 수 있는 거죠? 수업 하나 듣고 나가고 이런 게 아니라?

여름 오래 듣으시는 분들도 많아요. 학급 교실에만 거의 5, 6년씩 나오시는 분들도 있어요. 아학이라는 게 그냥 공부만 하는 데가 아니라 공동체라서 더 그런 것 같아요.

답 얼마나 가르치셨어요?

여름 저는 얼마 안 됐어요. 이제 2년 정도, 2019년 가을에 들어가서 지금 4학기째 하고 있어요.

답 재미있겠다.

여름 재밌어요, 재미있고 힘들어요. 저희 반에는 학생이 서니 명

요, 저도 그래요. 너무 뻗치고 싶어서 당사자성을 막 어필했어요. 나는 빈곤 당사자다! 그렇게 들어갔는데 예상보다 더 여성난 곳이었어요. 품을 많이 들여야 했고, 긴장도 많이 해야 했고.

저는 교사가 일방적으로 가르침을 주는 사람이라고 생각했는데, 신입교사 오티에서 담당 선생님이 그런 말씀을 하시더라고요. "야학이라는 공간은 누가 일방적으로 가르치는 곳이 아니라 서로가 서로에게 배우고 가르침을 받는 곳이다. 학생과 교사가 상호작용을 하는 곳이다." 그래서 내가 잘못 알았구나, 내가 너무 정규교육의 정상성에 갇힌 수업을 하려고 했구나, 그런 생각도 했어요.

답

있는데 학생마다 원하는 것도 다 다르고, 성격도 다르고, 수업 참여도 되게 달라요. 오래 다닐수록 학생들끼리의 관계도 수업에 영향 중요하더라고요. 그래서 어떤 A랑 B랑 싸우고 둘 다 수업을 안 들여오던거나…… (웃음)

답 (웃음) 그러면 그날은 수업에 한 분 남는 건가요?

여름 네, 그분이랑 저랑 단둘이서 수업하고.

답 야학 교사는 어떻게 하시게 된 거예요, 처음에?

여름 빈곤 문제에 원래 관심이 많아서, 반빈곤운동단체는 어떤 식으로 활동하는지 계속 보고 싶었어요. 그러다가 홈리스행동에서 야학 교사를 모집한다길래, 너무 하고 싶어서 지원했어요.

전에 다른 야학 교사분이랑 이야기를 나눴는데 그분이 라기가 썼던 지원서를 지금 보면 찢어버리고 싶다고 했거든

근데 물론 옛날에 쓴 문장이 창피할 수도 있고, 무적이 있어서 글은 굵은 유지해지기도 하지만…… 빈곤이 우리한테 해준 게 없느는데 그런 경우에라도 스페이이 되면 좋잖아요. 빈곤 팔아서 할 수 있는 게 있다면 좋은 것 같은데? 잘 쓰셨을 것 같아요.

답

여름의·기술

그래도 구할 수 있으면 빨리 찢고 싶어요,

답: 온라인에서 진행했는데, 보통 활동가들이 연대 활동 다녀왔습니다, 하고 올리는 게시글을 보면 내부에서 갈등이 많지 않아 보이지만, 막상 현장에 가보니까 되게 가부니까 되게 싸우하고 모이 안 답답하기도 이건 중들이 은근히 많았어요. 싸움이 벌어질 것 같은 긴장이 계속됐죠. 연대자랑 당사자랑 이견이 달르다 보니 언쟁이 붙기도 하고, 우리 않으로 보지 달라, 이러고 헤어지지만 어차피 별위에서 또 만나야 되거든요. 그러면 별위 앞에서 또 싸우고, 그런 걸 보면서 느꼈어요, 어떠하는 건 아름답지 않은 거구나, 얼쟁 싸우면서 동행하는 거구나...

답: 연대 과정에서 입장의 차이가 있을 때 서로를 피하지 않고서 이렇게 싸울 수 있을지가 광장히 까다로운 것 같아요.

여름: 특히 성매매 집결지에서 오래 있으려면 여자들은 억세고 성깔이 있어야 되거든요. 약간의 폭력성도 갖고 있어야...

답: 일하면서 느끼는 기쁨과 슬픔이 궁금해요.

여름: 성노동을 할 때 최대한 아무 감정도 안 느끼려고 이성적으로 노력해서 없는 거 같고, 단체에서 일할 때 자주 기쁨을 느껴요. 우리가 준비하는 프로젝트가 성과를 이뤘을 때나, 서로 사람과 존중을 기반으로 한 대화를 나눌 때, 사람들이 제가 쓴 글을 보고 감성행 나눠줄 때 매체로 기쁜 거 같아요. 슬픔은 잘 모르겠어요.

답: 저 여름 님 글 너무 좋아해요. 연대에 진심인 사람이라는 느낌? (웃음) 스페트럼이 넓은 것 같아요. 가난, 성노동, 섭식장애, 트랜스젠더와 관련된 인권과 동물권... 가끔 케이팝 사랑도 보여주시고요.

여름: (웃음) 엄마... 어려워요. 예전에 이전 빌로하우스(성매매 집결지)에 제가 엇맨을 하러 갔었어요. 그때 제가 생각했던 거하고 너무나 다른 거예요. 저는 빌로하우스 연대 요청을...

되고, 몇십 년 동안 길거리에서 살아남으려고 그 마초적인 문화까지 몸으로 다 습득한 사람들이 줌줌 있어요. 그게 외부로 향할 때는 도움이 될 때가 많지만 내부로 향할 때 어떻게 해야 할지 모르겠는 상황도 생기는 것 같아요. 저희도 역대는 처음이다 보니까 고민을 많이 했었죠.

답 지금은 다른 분야의 활동가들하고도 많이 연대하시고 그러잖아요. 우악스러움이랄지, 그런 기질이 활동가들에게 전반적으로 있나요? 혹은 그런 기질이 노동쟁이 현장이라든가, 말씀하신 성매매 현장이라든가, 물리적으로 즉각 부딪쳐야 할 일이 많은 공간에서 일하는 활동가들의 특성인 건가요?

여름 저는 사실 초보 활동가라 잘 모르겠어요. 역사가 깊어지면 저도 그렇게 싸우는 게 가능해질 수도 있겠죠? 저보다 조금 윗세대의 활동가를 만나니까 저는 그분을 보고 깜짝 놀랐어요. 싸움의 기술이 있고 싸움의 기술이 제가 갖고 있는 것 같아서.

재개발 현장에서는 용역들이 상식을 뛰어넘는 일을 해요. 쌍통을 들고 달려와서 사람들을 때리려 하고, 엄청 폭력적인 상황이잖아요. 그런데 그 활동가분이 쌍통을 들고 달려오는 용역을 카메라로 계속 찍으면서 도망가더라고요. 그 장면이 기범한테 너무 대단해서 막 웃음이 나오는 거예요. 경찰서에서 촬영 안 되느냐 경찰한테 카메라 들이밀면서 그 냉정하고, 구청에도 쳐들어가서 카메라 들고 "지금 무슨 소리 하시는 거죠?" 이렇게 소리 지르면서 활동의 기록이자 증거를 남기는데 너무 웃기고, 보고 많이 배웠어요.

답 안 무서우셨어요?

여름 처음에는 어버버했어요. 저랑 비슷하게 활동 시작했던 분은 그 상황을 보고 공황이 와서 힘들어하기도 했잖아요.

답 눈으로 보기 전까지는 모를 것 같아요. 그러니까, 사람이 어디까지 강해야 하는지 모를 것 같아요.

여름 그래서… 엿대는 기술이다. 다 배워야 한다.

답 언대는 기술이구나.

2021. 4. 22.

비빔국수는 만두와 좋은 궁합을 자랑하는 음식입니다. 좀 특별한 비빔국수를 만들고 싶어서 콜드 파스타를 함께 내기로 했습니다. 짭조름한 나물과 파스타를 쉽고 고소하고 새콤한 잣 비네그레트소스로 버무리면 질리지 않는 맛의 비빔국수가 되겠다 싶었어요. 파스타에 생채소 대신 나물을 쉬어보자는 아이디어는 비빔국수가 아니다 비빔밥에서 얻었습니다. 나물과 파스타가 의외로 아주 잘 어울리니까 꼭 만들어 먹어보세요. 비네그레트소스는 기본적으로 올리브유와 같은 기름에 식초나 레몬즙을 쉬어 만드는 상큼한 소스를 일컫습니다. 비네그레트소스를 변형하여 잣이나 캐슈넛같이 기름이 풍부한 견과류를 쉬으면 복잡하고 고급스러운 맛의 드레싱이 됩니다.

이제 파스타가 가지고 있었던 고급 음식의 이미지는 거의 사라지지 않았나 싶어요. 모두가 파스타란 그냥 서양 라면임을 간과한 것 같습니다. 바깥에서 사 먹기는 좀 아깝다는 인상이 있

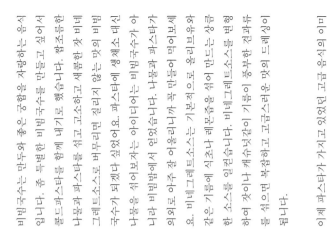

오늘의 메뉴

염상인의 첫 손님을 맞으면서는 긴장을 많이 했습니다. 여름 남과는 거의 점심이 없는데, 할 말이 없으면 어떡하지? 점심이 없었다면 공부나 도 열심히 할 것을, 내가 인터뷰어로서 자격이 있나? 이런 자격지심을 끄끄 끊이 않는 혼자 요리를 하면 어쩐지 음식이 맛있어질 것 같았어요. 그렇다면 음식을 혼자 하지 말고 같이 하면 어떨까 생각했습니다. 이를테면 만두를 함께 빛는 거죠. 만두를 빛을 때 할 말이 좀 없어도 됩니다. 같이 할 일이 있으니까요. "오시라는 이렇게 접으시면 돼요"라는 식으로 말을 건네고요. 물을 실제 문헌 손가락으로 만두피 가장자리를 아루만지고, 손은 점점 포직해집니다. 그러다 뜨금없이 할 말이 생각나거나, 각자가 어릴 때 먹던 만두에 관한 이야기라든가, 손제주가 있느니 없느니 하는 담소도 가능하게졌지요. 그렇게 우리는 좀 친해질 수도 있겠지요. 그런 생각으로 오늘의 메뉴로 '표고만두'를 제일 먼저 떠올렸습니다.

[1] ... 파스타 삶을 큰 냄비, 나물 씻을 작은 냄비를 각각 준비합니다. 두 냄비 모두에 물을 끓입니다.

[2] ... 물이 끓는 동안 잣나물을 다듬습니다. 시든 잎과 억센 줄기를 정리하고 물에 여러 번 행군 다음 반으로 썰어놓습니다.

[3] ... 잣 비네그레트소스를 만듭니다. 핸드믹서에 잣, 올리브유, 식초를 4:4:1 비율로 갈아줍니다. 식초는 풍부한 맛이 덜 나는 배또식초나 사과식초, 화이트와인비네거 종류가 좋습니다. 여기에 오렌지의 즙을 짜서 넣어줍니다. 식초와 비슷한 양이면 됩니다. 더 섞은 소스를 먹어보고 전체적인 소금으로 매실청으로 가감합니다. 나중에 면에 간장으로 간을 따로 하니까, 이 소스는 약간 짜지 않게 만드세요. 후추는 음선입니다. 마늘을 반쪽 정도 추가하면 딜 느끼한 소스가 됩니다. 저는 느끼한 걸 좋아해서 마늘을 빼기도 합니다. 소스가 너무 되직하면 물을 빼기도 합니다.

잣 비네그레트소스로 버무린 나물 파스타

재료

카펠리니, 스파게티니 등 가는 파스타 220g, 잣나물(또는 깻잎순, 여린 취나물 등) 100g, 토마토 2개(또는 방울토마토 8개), 국간장 1큰술, 조리용 올리브유

잣 비네그레트소스

잣 80g, 올리브유 80ml, 식초 20ml, 오렌지즙 20ml, 매실청 30ml, 마늘 반쪽, 소금과 후추 조금

을 정도지요. 파스타는 어떤 부재료와 조합하든 탄탄한 바탕이 되어주는 주재료입니다. 웬만하면 맛있지요. 파스타의 주성분이 뒤룩밀에는 일반 밀보다 식이섬유와 단백질이 풍부하게 들어 있어서 탄수화물에 의지하게 되는 비건들이 주식으로 섭취하기도 좋습니다. 빼미뱁보다 영양적으로 더 나아요. 가지, 토마토, 시금치, 마늘종, 쌀 채소 등 갖가지 제소를 파스타에 부재료로 넣고 구운 두부 및 조각을 결들이면 탄수화물, 단백질, 지방, 식이섬유가 조화로운 식단을 꾸밀 수 있습니다.

참고로, 앞으로 소개할 레시피는 모두 엄선한에서 비단섯 덩이 함께 나눠 먹을 양을 기준으로 정리했습니다. _담

재료

만두피 2쪽(60장), 일배추 1포기, 애호박 3개, 표고버섯 40개, 숙주 2봉지, 무(중간 크기) 1개, 부추 반 단, 소금, 굴, 예상조미료, 진간장, 설탕, 후추, 들깻가루, 식용유, 참기름, 들기름

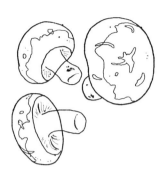

[1] … 냉동 만두피를 해동합니다. 만두피가 녹을 동안 만두소를 만들면 되는데요. 그래도 만두피가 다 녹는 데 세 시간 정도 걸리니 미리미리 꺼내놓는 편이 좋습니다.

리브유를 추가해 갈아주면서 농도를 잡으세요. 대략 요거트 농도 정도면 적당합니다.

[4] … 작은 냄비에 소금을 1큰술 넣고 나물을 넣어 데칩니다. 줄기를 먼저 넣고 10초 후에 잎을 넣고 데치면 부드러운 정도를 비슷하게 맞출 수 있습니다. 데친 나물은 찬물에 담가 식히고 물기를 꼭 짜서 국간장으로 버무립니다.

[5] … 파스타를 삶습니다. 한데 파스타 삶는 물은 간간해야 좋은데요. 오늘은 파스타면에 따로 간을 안하니까 파스타 삶는 물을 너무 짜지 않게 합시다. 굴드파스타의 경우 면을 부드럽게 삶는 편을 추천합니다. 봉지에 적힌 조리 시간을 확인하고 약 1분데 이상으로 부드럽게 삶아주세요. 삶은 파스타를 찬물 또는 얼음물에 헹구고 건져 물을 뺍니다.

[6] … 토마토는 씨를 빼고 작은 주사위 모양으로 나갑니다. 토마토는 꼭 필요하지는 않습니다. 하지만 대저토마토가 나는 계절엔 꼭 넣어 보세요. 아쉬운 대로 방울토마토를 써도 좋습니다. 다진 토마토는 냉장고에 넣어 차게 보관합니다.

[7] … 큰 볼에 파스타를 담고 양조간장을 조금 넣어 버무립니다. 나물을 추가하고 뭉치지 않도록 손으로 살살 풀어주세요. 잣 비네그레트소스를 넣어 버무립니다.

[8] … 소스와 버무린 파스타를 그릇에 담고, 토마토 다진 것을 위에 얹어줍니다. 즙을 짜고 남은 오렌지 껍질을 강판에 갈아 파스타 위에 조금 뿌리면 맛이 더 살아납니다.

[2] … 알배추, 애호박, 무는 채 쳐서, 표고버섯은 길쭉길쭉하게 저며서 준비합니다. 부추는 짧게 썰어서 냉장고에 넣어둡니다.

[3] … 알배추와 애호박을 각각 소금에 절입니다. 국이나 찌개용으로 제일 많이 쓰는 중간 입자 소금이면 됩니다. 굵은소금에 절이면 물이 너무 빠져버려서 안 되고, 밀가루 같은 고운 소금도 곤란합니다. 채 친 채소라서 금방 절여지니 소금은 소극적으로 써도 됩니다.

[4] … 표고버섯을 진간장과 설탕, 참기름에 버무립니다. 진간장과 설탕을 2:1 정도 비율로 넣고 참기름을 조금 더해줍니다. 적당히 짜고 달달한 맛이면 됩니다. 다진 마늘이나 파, 깨를 더해도 돼요.

[5] … 채 친 무를 식용유와 들기름에 볶습니다. 소금으로 간하고 액상조미료도 조금 넣어 물기가 없을 때까지 볶은 다음 식힙니다.

[6] … 양념한 표고버섯을 식용유 조금 두르고 볶아줍니다. 물기가 어느 정도 날아간 다음에 후추를 뿌려주고 물기가 다 날아갈 때까지 마저 볶습니다(후추를 너무 일찍 넣으면 먼저 타버립니다). 볶은 표고버섯은 식혔다가 믹서에 갈아줍니다.

[7] … 숙주를 데쳐서 찬물에 헹구어 쫑쫑 썬 다음 물기를 꼭 짭니다.

[8] … 절인 배추와 애호박의 물기를 꼭 짭니다.

[9] … 절인 배추와 애호박, 데친 숙주, 볶은 표고버섯과 무채, 부추를 한데 넣습니다. 모든 재료는 식혀서 섞어주세요. 들깻가루와 들기름을 넉넉히 넣고 주무릅니다. 만두소 완성입니다.

[10] … 해동된 만두피에 소를 넣어 빚습니다. 모양은 빚는 사람 마음따라 다르겠죠. 저는 과일 먹을 때 쓰는 작은 포크로 소를 뜨는 게 편하더라고요. 꺼내놓은 만두피는 겉이 마르기 쉬우니, 키친타월 한 장을 물에 적셔서 물기를 한 번 짠 다음 대기 중인 만두피 위에 덮어놓으면 좋습니다.

[11] … 만두를 찜기나 찜 채반을 넣은 냄비에 찝니다. 만두피가 투명해질 때쯤 불을 끄면 됩니다. 굽거나 튀겨서 먹더라도 처음 한 번은 꼭 쪄야 합니다. 찌고 남은 것은 식혀서 냉동 보관하세요.

[12] … 이 만두는 차게 식혔다가 먹어도 맛있습니다.

삭제의 신, 쪼이

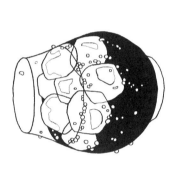

"우리 잠깐 쉴까요? 과일 먹어요. 수박 잘라 올게요."

"저 오늘 위스키콜이 너무 마시고 싶어서 위스키랑 얼음이랑 콜라랑 다 사 왔거든요. 드실래요?"

"네."

"저도 조금만."

"저 사실 위스키 콜 처음 마셔봐요. 맛있다."

죠이

죠이와는 강단에서 처음 만났다. 나는 볼빔 촬영물 삭제 방법을 강의하는 강사였고, 죠이는 앞으로 볼빔 촬영물 삭제를 업으로 삼고자 공부하는 학생이었다.

강사 유리는 아직 대학을 졸업하지 않은 상태다. 강의 경험이 전무한 데다 자신의 볼빔 촬영물 삭제 업무를 한다고 어디 가서 제대로 얘기해본 적조차 없다. 검정색 미니스커트에 몸에 조세 니트를 입고 회색 스니커즈를 신은 발로 바닥을 톡톡 차는 모습이 강의실의 중후한 분위기에 비해 과격적으로 어리고 불안정해 보인다. 미래의 유리는 바지 정장에 로퍼를 신고 전국을 누비며 유창하게 강의를 이어나가는 활동가가 되지만, 그날의 우리는 모든 게 어설프다. 심지어 볼빔 촬영물 소비 양태를 설명하다가 갑자기 자기 감정을 못 이기고 울기 시작한다.

그때 파인애플 모양 머리 스타일을 한 학생 죠이가 휴지를 뽑아준다. 강의 내내 앞줄에서 따스한 표정으로 호응해주었던 고마운 학생이다. 우리는 휴지를 받으며 죠이를 본다. 죠이의 눈 안에 태양처럼 무서운 불꽃이 이글거리고 있다. 두 사람은 곧 다시 만나게 된다. 미래의 유리와 미래의 죠이와 미래의 여러 동료들의 협동해서 해결 방안을 고심해야 할 심각한 디지털성폭력 사건이 그들을 기다리고 있다. 미래의 조이는 삭발을 하고, 수많은 피해자의 영상을 삭제한다. 직접 볼빔 촬영물 삭제 방법을 강의하기도 하고, 다른 실무자에게 도움을 줄 수 있는 삭제 보고서도 발간한다.

매일매일 벌어지는 활동가들이 한 치 앞도 보이지 않는 어둠 속을 걷어간다. 아무도 아무것도 모르는 순간에도 서로 만나고 헤어지면서. 그 치열했던 시간의 충돌 식별에서 밤을 삼키며 소화 가능한 이야기가 될 거라고 누가 상상이라도 했겠는가.

2017년 초반까지만 해도 경찰은 디지털성범죄에 관한 문의해와 수사 의지 부족으로 피해자를 좌절하게 했다. 법도 급변하는 인터넷 환경을 반영하지 못해 여기저기 구멍 난 상태였다.

피해자들은 각자 사비를 들여 사설 업체에 영상 삭제를 맡겼다. 그러다가 협박이나 사기 등 추가 피해를 입는 경우도 생겼다.

국가가 책임을 방기한 사이를 여성 청년들이 채웠다. 2018년 4월부터 시작된 국가적 디지털 성폭력 피해 지원체계의 뿌리는 2015년을 기점으로 들불처럼 일어난 이삼십대 여성 페미니스트들의 자발적 활동이다. 유포된 촬영물을 삭제하고, 경찰 신고를 돕고, 심리 치료와 법률 상담을 지원하는 피해 지원 내용 전부가 민간의 노력으로 최초 수립되었다. 종이와 내가 만난 강이는 그렇게 맨땅에 헤딩하듯 만들어진 민간의 노하우를 국가 산하기관으로 전달하는 과정 중 하나였다.

사실 나는 그 강이 전에도, 후에도 많이 아팠다. 민간 지원자로서 하루 종일 범죄의 증거물을 찾아 포르노 사이트를 헤매던 시간은 내 마음 깊이 병을 심었다. 평생 욕 한번 해본 적 없던 사람도 3개월간 지나면 욕설과 저주를 마스터하게 되는 곳이 삭제 지원 현장이다. 나는 가해자를 향한 분노 때문에 식사와 수면 같은 일상생활 유지가 힘들었다. 담당하는 피해의 양상 조회수가 몇 배마다 숫자로 뜰 때면 퇴근길에 마주하는 평범한 시민의 얼굴을 똑바로 쳐다볼 수가 없었다.

용기 있게 얼굴을 부리준 종이에게 고맙다. 아프다고 말해줘서 고맙다. 종이의 아픔을 동안 본 엄살에서의 시간이 내게도 큰 위로가 되었다. 이런 건 어차피 못 잡는다는 말을 반드시 삼아야 한다는 말로 바꾸고, 그런게 왜 찍었냐며 피해자를 탓하는 말을 가해자에게 주긍하는 말로 바꾸고, 조심하라는 말을 적자 자리에 말로 바꾸는 역사를 쓰는 동안 각자의 자리에서 아픔을 견디는 동료들에게 이 자리를 빌려 존경과 사랑을 보낸다.

종이는 4년 동안 이어온 디지털성범죄 피해 지원 업무를 마치고 현재 다른 기관으로 이직한 상태다. 낯선 환경에서 이것저것 배우느라 요즘 "바쁨 뿜뿜!"이라고 한다. 공감 능력이 남다르고 눈썰미가 빼어난 사람, 종이의 새로운 행보를 응원한다.

언젠가는 우리가 공유한 삭제 지원 풍경도 먼 옛날 이야기가 될 것이다. 신기술이 도입되어 삭제 절차가 간편해지거나 사람이 우선으로 영상을 판독할 필요가 없어지는 등의 변화도 좋지만 사람들 동의 없이 '도마에 올리지' 않고, 부유나 인신지로 나누지 않고, 특정 집단의 일방적인 욕구에 맞춰 소비하지 않게 되는 변화도 빨라지길 바란다. _유리 답 만나서 반가워요, 쪼이.

쪼이 초대받아서 좋아요, 파이 너무 맛있었어요.

답 더 드시지. 적게 먹는 편이에요?

쪼이 아니요, 조금 낯설다가 술 마실 때 같이 먹고 싶어서….

답 앗, 그럼 인터뷰 얼른 마치고 술 마셔요. (웃음) 쪼이는 디지털성폭력 피해 지원 활동가, 구체적으로는 '삭제 지원 활동가'인 거죠?

쪼이 네.

답 미리 알려주신 것 보니까 디지털성폭력 피해자를 지원하는 업무는 간접 지원 업무랑 직접 지원 업무로 나뉘는 것 같더라고요. 어떻게 다른가요?

무한의 공간에서 숨은 그림찾기

조이: 간접 지원 업무에서 대표적인 것 이슈 파이팅이나 집회 결성이 있고요. 직접 지원 업무로는 상담이나 제가 하고 있는 불법 촬영물 삭제가 있어요.

답: 그러니까 직접 지원 업무를 하는 사람은 피해 당사자하고 좀 더 직접적인 관계를 맺는 거네요.

조이: 네.

답: 왜 이 일을 하게 됐나요?

조이: 김지은 씨가 〈JTBC 뉴스룸〉에 나왔을 때가 제기였어요. 그 때 댓글 반응을 보고 충격받았거든요. 김지은 씨의 모습을 가지고 저건 거짓말이다, 이렇게 단정하는 댓글이 엄청 많았어요. 저는 원래 미술을 공부했어요. 근데 그걸 보고 앉았어요. 저 지금 미술 작업 할 때가 아니다, 김지은 씨 같은 사람에게 당장 필요한 도움을 주는 사람이 되고 싶다, 그렇게 생각했고.

여요. 지금 안 하면 나중에 너무 후회할 것 같았어요. 결과적으로 되게 잘 선택한 것 같아요. 저는 이 일 하면서 가슴이 뛰기도요. 삭제 지원은 제가 제일 잘할 수 있는 일이고요. 앞으로도 계속하고 싶어요.

답: 왜 상담은 선택하지 않았어요?

조이: 저는 상담할 자신이 없었어요. 거리두기를 진짜 못해서, 저는 정말 막말로 내 앞에서 이명박이 울어도 같이 울 사람이라서.

일동: (폭소)

조이: 대신 제가 삭제는 자신 있는 게, 잘하는 것 잘해요. 정보 수집하는 데에 집착하는 게 있어요. 일단 많이 모아요. 물건도 그렇고.

유리　집에 가면 엄청 뭐가 많아요. 물품이 그냥 널렸어.

포이　수집 능력이 있죠. 일단 불법 촬영물도 수집을 해야 지우잖아요. 미술을 공부했기 때문에 이미지에도 예민해요, 저는 식체 지원에서 제일 중요한 게 숨은그림찾기라고 생각해요. 촬영물을 찾는 프로그램이 있고 기술이 있고 있어도, 결국에는 그 기술이 안 통하는 부분이 있어요. 그럴 때 눈으로 대조해서 특정 이미지와 똑같은 이미지를 찾아야 되단 말이에요. 그걸 제가 잘해요. 그리고 이미지를 기억하는 능력도 좋아요. 일을 시작하기 전부터, 내가 피해 지원 업무 가운데 식체를 제일 잘할 것이라는 확신이 있어 있었어요. 해보니까 역시 잘하더라고요.

남　숨은그림찾기를 잘해야 한다는 건, 해당 파이이 인터넷 상에 하나뿐이 있는 게 아니기 때문인가요?

포이　그것도 있고요. 예를 들어서 유튜브 홈페이지를 생각해 보세

면, 여러 영상이 한 화면에 쫙 깔려 있잖아요. 유포되는 사이트 화면도 그런 식이에요, 그중에서 제일 내 피해자 같은 영상을 눈으로 보고 찾아야 되는 거죠.

말씀하신 것도 맞는 게, 보통 한 피해자당 피해 촬영물이 굉장히 많이 있을 때가 거의 없거든요. 안고 보니 그 사람 영상이 한 개만 있을 때가 거의 없거든요, 안고 보니 그 사람 영상이 열 개, 스무 개, 몇백 개일 수도 있어요, 그런데 지원 요청을 하는 분들도 영상이 한 개만 있다고 생각을 하니까 한 개만 보내주세요, 그러면 제가 그 영상을 보고 이 사람의 다른 영상도 다 찾아야 해요, 이 사람의 인상이라든지… 모습이나 특징 같은 걸 기억했다가 다른 영상에서 찾아볼 수 있어야 하는 거죠.

유리　같은 영상이 하나가 있어도 그거를 쪼개서, 분할해서 유포하기도 하니까. 그럼 딱 알아봐야 돼. 올릴 때 섬네일도 다 다르게 하죠.

포이　맞아, 맞아요, 맞아요, 우리 이런 일 했어.

유리 네. 저도 디지털성폭력 삭제 지원 활동 했었으니까… 너무 공감 가요. 중독처럼, 화면만 보면 직관적으로 좌자자 찾아지는 거죠. 이 사람 내가 아는 사람 같아, 그래서 클릭해 보면 피해자 영상이야. 이렇게 해서 찾는 경우가 진짜 많아요. 또 그럴 때도 있다? 어떤 사이트를 발견했었는데 왠지 직감이…

조이 직감이 와,

유리 세 페이지만 넘기면 내 피해자가 있을 것 같아. 그래서 넘겨 보면 진짜 있는 거야!

조이 진짜… (격하게 동의) 저도 비슷한 경험이 있어요. 우리끼리 그런 말을 자주 하는데요. "삭제의 신이 온다! 신내림을 받는다!" 이게 어느 정도냐면요, 어떤 사이트 화면을 봤는데, 영상 섬네일이 그냥 까맣거든요? 제목도 그냥 '글리아'잖아요. 근데 이거 내 피해자다, 그런 확신이 들었어

요. 그리고 들어가보면 딱 제가 생각하던 바로 그 피해자가 맞아! 그리고 예전에 저도 세가 찾아내고서 아이가 없었던 게, 섬네일에 무슨 이상한 무늬가 있었거든요? 근데 딱 보니까 어? 이거 내 피해자 피해 촬영물 모델 소품인데? 이렇게 딱 맞았어.

유리 진짜 그래.

조이 그 영상을 심지어 파일이 깨져서 섬네일이 이상했거든요, 게다가 그 이상한 무늬도 전체 화면 구석에 요만큼만 잡힌 거였어요. 그런데 그걸 알아볼 수 있다는 거… 삭제신이 들린다고밖에는,

남 영상을 찾아다니아야 하는 범위가 어떻게 돼요? 그러니까, 어디서 영상을 찾아야 돼요?

조이 이론적으로도 실제로도, 이건 무한의 공간이 대상이에요.

무한의 공간에서, 무한의 사이트에서 정보를 찾아야 하는 이상하고 현실성 없는 업무. 사람들이 스마트폰을 많이 쓰니까 일단은 구글 위주로 찾아요. 전 세계 사람들이 제일 많이 접속하는 사이트니까,

답 저는 삭제 지원 활동에서 제일 힘든 부분은 심적인 고통을 견디고 단순하게 예상했어요. 근데 조이 이야기를 듣다 보니까 이건 전문 직종이다, 특별한 기술과 훈련이 필요한 일이다, 라는 생각이 들거든요. 이 일에서 요구되는 다른 능력이 또 뭐가 있을까요?

유리 직관력이 진짜 중요해.

조이 맞아요, 저랑 팀원들이랑 이거 되게 자주 생각해요. 만약 나라면 삭제 지원 활동가로 어떤 사람을 뽑을까? 일단 우리가 말한 것처럼 직관력이 최우선이 돼야 하고요. 눈앞이 아니라 전 활동가를 뽑을 때 숨은그림찾기를 시험 보게 해서 뽑

아예 되던다고 생각해요. 이미지를 분석하는 능력이 있는 사람인지를 봐야 하고요, 창의력도 중요해요. 거의 프로파일러처럼 가해자의 심리를 예측해야 하는 부분이 있어요,

답 예를 들면 가해자의 패턴 같은 거요?

조이 네,

답 그러니까 이런 새끼는 어느 사이트에 유포했을 것이다, 영상을 분할했을 것이다 안 했을 것이다, 이런 추측?

조이 그런 것도 해야 되고요, 무엇보다 키워드를 예측해야 돼요. 저희는 키워드라고 표현을 하는데, 영상이 제목 같은 게 있거든요. 예를 들어서 만약 제 영상이 유포된다면 '식사날' 이런 식의 키워드로 유포가 되겠죠?

같아. 나는 남초 커뮤니티 활동을 해본 경험이 도움이 됐거든. 댓글도 일부러 많이 읽었어요. 남자들이 사이트에서 하는 대화를 계속 봤어. 그래서 내가 남자들과 함께 그 영상을 능동적으로 찾아다니는 사람으로서 그 사이트에 존재를 하는 거죠.

조이 여기에서 연결되는 능력이, 이게 제일 중요한데요, 끈기하고 연기예요, 이것도 제 장점이라고 생각하는데, 저는 한 번 집착하면 끝도 없이 집착하는 편이에요, 어떤 영상은 1년 동안 수색 요청하기도 했어요, 결국 지워졌을 때는 정말 뿌듯했죠, 사실 이 지점이 어려운 게, 삭제 요청을 한 번 하고 "내가 삭제 업무 했다"고 말할 수도 있거든요, 근데 한 번이 되는 걸때 충분하지 않단 말이에요, 그래서 지워자 게이의 우리와 가치만이 되게 중요한 거예요.

유리 내가 이걸 일로만 생각하면 삭제 요청 하나하나가 실적이라고 생각할 수도 있어. 하지만 이런 경우가 있

일동 (쓰러짐)

조이 강이 나갈 때 댓글 이렇게 예시를 들어요, 기존 피해자 중에 식별할 여성은 아직까지 없는 것 같아서, (웃음) 내가 유포되면 이게 식별내라는 키워드로 유포될 수 있다는 예측을 할 수 있어야 하는 거죠,

남 그러니까 피해자가 어떤 식으로 소비 될지를 내다봐야 하는군요.

조이 네, 그리고 이런 촬영물이 어떤 플랫폼에 주로 유포될 것 같다, 이런 판단도 그때그때 달라요, 새로운 플랫폼도 추측해야 해요, 가해자들이 계속 도망을 가기 때문에 플랫폼이 되게 빨리 바뀌어요, 그 변화를 계속 따라가야 하는데, 그러려면 또 창의력이 중요하죠.

유리 그리고 인터넷 해온 챔버가 있으면 도움이 되는 거

잖아요. 영상을 하나 지웠는데, 가해자 세끼가 지워
지자마자 바로 '내 거 지웠네?' 하면서 다시 올리는
경우. 그러면 이 세끼가 이기나 내가 이기나 하면서
계속 그 가해자랑 추격전을 벌여야 하는 거지.

조이 　전쟁이야.

유리 　잡힐 때까지 쫓아다녀. 열 번 삭제 요청하고서 실직
열 번 제있네, 그렇게 퇴근할 수는 없었어.

조이 　얘를 들어서 피해자가 "내 영상 안 지워졌는데 당신들 뭐 했
어?" 했을 때 '난 삭제 요청했는데?' 이렇게 생각할 수도
있어요, 하지만 거기서 끝나면 안 돼요.

우리가 봤던 것을 모두 여성이 다 본다면

답: 유리가 자주 하는 말 있잖아. "사실인가?"

유리: 맞아. 내가 그 말 자주 해. 갑자기 그게 왜 생각났어요?

답: 이 말을 유리가 다양한 맥락에서 썼던 것 같거든. 가령 글에 대해서도 좋은 글이고 나쁜 글이고를 떠나서 '사실관계가 틀린 글은 안 보고 싶다'는 거야. 비거니즘도 그래. 관념적으로 생각할 때는 어떤 게 인간중심주의적 관점인지를 판단하는 게 복잡한 일처럼 느껴져. 예를 들어서, '동물들이 행복한지 괴로운지를 어떻게 알지? 그럼 알 수 있다는 게 인간중심적인 생각 아닌가? 그럴 수 있잖아. 그때 유리의 말을 적용해볼 수 있는 거지. "사실인가? 우리는 정말 알 수 없나?" 실제로 도축당하는 동물들은 비명을 지르잖아요. 그걸 목격하면 '동물'의 입장에서는 공장식 축산 시스템이 좋을 수도 있다, 그런 식으로 가치판단을

답: 보류하기란 불가능한 것 같거든요?

답: 좀 멀리 돌아왔는데, 그런 식으로 성폭력 문제도 탁상공론을 벌이기가 쉬운 주제인 것 같아요. 특히 디지털성폭력은 이전까지의 성폭력하고 양상이 다른 데도 나는 이걸 '안다'고 생각했거든요. 디지털성폭력 활동가들이 등장하면서 이 문제가 폐 수면 위로 올라왔기 때문에 그럴지도 모르고.

유리: 이것도 직접 봐야 이해하는 부분이 있어요.

죠이: 물론 최근에 디지털성폭력의 이슈가 퍼져서 다행이라고 생각해요. 그런데 여전히 이건… 보지 않잖아는요? 식 업무에 관해 얘기저기 알렸더니 이제 다들 이 일이 성격을 안다고 생각하시는 거 같아요. 전에는 우리 업무에 대해 다른 사람들은 잘 모르니까 저 같은 업무의 자세히 알려달라고 요청이 들어오기도 했는데… 종종 저희를 그냥 4D 직종 중 하나로만 여기는 느낌이 들어요. 의지만 있다면 누

동가로 일할 때, 그때도 비전 지향이 있거든요? 근데 여름에 불볕 촬영을 계속 올리는 어떤 가해자 때문에 너무 뻐쳐가지고 개의 고기로 만든 냉면을 먹고 싶은 거야.

조이 먹을 것에 빗대는 게 가장 큰 대상화잖아요.

유리 한동안 입버릇이었어요. 그 사람으로 만든 평양냉면 먹고 싶다.

조이 나는 소윔이 그냥 지나가는 가해자 남성을 죽인 다음에 광화문 이순신 동상 앞에 이렇게 매달아놓고 싶거든. 대한민국 여성이 아무도 그걸 안 하는 게 너무 신기해.

유리 우리가 삭제 지원하면서 봤던 게들 모든 여성이 다 본다면 지금과 같지 않을 거야. 죽창의 시대가 열릴 거라고 생각해.

구나 삭제는 할 수 있다고 생각하는 거죠. 그런데 아니거든요. 아까 말했던 지라련, 창의력, 그런 게 주로 이미지를 봐야 하기 때문에 요구되는 전문성이거든요.

유리 이건 눈으로 들어오는 거야.

조이 그리고 이 일을 제대로 설명할 수 어도 없고.

유리 "이건 이런 거야"라는 설명이 먼저 있고 그다음에 현상을 보는 게 아니라, 현상을 보고 나서 "아 시발, 이게 뭐지? 뭐라고 설명하지?" 거기서부터 시작하는 작업이에요. 실무자가 정보를 갖다줘도 직접 보기 전엔 모른단 말이야.

님 보기 전엔 모른다.

유리 응. 그리고 보고 나면 엉엉 울다가. 내가 삭제 지원 활

쫑이: 산 들여가서 나무 깎아가지고 창 만드는 거야. 전부 들고 일어나는 거야.

그런 생각도 한 적 있어요. 전략적으로, 내가 식사 지원 하다가 동아버린 적하고 가해자 한 명만 죽이면 이슈가 되지 않을까. 나 정신과 다니 기록도 다 있잖아. 그렇게 되면 가해자들이 좀 달라지지 않을까, 그때 안 하기로 한 이유가, 경찰 관련 업무를 했던 동료가 있느니, 그분이 알려주셨어요. 갔으이 쉽데요.

유리: 쫑이가 주위를 많이 타거든요. (웃음)

쫑이: 응. (웃음) 거기서 일하는 지원도 주울 정도면 수강자는 얼마나 많겠어. 그래서 포기했어요.

남: 두 사람이 서로 되게 잘 아는구나. 쫑이랑 유리는 처음에 어떻게 만났어요?

쫑이: 생각해보면 오프라인에서 실제로 만나 지는 얼마 안 돼요. 2018년에 우리가 하는 강의 들으러 갔다가 만났어요. 식사 지원에 대한 강의 였었는데, 우리가 엄청 울었잖아. 나도 우리 보면서 너무 많이 울었어.

유리: 으아 너무 쪽팔려. 나도 그 순간에 처음 알았어요. 내가 이 일에 대해서 아무한테도 제대로 얘기를 해 본 적이 없느니. 맞았다. 임을 여느니 바로 눈물이 막 쏟아졌어.

남: 심리상담 처음 받음 때처럼?

유리: 응. 나도 놀랄 정도로 엄청나게 오열을 하고 있느니, 강의는 이미 망한 것 같고. 그런 강의는 처음이자 마지막이었어요.

쫑이: 이것에는 이 분야에서 실무 강의라고 할 게 없었으니까 저는

그 강의가 너무 와닿았거든요. 당신이에 이 사람 나이를 물랑지만, 이십대 페미니스트의 정체성을 공유하고 있다는 생각이 들어요. 그러니까 촬영물을 보는 거 자체에 대해서 이전 세대랑은 해석이 완전히 다른 거야. 그 후로도 이런 사람이 아무도 없었어. 그때 저도 강의 같이 들으면서 엉엉 엽성 오열을 했거든요. 아직도 같이 일하는 친구들이 얘기해요. 저 엄청 울었다고.

유리 그분들한테도 죄송했다고 전해 주세요.

답 그게 2018년의 일이에요?

초이 네, 이 영역이 아예 다르다는 것, 아는 사람이 별로 없다는 것 그때 느꼈어요. 아직도 마찬가지예요. 베를 들면 신체 리워이라는 게 있다는 걸 모르거나, 피해 지원 단체에 대한 오해 때문에 디지털 장의사한테 가는 경우가 있어요. 그럴 때 너무 안타까워요. 똑같은 사례라고 생각할 수 있지만 피해

자 과정에서 생각하지 않으면 위험성이 크거든요. 피해자 신상 노출을 철저하게 막아야 하는데 그런 기본적인 의식도 미비한 경우가 많아요. 그리고 비용도 굉장히 비싸요. 단 2백만 원씩 받고 그래요.

답 피해 지원 단체에 대한 오해로는 뭐가 있을까요? 잘 상상이 안 가요.

초이 저희 같은 경우는, 기본적으로 공공기관이라서 불신하더라고, 저한테 공무원 아니냐고 그러고, 저도 여기에서 일하기 전까지는 몰랐어요. 너희 단체도 가면 신고를 꼭 해야 되지 않냐, 피해자들은 경찰 신고에 부담이 있다, 그러니 어쩔수 없이 디지털 장의사한테 요청하는 거다, 이런 얘기 들으면 진짜···.

유리 그것도 사실이 아니지 않아? 피해자가 원하지 않으면 신고 안 하잖아.

준이: 그렇죠. 지원 업무랑 경찰 신고랑은 아무 상관도 없거든요. 피해자에게는 경찰 신고 자체가 피해 부담이라는 걸 인지하고 있기 때문에, 저희 센터가 2018년에 개소를 했는데요. 그때 처음 센터를 찾아온 피해자 중의 파산하고 오신 분들도 있었거든요. 이미 디지털 장의사라든지, 업체에서 하는 삭제 지원, 아니 지원도 아니지, 서비스를 받았고 그 삭제 비용을 내다가 파산하신 거예요.

우리: 파산까지 하기가 쉽지 않은데 도.

답: 하….

준이: 그게 2백만 원 한 번 내고 끝이 아니에요. 처음에 의뢰를 하고 비용을 물으면 성범죄 피해 지원에 3개월은 걸린다, 그렇게 답변하는데요. 그러니까 6백만 원의 비용을 투자해야 되다는 거야. 그 얘기를 듣고 너무너무 분노가 치밀었어요. 서비스 내역을 저희가 다 받아봤는데, 보니까 삭제도 제대로

남 우리 잠깐 쉴까요? 과일 먹어요. 수박 잘라 올게요.

조이 저 오늘 위스키를이 너무 맛있고 싶어서 위스키랑 얼음이랑 클럽탄랑 다 사 왔거든요. 드실래요?

담,유리 네!

예인 저도 조금만.

남 (위스키국 한 모금) 저 사실 위스키국 처음 마셔봐요. 맛있다. 원래 탄산을 싫어했어요. 근데 어느 날부터 갑자기 탄산수가 그렇게 당기더라고요.

조이 탄산수 제조기 사세요. 맛이 차원이 달라요. 탄산이 신~선 해.

유리 (웃음) 광고 카피 같았어.

내가 다 할 수는 없어

에인 　전 이화주 마셔 보고 싶어요.

죠이 　그거 진짜 맛있어요.

에인 　그럼 과일에 찍어 먹으면 그렇게 맛있대요.

죠이 　그래요? 과일 찍어 먹어봐야겠다. 이화주 생각보다 안 비싸
　　　요. 보급형 이화주는 하나에 만 원 정도. 근데 그거 먹다가
　　　훅 갈 수 있어요.

답 　　도수가 높아요? 많이 높아요?

죠이 　아니요. 그냥 계속 먹게 돼서.

일동 　(폭소)

에인 　연말에 VIP 모아서 스탠드업 코미디 한번 하면 안 돼요?

'엄섬쇼' 이렇게 해서?

답 　　저는 오늘 직접 만나기 전까진 쫑이가 어떤 사람인지
　　　감이 안 잡혔어요. 왜냐하면, 하는 일은 심각한데 사
　　　진 걸 문자에 대한 답변들이 뭐랄까, 바이아이아이아이은
　　　느낌이 있었어요. 특히 음식 얘기가 예사롭지 않았어
　　　요. 현재 냉장고에 있는 음식과 그것들의 상태를 미
　　　리 물어봤는데요, 쫑이의 냉장고에 있는 음식 재료가
　　　상당히 많고 과일이 없으면 안 돼서 냉동 망고 라
　　　는 말도 그렇고, 과일이 없으면 안 돼서 냉동 망고
　　　를 사다놓는다거나, 남대문 시장에서 산 까만 된장이
　　　있다거나. 그리고 먹는 기쁨을 아주 중요하게 여긴다
　　　고 하셨죠. 소면에 들기름 뿌려서 먹으면 세상 행복
　　　하다는 답변을 읽으면서도 저도 군침이 돌았어요. 최
　　　근에는 청국장을 자주 해 드신다고요. 여러모로 음식
　　　을 안 하는 사람이 아니라고 느껴지는데요. 요리를
　　　되게 잘하시는 거 아니에요?

질 요즘에는 잘 못해요. 일 시작하고, 최근에 이사까지 하고 나서는 요리를 안 했어요.

답 일하기 전의 식습관하고 지금하고 많이 달라요?

질 다르죠. 지금은 생존을 위해서 먹는다는 느낌이에요. 당장 내가 먹을 수 있는 걸 먹어요. 전에는 그래도 요리해서 먹는 것과 사 먹는 것 사이에 선택권이 있었어요, 돈이 없으면 없는 대로 만들어 먹었는데, 지금은 돈이 없어도 사서 먹거든요.

답 한데 돈이 없을수록 돈이 더 들잖아요.

질 저는 마차 거의 안 먹었거든요, 특히 봉지 과자는 짜고 맛없어서, 그런데 요즘엔 요즘엔 너무 맛있어요.

답 업무량이 너무 많아서 챙겨 먹을 시간이 안 나는 거

예요?

질 그런 것도 있는데요, 제가 하는 일이 컴퓨터를 많이 하는 일이잖아요, 근데 단순히 컴퓨터 작업이 잘 못하거나 피로하고는 명확히 다른 부분이 있어요. 다른 팀원들도 경험으로도 계속 확인하게 돼요. 저희 팀에 10년 동안 다른 팀에서 근무하던 선생님이 넘어오셨거든요. 근데 그 선생님도 여기 오고부터는 피곤하면 아무것도 할 수가 없대요. 어느 날은 운전하다가 갑자기 앞이 안 보였며, 그때 앉았죠. 확실히 뭔가 다르구나, 이 업무가, 저는 보시다시피 음식을 사랑하는데도 점점 요리를 안 하게 됐어요.

답 그럼 비전 실현까지 하기는 너무 힘든 거 아니에요?

질 먼저 말씀해주셔서 말하는 건데, 저는 '내가 다 할 수는 없어?' 이렇게 정당화해요. 놀랄 정도로 주위 사람들이 다 비건이거든요, 그중에서 저만 느슨하게 하고 있다는 많이에요. 그

가면서 요리를 하신대요. 그러니까 비건을 지속할 수 있는 거고, 조직 안에서의 분위기로 중요하다는 걸 거기서 느꼈어요.

답 일반적인 조직 안에서 비건 지향인은 입맛이 까다로운 사람, 다른 구성원을 눈치 보게 하는 사람으로 여겨진다고 생각해요. 이건 딱히 비건 지향인을 악의적으로 대하는 사람이 아니더라도 할 수 있는 오해고요.
동물을 안 먹는 게 그걸 먹어서 나한테 나빠기 때문은 아니잖아요. 가령 함께 식당에 가서 시킨 음식에 고기가 들어 있을 때, 주변에서 "어, 남이 어떡해, 담이가 먹을 게 없네" 하거든요? 물론 기니를 못 챙길까 봐 걱정해 주는 마음이지만, 그럴 때 기분이 이상해요. 사실 죽은 건 제가 아니잖아요. 비거니즘 운동에서 저는 당사자가 아니고.

유리 맞아요. 비건 지향인은 연대자.

래서 만날 때마다 죄책감을 느껴요. 그리고 비건 친구들이 하는 말이 다 맞아요, 안 할 이유가 하나도 없는데…….

답 모든 직업에 윤리관이 필요하지만, 활동가들은 유독 윤리적인 이상과 실천의 괴리에 더 많이 좌절하는 거 같아요. 실천이 어려운 데에는 구조적인 문제도 있잖아요.

풀이 일단 저희 회사 근처에 비건 옵션이 있는 식당이 하나도 없어요, 북쪽밖에 없어요.

답 저도요. 일하는 곳이 대치동에 있는데 밥 먹을 때 가의 분축만 가요.

풀이 얼마 전에 약간 다른 가능성을 봤어요. 제 친구가 한 구성톡 편산닭소에서 일하는데, 거기는 일단 소장님이 비건이에요. 팀원 중에도 비건이 있고, 탐배식이 되게 잘째 잘돼 있어서 돌아

나의 힘듦을 어떻게 언어화할 것인가

답 비건 옵션을 요청하는 게 '내가 어떤 종류의 취약성을 가지고 있으니까 나를 다른 방식으로 대접해달라'는 요구로 받아들여지는 것 같아요. 초점이 거기 있는 게 아니거든요. 이 공동체 안에서 발생하는 착취의 양을 함께 줄여보자, 그런 요청인 거잖아요?

답 사회 지원 활동가로 일한 지는 얼마나 됐어요?

효이 2018년부터 햇수로 4년째예요. 얼마 전에 딱 3년 차 지났어요.

답 일이 슬슬 익숙해지고 그러나요?

효이 신기한 게, 3년째 충격받고 있어요. 가해자들의 행태는 항상 너무 충격적이어서, 다만 일부러 무뎌진 부분이 있기는 해요. 진짜로 익숙해졌다기보다는 나를 위해서…

답 명상 기법 같은 거구나.

효이 그냥 이런 게 있구나, 받아들이려고 노력하는데, 그 와중에도 가해자들은 그 충격을 더 업데이트를 해줘요. 신기해. 가해자들이 진짜 성실해. 매번 사건 때 가해자 중 한 명이 신상 공개가 됐잖아요. 보자마자 제가 "어? 나 쟤 아는데!"

이랬거든요. 심지어 그 사람이 유포한 피해자 중에선 쟤가 지원한 피해자가 없었는데도요. 어떻게 알았냐면, 쟤가 입사하고 나서부터 그 사람 촬영물을 계속 마주친 거예요. 다른 피해자를 지원하면서도, 일반 사람한테는 별로 그 연쇄하는 것도 되게 힘들잖아요. 그 사람은 너무 장시간 꾸준히 업로드해서 제 기억에 남아 있는 거예요.

내가 따라잡아야겠다, 내가 저렇게 꾸준히 피해 지원을 해야지, 그래야 저들을 조금이라도 이길 수 있지, 저들은 항상 나를 초월하는 게 있어, 맨날 충격받는 배워요.

답 효이가 지금 웃으면서 설명하잖아요. 거의 득도의 경지가 아닌지…

유리 그런데 날마다 똑같이 충격받고 배우다가도 한편 이 모든 그날그날따라 심장에 뭔가 팍 오는, 그런 때가 있잖아요. 갑자기 그간의 것들이 좌르륵 눈앞에 나열됐다가 한칸에뷔에 적과가 꿰버리는 그런 순간도 있거든요.

그래서 3년 동안이나 그 일을 했으면… 솔직히 어떻게 멘털 관리를 하는지가 너무 궁금해요.

조이: 유리 남도 하셨으면서.

유리: 제가 할 때는 그런 게 있었어요. 저는 이 분야에서 초창기에 활동한 멤버여서, 전문적인 케어를 받지는 못했지만, 민간의 도움이나 응원이 있었던 것 같아요. 그때 만났던 어떤 한의사분이 화병에 좋은 한약을 지어줬거든요. 근데 진짜 화병에 좋은 거야.

조이: 거기 어디예요?

유리: 강동 경희대학교 한방병원이요. 너무 화가 나가지고 돌아버릴 것 같을 때 한 포씩 먹으면 좀 진정이 됐어요. 조이는 이제 규모가 큰 기관에서 여러 사람하고 일을 하는 거잖아요. 그래서 활동가들을 정확하게 잘 케어하느냐 그런 게 궁금해.

조이: 소리 방지라고, 활동가들이 상담 같은 심리적 도움을 받을 수 있는 제도가 있어요. 저희 기관 안에 소진 방지 제도를 만들기 위해서 제가 애를 많이 썼어요. 처음에 일 시작할 때부터 '나의 힘듦을 어떻게 언어화할 것인가'라는 고민이 많았어요.

디지털성폭력이, 이렇게 말하기 쫌 나지만, 주목받는 분야란 말이에요. 소위 말하는 높으신 분들도 저희 센터에 많이 찾아왔어요. 장관도 오고 국회의원도 오고. 그때마다 그 사람들한테 계속 말했거든요, 소진 방지가 필요하다고.

그리고 우리 정규직 만들어달라, 이런 얘기를 필터 없이 다 했어요.

유리: 너무 좋아. 멋있어.

조이: 그 당시 여성가족부 지신의 장관 붙들고 저 너무 힘들다고,

혼이 하여튼 치원레는 그게 좀 성과예요. 소리 방지 제도가 실제로 생겼으니까, 지히는 전부 다 심리상담 받아요. 심리상담 비싸잖아요, 근데 전 매주 가요.

답 쪽이는 거리두기를 잘 못한다고 했는데, 식제 지원을 해도 피해자와의 관계는 생기지 않아요? 피해자를 의뢰를 받은 때는 어떻게 해요?

혼이 지히 같은 경우는 접수를 받는 사람하고 해당 피해자의 식제 지원을 담당하는 사람이 달라요. 소리 방지 주장하면서 이 얘기도 했어요. 피해자의 음성을 들으면 이 피해자가 살아 숨 쉬는 사람이라는 것 자각을 하잖아요. 계속해서 피해자의 이력을 인지하고, 중요한 존재로 느끼고, 그런 상태에서 참여물을 보면 더 힘들 것 같은 거죠.

유리 맞아. 지금 박고 있는 매시드포테이토처럼 되는 거예요. 두개골 안이.

정신과 가고 싶다고 그랬어요. 여성가족위원회 소속 국회의 원들이 다 찾아왔을 때도 그랬어, 평소에 제가 받아하는 걸 좋아하니까, 팀장님이 그날 제 자리에서 받아해라, 하고 데리고 갔는데, 그 사람들한테 (폭풍 연기) "눈 한쪽이 안 보여요..." 이래가면서. (웃음)

유리 (웃음) 너무 좋아.

혼이 웃프게, 그게 완전히 거짓말은 아니잖아요. 어느 날 식제 업무를 하는데 오른쪽 눈이 안 보이는 거야. 그때 앉았어요. 내가 식제처럼 지금 담장 그만둬도, 나이가 들어도 쓸 때 누구부터 먼저 맞아 가겠구나, 국회의원들을 왔던 날에 식제 업무를 안 했기 때문에 그 순간에 사실 괜찮았거든요? 그래도 눈이 빼뻣하게 말했죠, 전 눈이 안 보여요...,

답 어떻게도 한번은 제가 하는 스탠드업 코미디 공연에 섬외하고 싶다.

효 진짜 메시드포테이토 필수 있으니까, 아까 말한 것처럼 산제할 때는 가해자의 생각이 그들의 행동을 예측해야 하는 부분도 있단 말이에요. 그러려면 어느 정도 피해 촬영을 소비하는 과정에서 접근해야 하기 때문에… 거리를 되게 잘 지켜야 돼요. 분리하려고 노력을 많이 했어요.

유리 저는 분리하는 방법으로 케이팝 들었어요. 제가 있었던 곳은 초기에 쫓아가 일하는 시스템보다는 피해자와 좀 더 관계가 밀접했어요. 피해자의 상담 내용을 다 알고 시작하는 형태였죠. 근데 어느 날부터 유포 사이트 화면만 보면 편두통이 너무 심한 거예요. 화면을 끄면 아픈 게 싹 나아. (웃음) 그럴 때 케이팝을 으면 좀 분리가 됐어요. 블랙핑크 진짜 많이 들었어.

효 저는 음식을 좋아하잖아요. 계속 먹으면서 해요. 이것도 너무 블랙코미디인 게, 처음에는 불법 촬영물을 보면서 아무 것도 못 먹었는 거야. 구역질이 나가지고, 그걸 보면서 편안

효 하게 나 좋은 행동을 하는 거 자체가 구역질이 나서 음식이 맞있게 안 느껴지고, 그래도 계속 그랬다간 내가 죽겠다 싶으니까 억지로 먹다가 나중엔 적응이 됐어요. 그렇게 먹고 먹고 먹다가 살이 엄청 쪘어요. 15킬로 쪘어요.

유리 당뇨 조심해야 돼요.

효 저 양가에 다 당뇨 있어서 더 조심해야 되는데, 여기 와서도 큰일 났어요. 콜라를 엄청 먹었네.

답　쫏이는 정신과 약은 안 먹어요?

죠이　안 먹어요.

답　상담으로 충분해요?

죠이　저는 정신과 가면 문제가 없다 그래요.

답　피병을 부러본 적이 있는지 미리 물었더니 답을 이렇게 하셨죠. "없다. 이미 아픈 걸 인정받기도 어렵다."

죠이　정신과에 가니까 선생님이 저는 정신병이 있는 게 아니라, 어떤 증상이 나타날 수밖에 없는 환경에 계속 놓여 있는 거래요. 정신질환이라는 건 상황하고 맞지 않게 병적인 증상이 발현되는 거잖아요. 예를 들어서 공황은 누구한테나 올 수 있는데, 뜻밖의 상황에서 사소한 이유로 공황발작이 올 때, 그런 게 공황장애이 거잖아요. 근데 저는 반복적

· 나뭇잎의 잎맥이 점점 얇어지고 있어요

으로 공황이 오거나 장애라고 볼 수 없는 거예요. 그래서 처음에는 내가 아프다고 말해도 되는 건지 헷갈렸어요. 제가 잔뜩에 너무 아파가지고 119 불러서 응급실에 간 적이 있거든요?

답 그때는 어디가 안 좋았어요?

조이 살면서 처음 겪어보는 고통이었는데, 자는 와중에 누워 있 너무 아팠어요. 누양을 누가 붙로 지지고 있는 느낌이었어요. 보통 눈이 피로하면 건조한 느낌이 들 수가 있잖아요. 그러면 눈을 감고 있거나 특히 자고 있으면 그게 해소가 되어야 하는데 그냥이 너무 피로했어요.

다음 날에 깡이를 들을 때도 내내 아팠죠. 양해를 구하고 눈을 감고 있었어요. 그런데도 더 심해지기만 하는 거예요.

응급실에서도 그 증상을 설명할 방법도 없고, 피검사 해봐도 아무 문제가 없다고 하고. 그래서 하의원 다니면서 한약 먹고 그랬어요. 꽤병을 따로 부리기에는 이미 겪고 있는 것

도 너무 힘들어요.

답 아까 다른 팀원도 운전하다가 앞이 안 보이는 경험을 했다고 했죠. 눈에 관련된 질환을 공통적으로 겪는 거예요?

조이 네, 다들 그래요. 그리고 또 공통적이 게 다들 기억력이 안 좋아진다고 말해요. 지능이 떨어진다고.

예인 이거 너무 전형적인 PTSD 아니에요?

조이 기억력이랑 어휘력이 떨어져요. 무슨 말을 하고 싶은데 상황에 맞는 단어가 생각이 안 나.

유리 나는 그게 어떤 감각이 있냐면, 눈에 실핏줄이 있잖아. 메인 핏줄이 있으면 거기서 가지서 뻗어 나오는 굉장히 세밀한 가닥도 있잖아. 마음에도 그런 식으로 눈이

대표적인 기관이 눈인 거네요. 다른 신체적인 증상도 있어요?

조이 신체화 증상이 많았는데, 막상 설명하면 굉장히 추상적이에요. 예를 들어서 어떤 피해 촬영물을 보고 나서 갑자기 사탕을 잘못 삼킨 것 같은 느낌이 목에서 났어요. 아기 때는 식도가 작으니까 사탕이 크게 느껴지잖아요. 목에 커다란 청포도사탕이 걸려 있는 느낌. 근데 병원에 가서 "청포도사탕을 삼킨 것 같은 느낌이에요" 이럴 수 없으니까.

답 진단이 안 나오니까.

조이 답답해서 한번은 다른 조직이나 단체, 커뮤니티에 갔을 때 내 상태를 뭐라고 설명하면 좋을지를 정신과에 물어봤어요. 선생님이 가볍게 우울증이라는 거예요. 충격적이었어요. 그리고 주변에 정신질환을 겪고 있는 친구들이 많았는데, 그 친구들은 하루에 약을 적어도 세 포씩은 먹는단 말이야, 근데

있는데, 그 미세한 잎맥이 뚝뚝 끊기는 거야. 인제는 세세한 나뭇잎의 점이 모여서 숨을 이루고 있었지만 그게 사라져. 지능이 떨어진다는 게 그런 느낌이었어.

답 근데 지금 너무 섬세하게 말한다.

유리 지금은 할 수 있는데 그 상황에서는 설명을 잘 못했어요.

조이 그리고 벽에 가서 "나뭇잎의 잎맥이 점점 없어지고 있어요" 이럴 수는 없잖아. 눈 때문에 응급실 갔을 때 구급대원이 이런 일로 구급차 부르는 거 아니라면서 약간 긴급 상황이 적혀 있는 팸플릿을 주잖아. 근데 상태서 눈을 못 뜨는 게 처음이니까 나한테는 분명 긴급 상황이잖아요.

답 상체 지원 활동가들이 공통적으로 혹사시키고 있는

나는 한 포밖에 안 주는 거야, 이상했어요, 제한되는 듯싶이로는 약을 병으로 받아놓고 받아놓고 퍼먹어도 모자랄 거 같은데.

담: 저희가 임실인에 숙며하면서 원 없이 임실을 부려달라고 부탁드렸죠. 쬬이가 "이거는 라이브로 보여드릴게요" 이렇게 썼는게 보여주실래요?

쬬이: (웃음) 지금까지의 이 인터뷰 자체가 엄살 아니잖아요? 따로 준비한 건 없어요, 근데 엄살을 잘 부리긴 해요, SNS에도 아무면 아프다고 엄청 광고해요.

유리: 엄청 하나요? 저 페이스북 친구인데 잘 모르겠어요.

쬬이: 제 딴에는 두 가지 이유로 열심히 광고하고 있어요, 첫 번째 이유는 개인적인 측면인데, 제가 평소에 밝은 말이에요, 사람들이 보기에도 행복해 보여요.

담: 정말로. 이름도 쬬이!

유리: 쬬이도 아니고 쬬이!

쬬이: 그러다 보니까 사람들이 제가 아픈 걸 몰라요, 워낙 외향적이어서, 아프고 우울해도 일단 나와서 사람을 만나면 순간적으로 텐션이 올라가서 괜찮아 보여요, 근데 이게 괜찮은 상태라기보다는 조증에 가까운 거예요, 만약 제 심장가 봤을 때도 제가 아파 보이다면 그건 심각한 상태겠죠, 그러니까 약간 강아지 아픈 거랑 비슷한 것 같아요, 강아지도…,

담: 죽기 전까지 티가 안 나잖아요, 귀신같이 숨겨.

쬬이: 맞아요, 강아지들도 괜찮은 척을 잘하니까 진짜진짜 아플 때 돼서야 병원 데려가잖아요.

담: 우리 왜 웃죠? (웃음)

유리: (웃음) 그냥 죽기 전까지 티가 안 나는 것이를 상상하니까 웃겨서.

초이: 나는 정말로, 못 걸을 정도로 무릎이 아프다고 해도 사람 안 나면 너무 기분 좋고 밝은 모습을 보여줄 수 있어. 근데 어느 순간에 사람들이 나의 상태를 정말로 모르는구나, 하고 깨달았어요. 그때부터 많고요를 하기 시작했어요. 몸은 기운이 너무 심해, 너무 우울해, 나 지금 죽고 싶어, 이렇게. 두 번째 이유는 사회적인 측면이에요. 기성세대가 이런 이삼십대 여성들의 아픔을 이해하지 못한다고 느껴요. 이건 예라부도 공감하실 거 같아요.

뮤: 맞아요. 저는 우정이 깊은 선생님하고 만나도 여기서 는 세대가 갈리는구나, 그런 느낌이 드는 순간들이 있어요. 특히 고통에 대해 말할 때 그래요. '고통'이라는 단어를 말하면 선생님은 바로 전쟁을 떠올리시거든요.

초이: 전에는 좀 다르게 생각했었어요. 저는 태안 대학교를 다녔거든요. 거기선 오륙십대 한국 남성 엘리트 교수들이 강의를 많이 해요. 그분들 앞에서 제 고통을 말하는 게 무의미해지는 이유가, 그들은 학생운동 하다가 잡혀간 세대잖아요.

뮤: 고문당하고요.

초이: 그분들은 나의 상태가 공감이 하나도 안 되겠죠. 그 정도쯤이야, 이렇게 되는 거예요. 학교 다닐 때는 내가 아저씨들을 한 그것까지 바라는 건 에너지 소모라고 생각했어요. 근데 피해 지원을 하면서, 여성운동 쪽에 들어와서도 비슷한 느낌이 드는 거예요. 물론 최의 상태를 객관화할 수 있도록 해준 감사한 부분도 있어요. 그분들이 공통적으로 한 얘기 중에 하나가 이거예요. 지금 십대부터 상상력 청년들이 상태가 심각하다, 얘너하면 우리 때는 힘들다는 얘기는 찾어도 죽고 싶다는 얘기는 안 했다. 이거 그들이 빛을 때도 이상한 현상이라고 얘기를 자꾸 어야화하려고 해요. 그래서 저의 힘듦을 자꾸 어야화하려고 해요.

남 쪼이한테는 엄살도 운동이구나.

쪼이 네, 쭉 그러니까 어떤 분이 내 페북 팔로우 취소하셨나 봐. (웃음) 처음에는 댓글도 달아주시고 하더니, 어느 순간부터는 약간 호흡을 치시더라고요. 아프면 별일에 가라고,

남 사실 보기가 힘들죠. 나는 공감 능력이 뛰어난 것도 좋지 않는 것 같아. 첫째로 잘 못 믿어요. 타인의 고통을 진짜 똑같이 느낄 수 있다고? 나 단지 감기에 걸려도 겪는 몸이 이렇게나 다른데. 공감할 수 있다고 말하는 사람이 의심이 되죠. 둘째로는 실제로 다 공감을 해도 문제라고 봐. 사람은 고통을 느끼는 걸 싫어하니까, 오히려 내가 이입할 수 있는 고통이라고 판단되는 순간 상대를 뚝딱뚝딱 고쳐가지고 그만 아프게 만들려고 하는 것 같거든?

그래서 공감 좀 못해도 괜찮은 것 같아요. 오히려 상대의 고통하고 나하고 거리두기가 설정되면 조금 더

오래 그 사람의 증언을 들어줄 수 있잖아요. 전달 만한 체력이 남을 때는, 보는 내가 괴로우니까 너의 고통을 전시하지 말아라 이렇게 말하지 않을 수 있잖아. 우리 전에도 이런 얘기 하지 않았어요? 고통을 전시해야 하는 상태도 괜찮은 상태는 아니라고? (웃음)

유리 꾀병도 병이다. (웃음)

남 맞아.

유리 나는 자살 생각 엄청 많이 하거든. 근데 그러면 자살 말이 한다고 그러거든요.

남 맞아. 자살꾼이라는 말이 있지.

유리 그렇다고 "내가 진짜인 걸 보여드리겠습니다! 죽고 싶은 걸 증명하겠습니다!" 이럴 순 없잖아. (웃음)

담 그 상태도 딱히 병이 아니지는 않아. (웃음)

조이 자살 참고 있는 상태, 자살 마려운 상태. (웃음)

유리 (식탁에서 범부경을 들며) 자살 사고(思考)는 아직도 나날이 이렇게 있어. 다만 내면에 알고리즘을 만들어 가지고 관리를 하지. 스스로 질문을 여러 개 만들어서 물어봐. (범부경을 움직이며) 대답이 '아니오'라면 여기로 가시오, 대답이 '네'라면 저기로 가시오, 이런 식으로 프로토세싱이 꽤 있어. 이 안에서 자살 사고를 계속 돌리면서 자살을 유예하는 거야. 이런 관리의 필요를 언제 느꼈냐면, 나는 활동할 때뿐만이 아니라 십대 때도 자살하고 싶다고 많이 말했거든. 근데 이게 하면 할수록 우스워지더라고. 인제 말이라는 게 하면 할수록 빼가 없어지는 성질이 있지만, 그중에서도 특히 우스워지는 성질의 말이야. 계속하다 보니까 내 스스로도 엄청 질려버리더라. 주변 사람들이 내가 정

담 딸 죽기 전까지는 안 믿겠구나. 나중에는 반응이 '진짜 죽을 때 불러줘' 이런 느낌이야. (웃음)

담 양치기 소년 되는 거야. (웃음)

유리 이십대 중반까지 그런 끼기를 거치면서 죽고 싶다는 말을 비교적 덜 하고, 비교적 정상인 적을 할 수 있게 됐어. 이게 밖에서 보기에는 어떨지 모르겠지만, 제 입장에서는 성공적이지 않나, 자살 얘기 좀 덜 하고 있지 않나, 그렇게 생각합니다.

조이 저는 지금 이십대 여성인데, 무서운 게, 삼십대 친구들하고 만나서 얘기를 하면 그 친구들 주변에는 다 죽은 친구들이 있어요, 이게 제 삶의 가장 큰 두려움이에요, 내 주위에서도 누구 한 명은 죽었다는 생각이 끊임없이 들어요, 시한폭탄 같아요.

유리 죽을 수도 있는 그 친구가 나일 때도 많고요.

일동 (쓰러짐)

조이 나도 마찬가지야, 모르는 사이에 내가 나 스스로를 죽일 수도 있어.

유리 응, 스스로에게 잘해줘야 돼.

조이 내가 잘해줄게요.

"살아 있지?", "괜찮지?"

유리: 응… (눈물 글썽임) 나랑 17년 된 친구들이 있어요. 관계가 오래됐잖아요. 그 친구들 중에서 어렸을 때 가정환경이 안 좋았던 친구가 있는데, 나도 그때 상황이 진짜 안 좋았거든. 그걸 서로 다 보면서 자란 거야. 그래서 만나면 죽하하거든요. 이거를. 너도 살아 있고 나도 살아 있다. 이런 기억 같은 일이라고.

답: 다 버리고 갈 수 없으면 어떡하지. 그런 생각 많이 하죠. 주변 순찰을 잘 돌고, 특별히 걱정되는 사람이 안 떠오른다고 해도요. 일단은 괜찮아 보여도. 1, 2년은 몰라도 계속 기다리고 저. 그래도 통계나 한국의 여성들이 처한 현실을 볼 때, 10년 후에는 누가 옆에 없을 가능성도 많은 거예요.

조이: 뉴스 같은 거 뜨면 서로 상태 확인하는 톡방 있지 않아요? "살아 있지?", "괜찮지?"

답: 아, 중요하죠.

유리: 나도 있어. "약 먹었니?" 이런 거 물어보는 톡방.

조이: 어떤 사람은 주기적으로 만나줘야 돼. 근데 또 그럴 때 느끼는 게, 그 사람도 나를 만나주고 있어. 그런 관계가 있어요.

답: 저는 '순찰 돈다'고 표현해요.

유리: 나는 그런 식의 도움을 전부 강하게 기억하고 있거든. 왜, 각골난망이라고 하잖아. 뼈에 이렇게 새기는 도움이 있어. 근데 하도 세겨서 뼈가 조각조각로 다 파여가지고 남은 것 없는 것 같은데. (웃음)

조이: (웃음) 주변 사람들이 열심히 살렸어?

유리: 응. 종이도 그중 하나예요.

조이 (유리를 와락 안는다.)

유리 쪼이가 나한테 웃음 엄청 많이 줬어요. 사람이 죽고 싶으면 별 하찮은 이유로도 죽고 싶어지잖아. 이성적으로 생각했을 때는 죽을 일이 아니라는 걸 나도 알아. 아까 말한 자살 사고 알고리즘 첫 번째 질문이 그거예요. 향상 물어봐야 돼. '이게 정말 죽을 만한 일인가?'

한번은 웃옷을 열었는데 입을 옷이 없었어요. 그날 따라 그게 견딜 수가 없는 거야. 예쁜 옷 입고 싶어서. 평상시에는 도전 정신 발휘하지 않고 오랫동안 무난하게 입을 수 있는, 어느 자리에서나 편하게 입을 수 있는 종류의 옷을 사요. 근데 나도 취향이 분명히 있어. 그리고 그 취향은 꽤장한 노력과 자본이 투여돼야 구현할 수 있는 그런 취향이야. 근데 난 자본이 없으니까 남이 버린 옷을 주워 입거나 해야 돼. 그런 식으로 모든 것이 다 뒤죽박죽된 옷장을 보다가…… 아

니… 나도 눈이 있는데, 나도 배운 사람인데!

답 무엇을 배운 사람?

유리 뭐가 아름다운지를 배운 사람인데. (웃음) 그날 내가 SNS에 올렸거든요. 이제 새 옷 좀 입고 싶다, 이런 식으로. 그림 보고 쪼이가 나를 불러서 집에 안 입는 옷이 많이 많으니까 가지고 가라 그랬어. 웃을 많이 줬어. 솔직히 그중에서 많은 것들을 못 입었지만요.

조이 그 옷들이 좀 그래. (웃음)

답 옷의 옷장이 교차되는 상상은 잘 안 되긴 하는데. (웃음)

조이 그때 그 힙피스 입었어요?

유리 아니요…

조이 아니, 그때 생각하기에는 유리랑 너무 잘 어울리는 원피스가 있었거든요. 그런데 주변서 안 샀어, 안 일겠구나,

엄 생각이 다를 수 있어요.

유리 그래도 큰 도움이 됐어. 그리고 그날 나한테 산딸기잼 사줬잖아요. 그 산딸기잼도 맛있었어.

엄 나도 원하는 물건과 사게 되는 물건 간의 갭을 견디기가 어려운 때가 많았어. 어떤 밤에는 맘에 안 드는 물건 하나를 노려보면서 내가 저것 때문에 죽을 것 같아… 그러느라 못 자는 거야. 그때도 그렇고 지금도 그렇고 거의 빈티지 옷을 사는데, 예전엔 가끔 새 옷 입고 싶다, 새 헌 옷 말고, 그런 생각 했었어요. 비진 되고 나서 좋은 점 중 하나는 이제 빈티지 옷으로 옷장이 가득 차 있는 게 다행이라고 생각하게 됐다는 거야. 자랑스럽게까지 느껴져. 내가 가난해서 이런 게 아니라 윤리적이어서 그런 거라고 거창하게 의미부여하고.

유리 그런 얘기 하잖아, 딥이. "낭비주의 윤리의 시대가 올 거다."

엄 응. 그러니까 어떤 방식으로든 살아 있어야 돼. 모두가 가난한 이동한테 배워야 하는 시대가 올 거야.

유리 제가 진짜 잘 가르칠 수 있죠.

조이 나도.

2021. 6. 27.

오늘의 메뉴

저는 셰퍼드파이를 무척 좋아합니다. 밀가루 대신 감자를 파이지로 쓴다는 전체적인 발상도 좋고, '셰퍼드파이'라는 단어의 어감도 좋습니다. 김이 모락모락 나는 파이를 한 입 베어 물었을 때 제일 정확하게 발음할 수 있는 단어 같거든요. "셰퍼드파이." 원래 셰퍼드파이는 영국의 가정주부들이 남은 매시드포테이토와 고기스튜 등등을 다음 날에도 식탁에 올리기 위해 다시 섞고 조리해서 만들어진 음식이라고 해요. 영국 가정에서 자주 먹는 스튜가 양고기스튜여서 양치기파이라는 이름이 붙은 것이죠.

우리는 주재료로 버섯을 쓸 거예요. 표고버섯도 양고기에 뒤지지 않을 만큼 오묘하고 강력한 향을 가지고 있지요. 우리의 파이는 뭐라고 부르면 좋을까요? 표고버섯은 참나무에서 재배하니까, 산지기파이라 정도가 어떨까 싶네요.

버섯은 훌륭한 식재료입니다. 요리가 한곳 더 사치스러워지는 영역, 그러니까 식감과 향의 영역을 맡아주니까요. 야채를 챙겨 먹고 싶지만 위장에서 차가운 음식을 거부하는 편이라면, 버섯볶음이 주가 되는 웜셀러드를 만들어 드세요. 그 자체로도 든든하고, 밥이나 빵과도 잘 어울립니다. 버섯을 구울 때 해산물을 조리하는 듯한 냄새가 납니다. 버섯이 가진 흙 내음이 소금과 닿으면서 마치 개펄과 닮은 향을 내거든요. 그래서 세숭이버섯을 동그랗고 두껍게 썰어 칼집을 내고 구울 때는 꼭 판자를 굽는 느낌이 나요. 소금을 넉넉히 뿌려 구운 세숭이버섯은 맛있는 밥반찬이자 술안주입니다. 표고, 세숭이, 양송이, 느타리 버섯 등등을 바싹 볶다가 올리브유를 버섯볶음이 잠기도록 붓고, 마늘을 듬뿍, 페페론치노 한 개를 넣어 바글바글 끓이면 버섯 버전의 '감바스'가 만들어지요. 아무 버섯이나 듬뿍 넣고 술밥을 지어서 맛간장을 더해 먹어도 즐겁습니다. 최근에는 누군가의 선물로 그 귀하다는 자연산 송이버섯을 먹는 호사를 누렸답니다. 불을 보이기는 아까워서 생버섯을 회처럼 썰어 참기름과 소금에 다진 마늘을 넣습니다. 기름을 약불에 끓이다가 마늘 향이 올라오면 토마토를 넣습니다. 취향에 따라 바질이나 이탈리안 허브믹스 등을 추가합니다. 비건 스톡 큐브를 넣어도 됩니다. 소금, 후추로 간하고 되직한 소스 농도가 될 때까지 인내심을 가지고 끓입니다. 이 과정을 생략하고 시판 토마토소스를 써도 됩니다. 시판 소스 중에서는 바릴라 파스타소스 시리즈가 비건으로 알려져 있습니다.

비건 셰퍼드파이

재료

감자 6개, 표고버섯 10개, 양송이버섯 10개, 가지 3개, 양파 2개, 올리브유, 소금, 후추, 소이마요

토마토소스

홀토마토 캔 1개, 올리브유 45ml, 마늘 6쪽, 소금, 후추

[2] … 감자를 다듬습니다. 깨끗이 씻어서 껍질을 벗기고 썰어 도려냅니다. 감자는 빨리 익을 수 있도록 반으로 자른 다음 다시 4등분합니다. 자른 감자를 냄비에 담고 물을 감자가 잠길 정도로 붓습니다. 소금을 넣고 끓입니다.

[3] … 감자 1~2개 정도는 가늘게 채 썹니다. 파이의 맨 위층이 될 감자입니다. 전분기가 빠지도록 찬물에 담가놓습니다.

[1] … 홀토마토 캔의 물을 따라버리고 토마토만 건져서 다집니다. 팬에 올리브유를 붓고

썰어 먹었습니다. 눈을 감고 가만히 숨을 쉬어보게 되는 맛이었어요. 사람이 깨비이 쉴 땐느 냄새가 흠뻑 세라고 하죠. 그런 점에서 버섯은 더없이 인간적인 식재료가 아닐까 싶어요. _담

[4] … 오븐을 섭씨 190도로 예열해 두고 표고 버섯과 양송이버섯을 다듬습니다. 버섯에는 따로 장만 사용합니다. 흙먼지를 잘 떨어내고 적당한 두께로 썰어줍니다. 파이 팬에 버섯을 넓게 펼치고 소금, 후추로 간합니다. 버섯 위에 올리브유를 골고루 뿌리고 20~30분 정도 구우면 됩니다. 버섯에서 물이 많이 나오기 때문에 중간중간 상태를 보면서 뒤적거려주어야 촉촉하고 바삭하게 구워집니다. 오븐 대신 에어프라이어를 써도 좋습니다.

[5] … 버섯이 구워지는 동안 가지를 최대한 얇게 썰어줍니다. 다져내면 정도 두께면 좋습니다. 물론 정말로 다져내면을 함께 넣어도 맛있습니다. 포를 뜬 가지 위에 소금을 조금 뿌리고 기다렸다가 키친타월로 물기를 닦아냅니다.

[6] … 양파를 링 모양으로 썰어서 올리브유에 볶아둡니다.

[7] … 감자가 다 삶아졌으면 물을 최대한 따라냅니다. 그대로 불 위에 올려 부둣이 뒤섞어주면서 남은 물기를 날려줍니다. 바닥을 꼼꼼히 긁어주며 볶아야 타지 않습니다. 뽀송해진 감자를 불에서 내려 부드럽게 으깨고 소이마요와 후추를 넣어 섞습니다. 비건 버터가 있다면 넣어도 좋습니다. 모자란 간은 소금으로 더합니다.

[8] … 오븐에서 버섯을 꺼냅니다. 버섯 위에 감자-토마토소스-양파-가지-감자 순으로 층층이 쌓아줍니다. 맨 위에 으깬 감자가 올라오기만 한다면 중간 순서는 크게 상관없습니다. 포크를 사용해서 으깬 감자의 표면을 전체적으로 긁어줍니다. 원래 셰퍼드파이는 이 단계에서 다시 굽는데요, 저는 여기에 감자채를 올려 마무리합니다.

전분기를 빼도 감자채를 건져서 물기를 없앱니다. 감자채를 소금 약간과 올리브유에 버무려 파이 위에 촘촘하고 넓게 펼친 다음 오븐에 굽습니다. 안에 있는 모든 재료는 잘 익었으므로

감자채가 바싹 구워졌을 때 꺼내면 됩니다.

새송이버섯샐러드

재료

어린잎채소, 새송이버섯 4~5개, 올리브유, 소금, A1소스(또는 발사믹 글레이즈)

비네그레트 드레싱

올리브유 30ml, 레몬즙(또는 식초) 10~15ml, 소금, 후추

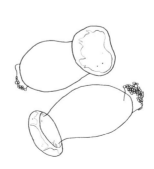

[1] ··· 어린잎채소를 깨끗하게 씻습니다. 물을 털어 채반에 담아두고 차게 보관합니다.

[2] ··· 새송이버섯을 손가락 한 마디 정도 두께로 자릅니다. 앞뒤로 칼집을 촘촘히 냅니다.

[3] ··· 팬에 새송이버섯을 굽습니다. 버섯은 물이 많아서 노릇하게 구우려면 시간이 듭니다. 기름 없이 소금만 뿌려 굽다가 노릇노릇해 졌을 때 올리브유를 뿌려 마저 구워도 되고, 처음부터 올리브유에 구워도 됩니다. 어느 쪽이든 중약불에서 표면의 갈색이 둘 때까지 지긋이 구워주세요. 비건 버터로 구워도 맛있습니다. 단, 버터는 잘 타니까 버섯을 먼저 굽다가 나중에 넣는 쪽이 안전합니다. 간은 조금 합합하게 하세요. 채소와 쉬일 것을 생각해서요.

[4] ··· 버섯 굽는 동안 올리브유와 레몬즙을 2:1 또는 3:1 정도의 비율로 섞습니다. 소금과 후추도 넣습니다. 그런 다음 작은 밀폐용기나 병에 넣고 마구 흔들어 쉬으면 비네그레트드레싱 완성입니다.

[5] ··· 어린잎채소의 물기를 한 번 더 앑에주고 접시에 담습니다. 물기만 꼼꼼히 제거해도 모든 종류의 샐러드 맛이 훨씬 좋아집니다. 채소 위에 구운 버섯을 올립니다. 드레싱을 채소 위에 뿌려줍니다.

[6] ··· 구운 버섯은 A1소스나 발사믹 글레이즈에 찍어 먹으면 맛있습니다. A1소스는 스테이크 소스로 유명한데 소스 자체는 비건식입니다.

주짱

참지 않는 구희 생활,

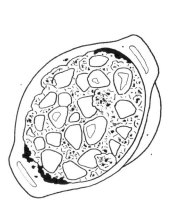

"오늘 뭔가 근사한 걸 해 보려고 했는데… 두 시간 정도 늦게 일어난 거예요. 그나마 자주 굽는, 기념일이나 이럴 때 이 코블러를…."

"굽는?"

"복숭아파이예요."

"아, 굽는? (웃음) 나는 '굽는 기념일'이라고 들었어요. 굽는 때 이걸 드신다는 줄 알았어요."

"아, (웃음) 굽는 이 아니고요."

- 유튜브에 다큐멘터리 〈도미니언〉(지배자들), 그리고 게리 유로프스키의 강연 〈당신이 들을 수 있는 최고의 연설: 게리 유로프스키〉(Best Speech You Will Ever Hear: Gary Yourofsky)와 이어지는 질의응답이 올라와 있다. 시간이 없다면 5분 안쪽으로 볼 수 있는 〈낙농업은 무서워: 호주〉(Dairy is SCARY: Australia)와 〈어떤 고깃집 체험(Casa de Carne)〉도 있다.

- 책으로는 『고기로 태어나서』, 『나의 비거니즘 만화』, 『아무튼, 비건』 등이 쉽고 강렬한 접점을 준다고 한다.

아홉 명-펀지거 님, 장민욱 님, 조이스박 님, 이동원 님, 마마롬 님, 훙산 님, 김매뎨 님, 섬나리 님, 김해시바 님 감사합니다-이 비거니즘 조심자를 위해 추천한 글과 영상 목록이다. 참고로 이 목록에는 나와 입장이 조금 다른 작업물도 있다. 비건 지향인들의 생각이 그만큼 다양하다는 뜻이다.

- 『OFF magazine』(off-magazine.net) 특집호의 「건구의 표정」. 안담, 리타, 유리가 함께 만들었다.

- 넷플릭스 아이디가 있다면 다큐멘터리 〈더 게임 체인저스〉, 〈카우스피라시〉, 〈씨스피라시〉를 시청할 수 있다.

고행 같아 보이는 비건 실천에도 다 이유가 있다. 나는 2015년에 페이스북으로 만난 한 비건 페미니스트를 통해 "우리가 아는 고기를 만들기 위해 동물들이 임신과 출산을 강제로 반복당하고 있다. 젖소라고 해서 그냥 젖이 나오는 게 아니다. 송아지를 출산해야 우유가 나온다"라는 사실을 처음 알았다. 이후 파타 싱어의 『동물을 해방하라』를 접했고, 육식을 계속하고프 많이 어떻게든 반박해보려고 노력했으나 잘 안 돼서 지금 보시는 바와 같이 이렇게 됐다.

다른 사람들에게는 또 다른 이유가 있다. 『엄살』을 읽고 비거니즘에 새롭게 관심이 생긴 분에게 다음 콘텐츠를 소개한다. 페이스북 친구

군정은 노동운동가 집안에서 태어난 노동운동

스도 준쫭의 작품이지만 전혀 모르셨을 것이다. 준쫭이 말을 안 하기 때문이다.

그런 준쫭이 구회에서 주인공으로 찍힌 사진이 딱 하나 있다. 2020년 7월 28일 국토교통위원회 전체회의에서 쓰러졌을 때의 모습이다. 사실 그 사진에는 중요한 잊어야기가 없어 있다. 사마술계에서 잊을 구하던 준쫭을 구회로 오게 한 성화룡 사건 이야기다. 담과 나는 그 사진을 보면서 결심했다. 이 사람 꼭 밥 먹여야지, 꼭 맛있는 거 먹여야지!

임상원 인터뷰 당시만 해도 인터이있던 준쫭은 이제 7급 보좌관으로 승진했다. 요즘은 홍보 업무뿐만 아니라 정책 일도 배우는 중이다. 여전히 낫도를 좋아한다. 낫도에 간장거저 뿌려서 김으로 써 먹으면 맛도 좋고 수도 편하다는 준쫭의 '꿀팁'을 전하며 임상원의 다음 장을 연다.

—유디

이미지나 글자로 하는 표현에 답답한 기본기를 가진 사람이 다른 풍장까지 보게 되면 준쫭처럼 말하게 된다. 나는 동물권 운동으로 인게 되는 언어가 세상을 새로 구회하고 제명하는 여러 운동의 언어 중에서도 가장 매자매매한 힘을 가졌다고 생각하는데, 동물을 착취당하거나 죽임당하지 않을 권리가 있는 존재로 설명하는 남은 반드시 비천하고 약하고 가난한 모든 인간 동물을 구하기 때문이다. 준쫭의 언어는 동시대인들이 가지는 공통감각과 미래의 윤리가 걸구하는 자비 사이를 자분하게 오간다.

준쫭은 더 검손하게, 더 신중하게 구회 문턱의 경사로가 되는 활동을 하고 싶다고 했다. 실제로 그는 자신의 존재감을 지우는 일에 거리낌이 없고, 잘 보이지 않았던 남들을 돋보이게 하는 일에 골몰한다. 나는 준쫭이 뭔가를 자랑하거나 우쭐해하는 모습을 본 적이 없다. 카엽고 공감 가는 응답으로 1020 인터넷 커뮤니티에서 큰 호응을 얻었던 심상정 의원실 '접수 완료' 시리

가다. 어느 날 그는 아르바이트를 하다가 비건인 직장 동료와 함께 식사하기 위해 특별한 곳부나 다음 없이 채식을 시작하게 되었다. 그렇게 가벼게 선행한 실천이 기대하고 진지한 동물권 운동까지 가슴디 울타가게 된 것은 날 때부터 운동권이있던 준쫭에게 있어 숨어 쉬듯 자연스러운 흐름이었다. "그것이 운동이기 때문이다"라고 준쫭은 답했다.

동물권 운동에 연결된 준쫭은 고기라고 생각했던 동물의 삶을 다시 보게 되었다. 진안하게도 도축되고, 인지 않게 임신되고, 좌우되고, 혹은 임신이 되지 않는다는 이유로 죽임당하는 동물들의 현실을 직시하자 고깃집이 가득했던 번화가, 물살이가 전시된 수산시장과 같이 너무나도 익숙했던 풍장이 다르게 느껴졌다.

준쫭이 임상원에 다녀가고 나서, 담은 "그동안 주변 여자들의 언어에 얼마나 빛져있었는지 생각하게 됐어. 오늘부터는 준쫭의 언어에도 큰 빛을 지겠네"라고 말했다.

순창: 안녕하세요. 순창은 구회의원 보좌진이라고 하셨죠. 제가 보좌진이 어떤 직업인지, 구체적으로 어떤 업무를 하느지 잘 몰라요. 아까 듣기로는 활용을 많으신다고요?

유리: 네. 의원실에서 일하기 전 3년여간 '큐플래닛'에서 영상 제작했던 것을 바탕으로 의원실 홍보 업무를 맡게 되었어요.

순창: 큐플래닛이 뭐예요?

유리: 소수자를 향한 가짜뉴스와 혐오에 대항하는 퀴어방송국이자 유튜브 채널이에요.

순창: 재밌어요. 순희정 선생님 나오시고.

유리: 한 의원실에 보좌진이 몇 명이나 있어요? 의원실마다 보좌진이 좀 다른가요? 보좌진마다 업무가 어떻게 다른지

순창의 자리는 어디에 있지?

도 궁금하고요.

수행 의원실마다 국회의원의 의정 활동을 지원하는 보좌진을 둘 수 있어요. 보좌관부터 인턴까지 모두 채용 시 총 아홉 명까지 둘 수 있고요. 업무상 구분으로는 정책, 정무, 지역, 수행, 홍보, 행정회계 등이 있어요.

우리가 드라마나 뉴스에서 자주 접하는 보좌관은 아홉 명의 모든 보좌진을 일컫지는 않고요, 4급 상당의 보좌관을 지칭해요. 저희 의원실은 두 보좌관이 각각 정책과 정무를 맡고 있어요. '정책'은 법과 제도를 만드는 일을 도와요. 국정감사나 각종 집중업무 기간에는 사무실의 모든 인력이 정책 일에 집중하기도 해요. '정무'는 의원이 맺는 관계를 조율하는 일을 도와요. 의원과 가까이에서 다른 당과의 협력과 견제를 의도하는 등이 일이요.

지역구 국회의원의 경우 선출된 지역에 사무실을 별도로 두고 있고 이를 전담하는 '지역' 보좌진이 있어요. 구석구석 소외된 주민이 없도록 발로 뛰고, 민원을 받아안고, 해결을

위해 힘써요.

'수행'도 필요해요. 보디가드라고 생각하시면 돼요. 의원은 한 명 한 명이 곧 입법기관이잖아요? 때문에 테러의 위협으로부터 조심해야 할 필요가 있어요. 실제로 저희 의원님도 초선이었을 때 살던 집이 방지하려 창문이 낡게 나 있어서 외부로부터 굉장히 취약하다고 보여 직원이 이사를 권했대요. 거리에서도 크고 작은 것은 위협의 가능성이 있어서 '수행'이 필요해요.

그리고 '수행', 저희 의원님은 평소 새벽 5시에 나와서 밤 늦게 퇴근해요. 당연히 '수행' 업무를 맡은 보좌진의 업무 시간도 엄청나게 길죠. 의원보다 일찍 일어나야 하고 더 늦게 퇴근하고, 장거리 운전을 하기도 해서 다른 업무를 보기 힘들죠, 빡빡한 스케줄에 맞춰서 효율적으로 운전해야 하니까,

'행정회계'는 사무실의 장비와 비품을 다루고 후원금을 관리하고 선관위법에 저촉되는지 여부를 확인해요. 의원의 글과 말을 함께 만드는 '메시지' 업무도 빼길 수 없죠. 중요한 이야기들이 신문에 잘 실리도록 보도자료를 작성하고,

가장 인터뷰 부구를 만들기도 해요.

자, 그럼 과여 중향의 자라는 어디에 있나!

유리 왜 물입되지? (웃음)

중향 다른 이렇게 바쁘게, 이와실에서 나오는 그 수많은 유류브 영상들은 누가 제작하느냐, (웃음) 네, 그걸 제가 만듭니다. 저는 이런으로 일을 하고 있어요.

담 어떻게 국회에서 일하게 됐어요? 원래 정치에 관심이 있으셨어요? 정치의 어떤 방식 중에서도, 의회 정치에 대한 민음이 있으셨나요?

중향 네, 이것에도 정당운동을 했어요. 당시 순한 곳은 위의 소수 정당이었느데요, 정치 세력화를 통해 전개할 수 있는 힘이 있다고 믿으면서도 정당정치에 의회정치에 비판을 많이 했어요. 아, 그리고 제가 보라짓 일을 시작하게 되 중요한 계기가

있어요. 제가 예술활동을 생업으로 하고자 했었고, 사실 이전에는 건당으로 돈을 받는 프리랜서여서, 안정적으로 월급을 받는 작업을 하고 싶었어요. 그렇게 생각할 무렵에 서울문화재단에서 하는 청년예술청 기금 사업 잔여를 제안받았어요. 그걸 제안한 사람은 청년예술청 운영간독이었던 Y 작가인데요. 그 사람이 나한테 성희롱을 한 거야. 엄두를 제안하는 날 당일에 나랑 잔여팀에서 식스하고 싶다는 니 이런 얘기를 한 거예요. 그때는 도 무례로 너무 힘든 때였느데요. 내가 식스를 거절하면 이 일을 못 하는 건가, 실실

담 그렇죠. 안 하고 싶죠.

유리 아무데도 그렇죠.

중향 그래서 돌아오는 길에 굉장히 마음이 어려웠어요. 막 울면서 집에 왔어요. 이 일과 식스가 얼마큼 연관이 되는 거지?

예인 감사합니다.

답 이걸 만드는 사람이 있다, 그게 누구다, 자주 말해야 겠다고 느껴요. 이미지를 잘 만들수록, 이미지를 연 출하는 사람이 최조 기획이나 취지에 대한 이해도가 높을수록 결과물이 매끄럽잖아요. 메시지와 이미지 간에 괴리가 적으면 연출자의 존재가 잘 안 보이더라 고요. 기획을 한 사람이 있고 연출해서 찍은 사람이 있는데, 그런 협업의 과정은 영상의 양질일수록 오히 려 티가 안 나게 되는 것 같아요. 예를 들면 지난 대선 때 윤석열 캠프에서 "민지가 해달라드니 한번 줌 해 보자" 같은 카피를 쓰면, 아 저거는 누가 미친 세대를 이 해하는 수준과 저런 친근해 보이려는 카피 사이에의 괴 리가 너무 크니까 설계자의 존재를, 그림을 짠 사람 의 존재를 얕게 되는 거죠. 반대로 그림을 잘 만들수 록 만드는 사람의 존재는 좀 잊히게 돼요.

그런 생각을 하면서, 그다음에 공론화를 했고요, 신문에도 나 고 그랬어요.

웃기는 게 나는 명예훼손죄가 무서우니까 익명으로 공론 화를 했거든요, Y 씨라고, 근데 그 사람은 자기 페이스북에 '가해자 Y 씨가 나다, 난 그런 적이 없다' 그러면서 자기 소 명을 하더라고요.

그 일로 정신적으로 상태가 안 좋아졌어요, 당시에 저를 도와주던 친구가, 꼭 미술 관련 작업이 아니더라도 우리가 다른 일로 경제활동을 할 수 있으면 좋지 않겠냐, 하면서 이 렇식 관련 일을 해보라고 제안을 해줬어요, 그리고 나서 이 렇식에서 정식으로 채용되는 걸 주셔서 예, 하고 일하게 되 었습니다.

답 엄실원에서 예인이 만드는 영상을 보면서도 느끼는 건데요.

혼쫑 고립이더던요.

후쌍: 아까 예술활동을 생업으로 하고 싶으셨다고 했잖아요?

답: 네,

후쌍: 자기가 전면에 나서는 일과, 내세워진 다른 사람의 이미지를 다루는 일은 차이가 있을 것 같아요. 지금도 틈틈이 그림 수업도 하고 계시고 그림, 영상, 사진 등의 개인 작업도 이어가고 계시는데, 그런 작업과 보좌진 일 간의 관계가 좀 궁금해요. 둘 다 하기가 괜찮으신지.

답: 음, 좀 멀리 돌아서 학생 때 이야기부터 출발해보면요. 저는 미술 작업을 하고자 했을 때 여러 시도를 해보면서 항상 뭔가 부족하다고 느꼈어요. 나는 좀 더 사회에 다가가는 작업을 하고 싶은데 내 작업은 어디간에 갇혀 있는 것 같고, 정작 내가 내 작업을 봬었으면 하는 사람들이 이 전시장에 못 올 것 같고, 올 시간이 없거나 올 수가 없거나, 그럼 결국 내가 서 있는 곳 근처에서 나만 만족하는, 또는 나조차도 만족스럽지 않은 그런 작업만 하는 것 아닐까, 이런 생각을 할 때가 많았어요. 그래서 아예 그런 자초 자체를 다루는 작업도 해보고 그랬어요. 그런데 지금 하는 일은 굉장히 내가 다가가고 싶어 하는 곳에 마음껏 갈 수 있는 작업이기도 하거든요. 그래서 차이가 있다기보다는… 이 일을 작업의 연장선상에서 생각하는 것 같아요. 이게 내가 정말 하고자 했던 작업이 아닐까 하는 생각이 들 정도로요. 오히려 학생 때 하고 싶었던 정치적인 이야기를 마음껏 할 수 있는 작업자가 된 것 같다, 그런 만족감이 있죠.

후쌍: 말을 너무 잘하시잖아. 정리가 되네, 내가 이런 사람이었구나, 이게 나네, 그러면서 듣고 있어요.

예인: 저도 들으면서 같이 아~.

느데, 그분들이 굉장히 편안하게 말씀을 하시더라고요. 우
리하면는 일부러 받들어낸 간담회장이 늘 분들한테는 늘 있
던 자리니까.

쪽박촌을 가운데로 낫 보도 양으로 적은 받들이 좋은
이 이야긴 형태에요. 숨마다 공을 화장실을 쓰고요, 때문에
보안에 취약하고 여성 노인이 살기에 힘도 접이 않아요. 간
담회 당일 현장 방어자로 오신 분은 주로 할아버지들이상어
요, 이남 나온 이야기들을 펼겨해 보니 여성 노인이 접는 무
제가 여성 참여자 수가 적어 무제 때문에 잘 드러나지 않던
라고요, 그럴 때 여성 발화자의 인터뷰 화면을 적절히 접어
넣거나 하는 정도의 개입을 제가 해요.

그리고 보통 인터뷰가 청소년이나 어린이일 경우에 호
칭으로 '○○ 군', '○○ 양'을 쓰잖아요, 그 자리에 '○○
님', '○○ 씨'와 같이 보다 평등한 호칭을 넣거나 하고요.
이런 건 부분 개입이면서도, 못하면 보이지만 접하면 안 보
이는 개입이 거고,

물론 요즘에는 그런 부분까지 누여겨보는 지지자분들도 많

들어넣지가 좀 안 느껴지잖아요? 저는 제가 드러나지 않는
게 오히려 좋은 것 같아요. 우리가 어떤 영상을 볼 때, 마음
에 결리는 티끌이 하나 있으면 계속 그 오점이 보이지, 이야
기하고자 하는 바가 잘 안 보이잖아요, 베를 들면 자막에 오
타가 있다면 그 오타 때문에 애초에 보여주려고 했던 그 맥
락을 향한 집중이 흐트러지잖아요, 저는, 그렇게 집중을 방
해하는 요소 없이 몰입할 수 있는 콘텐츠를 만들고 싶어요.

일차적으로는 최대한 제가 개입하지 않는 콘텐츠를 만들
자는 생각을 해요, 최근에는 이웃님이 몰박촌에 받무해서
몰박 간담회를 하는 시간이 있었어요, 그냥 간담회가 너무
재미있었어요, 일단 몰박촌이니까, 이웃님을 실내에 초대할
수가 없는 거예요, 그래서 대안으로 동네 회당에서 모이
기로 했어요, 그런데 이웃님이 오시기 전부터, 누가 부르지
않았는데도 주민분들이 아주 자연스럽게 회당에 나와서
이야기를 하고 계셨어요, 자기 집 거실이 곳처럼, 대개 집이
몰다 보니까 밖에 나오는 계 너무 익숙하신 거죠, 거기다 우
리가 마이크도 놓고 간담회에 맞게 그럴싸한 자리를 마련했

기 분이 공이 노출되지 않는 문제, 크레딧이 문제에 굉장히 예민할 수밖에 없다고 느끼거든요. 근데 준정 이 얘기는 좀 그런 것과 반대 방향이라고 느껴져서 재미있어요.

기 때문에 이 위원님은 호칭도 신경 쓰셔, 하는 반응을 접하면 뿌듯하죠. 이런 변화를 소중하게 생각해주시는구나, 하고요. 어린이를 '님'이나 '씨'로 호명하는 걸 어색하게 느낄 수도 있잖아요. 그런데 이런 노력을 어색한 언어가 아니라 기다렸던 언어로 발견해주시는 분들에게 굉장히 감사하죠.

답 저는 준정 말을 들으면서 처음으로 구획위원이 하는 모든 일이 협업이라는 것을 알게 됐어요.

준정 그렇죠. 위원이 있을 이원님이 한다,

답 그러니까 크루가 있는 거잖아요. 이걸 알아채기 힘든 거 같아요. 공도 과도 결국에는 구획위원에게 수렴되니까요. 대표가 되고 상징이 되는 게 구획위원의 역할이기는 하지만요.
좀 다른 얘긴데, 사회구조적으로 자기 브랜드를 자기가 만들도록 내몰리는 시대이다 보니까, 모두가 자

답   프리랜서로 일하다가 지금은 월급을 받으면서 일하
     게 되셨잖아요.. 진보다는 좀 안정감을 느끼시나요?

종향 그렇기도 하고, 아니기도 해요. 왜냐면 보좌진의 경우에는
     국회의원이 임기 종료와 함께 직업을 잃는 경우도 많거든
     요. 국회의원이 속하는 상임위원회가 바뀌게도 일이 없어질
     수 있어요. 예를 들면 원래 국토교통위원회에 있던 의원이
     환경노동위원회로 이동을 한 경우, 국토위 정책을 만들던
     보좌진이 환노위 정책을 또 잘 만들기란 어려울 수 있어요.
     그러면 정책 담당자를 바꾸기도 하죠. 그러니까 효율적으로
     일을 잘하기 위해서….

답   갈아 끼워지는?

종향 그렇죠. 일주일에 해고되는, 혹은 직위가 바뀌거나 사임하
     는 보좌진의 수가 굉장히 많다고 들었어요. 많을 때는 거의
     천 명 가까이 된다고 했거든요.

일주일에 첫 명이 바뀌는 직장

뉴스에 한 번 더 나올지, 그런데 요즘은 의원실마다 자체로 콘텐츠를 만들잖아요. 인스타그램, 트위터 같은 SNS도 하고, 유튜브 영상도 만들고, 점점 더 홍보 담당자의 역할이 커지는 추세예요. 그런데 이게 새로 생긴 변화란 말이죠. 그러니까 의원실 입장에서는 이미 정책도 중요해, 정무도 중요해, 수행비서관도 당연히 있어야 돼, 행정 없을 수 없지, 당연히 있어야 돼, 그러고 나서 보니 홍보 담당자에게 자리를 줄 수가 없는 상황인 거죠.

저도 처음에 보좌진이 많다고 생각했는데요. 의원실은 각 의원이라고 생각하면 그렇게 많진 않은 거예요. 저는 이제 보좌진의 수가 더 많아져야 하는 게 한 명 한 명이 일을 더 잘할 수 있다고 생각해요. 물론 지금 입장에서는 다들 수 있겠죠. 보좌진 수가 늘어나면 세금도 더 많이 들고, 또 내가 신뢰하는 국회의원뿐 아니라 내가 싫어하는 국회의원도 그만큼 많은 인원을 쓸 수 있게 되니까요. 그런 차원에서 보좌진 수를 늘리거나 보좌진 급여나 국회의원 급여를 삭감하라거나 하는 식의 주장을 받아들이를 하시죠. 저도 당연히 그

유리 일주일이에요?

준형 응, 생각해보면 의원실이 3백 개이기 때문에 그 수가 당연히 많을 수밖에 없어요. 3백 개 의원실에 아홉 명씩만 있다고 생각해도…….

유리 저는 그것도 인상 깊었어요. 보좌진에서도 고위직은 남성이 많고, 인턴은 여성이 많은 거요. 준장만 봐도 그래.

준형 그렇죠. 저는 홍보 담당자이면서 인턴이니까요. 물론 홍보 담당자이면서 비서라는 으로 채용되는 분들도 있어요. 그건 의원실의 재량에 따라 달라지기도 해요. 국회 보좌진을 채용하는 법도 다 과거에 만들어진 거고, 조금씩 바뀌어 오긴 했아 요. 예컨대는 홍보 담당자라는 직념이 그렇게 중요하지 않 았을 거예요. 개인 미디어가 없었던 시절엔 국회의원 보좌진 홍보라는 건 주로 보도 자료를 풀어내거나 보도자 료를 통해 어떤 기사를 내보낼지, 어떻게 기자들과 협력해서 어떤 기사를 내보낼지, 그

예인: 이런 직무는 대부분 여성 노동자가 맡고 있죠?

중향: 보여드릴게요. 이게 국회 보좌진의 성별과 직급별 이원수예요. 여성 보좌진은 아래 직급일수록 되게 많은데 상급직으로 갈수록 수가 크게 줄어들죠.

국회 보좌진 직급별 여성 비율 (2019년 8월 1일 기준)

- 4급 보좌관 8.6%
- 5급 비서관 19.9%
- 6급 비서 26.7%
- 7급 비서 37.4%
- 8급 비서 60.5%
- 9급 비서 63.3%
- 인턴 비서 52.3%

답: 그러네요. 완전히 피라미드예요.

마음은 앉지만, 동료가 있었으면 좋겠어요. 지금은 혼자 다 해야 하니까, 촬영도 내가 하고 편집도 내가 하고…,

예인: 이게 너무 눈물이 나. 같은 업계에 있는 입장에서… 너무 가혹하다.

유리: 근데 홍보 콘텐츠를 만들려면 반드시 크로스체크 할 동료가 있어야 하는 거 아니야? 이게 재밌는지, 정말 먹힐 만한 건지 누구한테 물어보고 싶잖아.

중향: 영상만 만드는 게 아니라 마케팅도 같이 하는 거죠.

예인: 일반 회사에는 영상팀, SNS 담당자, 마케팅 담당자가 다 따로 있는 경우가 많죠. 기획도 따로 있고 실무자가 따로 있는데!

중향: (웃음) 예인 님 오늘 제 동료로 오시는 건가요? 든든해.

대표하는 가치이거나 정체에 깊게 동의해야 하나요? 가치 지향적인 성향을 좀 강하게 가지고 있어야 보좌진으로 일할 수 있나요?

속황 그건 케이스마다 달라요. 정말로 그 국회의원이 속한 당이나 내세우는 가치에 동의해서 일하는 보좌진도 있고요, 보좌진이라는 직업 자체를 지향하는 보좌진도 있어요. 자신이 속한 당이나 이런이 가진 개별 가치에 일일이 동의하지 않아도요.

국회의원 임기가 4년이다 보니까, 보좌진도 4년 후 재용 상황이 불투명해요. 아까 말했듯이 국회의원의 업무 성격이나 소속 상임위원회가 바뀌는 것에 따라 보좌진은 4년도 채 되지 않아서 교체될 수도 있고요, 이렇게 짧게 수명을 앉고 있는 보좌진들은 맡은 보좌진이 되려고 노력하기도 해요.

그리고 당이나 국회의원의 성격과 상관없이, 채용해주기만 하면, 바라던 직급이기만 하면 최선을 다해서 적절하게 일을 하시는 분들도 있고요. 그분들이 가치 지향적인 사람

속황 정의당 여성 의원들은 여성 보좌진이 많은 편이에요. 그런데 다른 의원실에는 여성 의원도, 여성 보좌진도 정말 적어요. 젊은 보좌진은 보통 여성이고요, 보좌진 업무만도 않고 힘든데, 만약 가정에서 함께 해야 하는 여성 노동자의 경우라면 배로 힘들죠. 이근주 의원실의 정책보좌관 남이 여성이세요. 민주노동당 때부터 계속 보좌관으로 일을 하고 계신다고 들었어요. 그분은 자녀도 세 명 있는 것으로 않고 있어요. 굉장히 힘들게 이 일을 계속해 오고 계신 거죠.

이렇게 여성이 보좌관이 되는 경우는 드물고, 보통 여성 보좌진들은 아래 직급에 많이 있어요. 오래 수행했는데도 직급이 오르지 않아서 답답함을 느끼고 그만두는 여성들도 많아요, 제 친구 보좌진들도 보면, 5년을 넘게 국회에서 일했느데 계속 승진을 못 하는 거예요. 좌절할 수밖에 없죠. 왜 나하면 직급이 높아져야 다룰 볼 수 있는 정책도 다양해지느데, 계속 아래에서만 일해야 되니까.

남 그것도 궁금했어요. 보좌진이 되려면 한 국회의원이

· · · · 새벽을 닮았다.

보다 이 직업에 딱 진심이거나 한 것은 아니에요.

우리 오히려 되게 이해돼요.

남리 만날 수 없다고 생각했던 사람들과 실제로 연결된 경험도 듣고 싶어요.

금쨩 보좌진으로서 제일 처음 맡은 프로젝트가 〈새벽을 달린다〉이데요. 그때 만난 사람들이 기억에 남아요. 심상정 의왼님이 새벽에 일하는 노동자를 만나러 가는 코멘트예요.

유리 어떤 노동자들을 만났어요?

금쨩 일단 이동 노동자분들이요. 택시기사분들, 대리운전하시는 분들, 야간에 운전하면 빛이 없으니까 훨씬 수밖에 없는거요. 그래서 곳곳에 이동 노동자 쉼터가 있어요. 잠깐 들러서 한숨 잘 수 있는 공간이어요. 그다음에 트럭 타고 쓰레기 수거하시는 청소 노동자분들도 만났고요. 또 의용직 노동자분들도 새벽부터 인력시장에 나오세요. 인력시장에 가면 한쪽에는 한국인 노동자들, 한쪽에는 타지에서 오신 이주노동자들이 꽉 있어요.

실제로 의왼님과 현장에 가보면 험한 얘기를 많이 들어요. 엮여가 거칠고, 다가오는 속도도 달랐어요. 다른 장소에서는 대개 국회의원이라고 하면 거리를 두고 어려워하잖아요. 그분들을 그러지 않죠. 어떤 분은 이미 내일이 없는 경우도 있어요. 당장 병고사는 무게가 절실하기 때문에, 크로나 결리라타도 나와서 일하는 게 나는 거예요. 의왼님한테 이렇게 말하죠. "다른 건 필요 없고, 당뱃값이나 내려주쇼." 그러면 다른 분이 와서 뚱뚱은 얘기를 계속해요. "당뱃값 내려, 당뱃값?" 그러면 의원님이 설명해요. 어느 당이 예전에 당뱃값을 올려놨다, 그래서 내가 2017년에 토론회 나가서 당뱃값 내리라고 얘기했는데... 이런 식으로요. 의왼님은 또 의왼님이 얼어가 있잖아요. 그런데 그분들은 이미 안 듣고 싶어. 너무 많이 겪어.

유리 (웃음) 그래서 내린다는 거야, 안 내린다는 거야. 그것만 딱 말해.

승창 그날은 촬영을 내내 "담뱃갔다 내려"만 엄청 들었습니다, 그런
데 그것만 내보낼 수는 없으니까 우리도 인터뷰를 했죠, 몇
시에 일어나서 나오시는지, 몇 시까지 일을 구하고 몇 시에
흩어지시는지 여쭤보고. 일용직 노동자분들이 가시고 난 다
음에는 도로에 수북해진 담배꽁초를 주우러 청소 노동자분
들이 오세요, 그분들에게는 몇 시가 청소 피크 타임이지 여
쭤보고, 같이 청소도 하고요. 편의점에서 야간 노동하시는
분들, 아직 배달하시는 부들도 만나고, 〈새벽을 달린다〉 쯤
을 때도 의원님이 일어나는 시간에 맞춰서 3, 4시에 일
어났어요, 새벽부터 찍고, 이야기 나누고, 편집하고……. 그
때 처음으로 국회의원이 이런 일을 하다는 것을 알았어요.
국회의원은 일단 새벽에 일어나야 하는구나.

그리고 올해는 장애인지원주택에도 방문했어요.

답 장애인지원주택이 뭐예요?

승창 심상정 의원님이 국토교통위원회에 있어요, 그러다 보니까

주택이나 부동산 관련 정책을 많이 발의하세요, 부동산 뭐
제라고 하면 일반적으로는 아파트 가격, 이런 문제를 생각
하잖아요.

답 우리 세대다라면, '언제까지 월세 내야 하지?' 하는.

우리 원룸에는 더 안 살고 싶다, 이런 고민도 있겠고.

승창 응. 그런 것도 포함되지. 이번에 의원님이 장애인지원주택
이라는 제도를 만들고 발의를 하셨거든요. 탈시설을 한 장
애인이 혼자 자립해서 살아간 수 있는 집, 그런 집은 구조가
좀 달라야겠죠. 휠체어가 다닐 수 있도록 문턱이 없어야 할
거고, 화장실에도 여단이문이 아니라 미단이문을 달아야 하
고, 문의 크기도 달라야 하겠죠, 한 손만 쓸 수 있다든지 손
에 힘이 안 들어가는 분이 쉽게 문을 열 수 있어야 하니까.
그리고 무턱이 없는 집의 화장실은 것사에 가까워야겠죠?
무턱이 없으면 물이 흥슬흥슬 밖으로 흐를 테니까, 이런 식으

유리 　쪽방촌도 국토교통부가 소속 위원으로서의 문제 의식을 가지고 간 거죠?

종항 　네, 쪽방촌은 최저 주거기준 이하의 생활공간이기 때문에 법의 적용을 받지 않아요. 쪽방촌도 법의 적용을 받을 수 있게 바뀌어야 하고요. 그리고 쪽방촌이 재개발구역으로 지정되면 많은 경우 세입자가 혜택을 못 받잖아요. 그래서 세입자가 안전하게 이주를 할 수 있도록 하는 재개발 관련 법안도 필요요하고요.

또 그런 낡은 집에는 키가 여장 많거든요. 쪽방촌에는 가난한 사람이 많고 경제활동을 할 수 없는 사람이 많은데, 대부분 집에나 집 밖이 잊기 때문이에요. 아까 놀이터에 모였던 분들은 어느 정도 거동이 가능하다니까 나올 수 있었던 거고요. 간담회에서 한 어르신이 많이를 잡고 이런 얘기를 하셨어요. "여기 오늘 못 나온 사람 중에, 저 밖에 누워 있는 사람이 얼마나 많은데요. 그 사람들이 많을 못 하니까 내가 합니다. 여기 키가 많으 않고, 그 사람은 키울 내뿜지도

로 장에이이 삶을 반영한 주택을 지원주택이라고 해요. 그냥은 지원주택에 살고 계신 발달장애인 당사자분들을 만나러 갔어요. 그분들은 주로 혼자 생활하세요. 하루에 몇 시간 정도는 활동지원사가 방문하지만 기본적으로는 처럼 해서 살아가는 거죠. 그분들의 집에서 시설에서는 볼 수 없었던 걸 보게 됐어요. 메들든 마음에 드는 그림이나 활동지원사가 그려준 초상화가 벽에 걸려 있다든가, 저마다 취향을 담아 자신만의 공간을 꾸며시는 거죠. 그런 권을 가꾸는 것도 이 일을 하게 돼서 언은 기회가 아니가, 내가 보좌하는 이원이 지원주택 관련 법안을 발의했기 때문에 볼 수 있는 풍경이 아니가.

이런 풍경을 많이 만들려면 발의되 법안이 반드시 제정되어야 하잖아요. 그럼 홍보도 담당자로서 사회에 이 모습을 보여주고 설득해야겠죠. "이 법은 힘을 받은 만한 제도입니다. 사람들이 지지해줄 만한 제도입니다. 이게 당여한 모습입니다……" 이렇게 바깥을 향해서 어필하고 예를 만들어야 이번부 내부에서도 그걸 의식하고 반영을 하니까.

못합니다. 쥐가 집에 돌아다니는데 겁이 납니다. 그래도 좀
위생적인 환경은 되어야 하지 않겠습니까." 그분은 자기 얘
기가 아니라 옆집 사람, 옆방 사람 얘기를 하러 나오신 거예
요. 그걸 보면서 도달하지 못한 이야기가 있는 또 다른 수많
은 공간을 생각했고요. 그때 느낀 걸 뭐라고 해야 할까요?

아무튼 그게 저의 직업이어서, 그런 이야기를 다룰 수 있어
서 좋아요.

답 아마 어떤 단어를 굳이 안 쓰셔도 보는 사람들은 저
것은 보람이구나, 일하는 맛이구나, 이렇게 생각하지
않을까요?

답 근데 정치 콘텐츠를 만든다는 게, 내용만 좋다고 해서 전달이 잘되는 것은 아니잖아요. 예를 들면 어디에 관심과 연대가 필요한지도 알겠고 정책이 좋은 것도 알겠는데, 시간 들여 지켜보자니 역시 지루하고 하품 나온다, 이럴 수도 있잖아요. 그러니까 어떻게 하면 이 가치를 매력적으로 띠먹일 것인가를 고민하는 자리에 계신 것 같은데요.

총장 보좌진으로 일하기 전에는 정치인 믿음을 안 좋아했거든요. 모에화랄지, 귀여움 어필 그런하고 정치나 잘했으면 좋겠다고 생각했어요. 그런데 막상 이게 내 일이 돼버니까 달라요. 정치인들이 계속 싸우고 비판하고 날 세우는 모습만 보여주면 지지자조차 피로감이 쌓이더라고요. 지지하는 정치인이 계속 '좋아요' 눌러주고 응원의 댓글을 달아도 엎어지는 게 없고, 남 탓하는 정치로만 보이고.

답 화내는 사람 표 군하잖아요.

총장 삶이 팍팍해질수록 싸우는 걸 좀 그만 보고 싶죠. 그래서 어느 정도는 지지자분들에게 긍정적인 감정을 드릴 필요가 있더라고요. 이 정치인을 지지해서 얻는 장점, 이 정치인이 안 계올 수 있는 어떤 따뜻한 경험, 위로나 잠시나마 웃을 수 있는 순간... 이런 걸 드리는 것도 일이더라고요. 앉고 보니까.

유리 '우리 의원이 이렇게 귀엽습니다' 하는.

답 사실상 가치의 연예인... 국회의원은 가치가 상품인 연예인이라고 봐야겠네요.

총장 맞아, 맞아. 아무리 의욕심에서 정책을 잘 만들고 기획을 잘해도 틀메이어가 그걸 잘 받아내지 못하면 안 돼요. 어느 정도 이지러가 있고 우리 머릿속에 각인이 될 정치인들은 어째 됐드지 간에 틀메이어로서의 역할을 잘하고 있기 때문에 누에 보이는 거라고 생각해요. 훌륭한 아이디어를 내도 틀메이어와 잘 맞아떨어지지 않으면 흥행하기 어렵거든요.

유리 기억나요. 보홍색 돼지 털…

후쟁 심상정 의원뿐만 아니라 각 당의 대표들이 다 나와서 그 털을 썼어요. 비건들이 그 행사를 많이 비판했어요. 돼지 염병으로 돼지들이 떼죽음을 당했는데 어떻게 돼지를 더 죽으라는 행사를 할 수가 있냐, 저도 분노했고요. 임하면서 안께 돼지맛 당시 보좌진들도 해당 퍼포먼스의 문제를 지적했다고 해요.

의원님도 과거의 행복을 다시 생각해보고 변화하는 측면이 있어요. 내가 비건이라고 얘기하고 나서는 의원님이랑 같이 비건 식당도 갔었고요. 의원님이 퇴근하면 늦은 시간이기 때문에 배가 고파도 제대로 뭐 요리는 못 해 드시대요. 그래서 주로 집에 밥을 싸 드신대요. 이전에는 이게 비건이 라고는 생각을 못 했느데, 앉고 보니까 당신도 절차 채식소 비를 열 하고 있더라, 그러시더라고요.

저는 의원실 내부에서는 강경한 젊은 사람 정도의 역할이에요. 자신이 지향하는 입장과 관계없이, 현재의 한국 사회

담 스며들어야 하는구나.

후쟁 보좌진이 떠먹여준다고 다 잘 받아내는 건 아니에요. 유독 잘하는, 잘 먹고 잘 받아들이는 정치인이 있죠. 앉기력도 좋아야 하고 앉기응변도 뛰어나야 하는 것 같아요.

담 굳데죠 기획을 할 때 의원실 내부에서 의견이 중둥하는 경우는 없나요? 그러니까 우리 의원이 대표하는 가치가 무엇인지, 또는 그 가치를 얼마나 급진적으로 추구할지, 이런 문제에 관한 입장이 다를 텐데요.

유리 군쟁은 또 비건 지향인이잖아. 동물권을 바라보는 의원실 입장도 궁금해.

후쟁 심상정 의원님이 예전에 돼지 털을 쓰고 '우리 돼지 많이 세요' 홍보하는 행사에 가신 적이 있어요. 아마 2019년 돼지의 해였을 거예요.

유리

폐지 열병이 창궐했을 때도 타격받는 집단 간의 이해관계가 여러 층위로 엮였잖아요. 우선 착취적인 축산업 환경에서 폐죽음 당한 폐지들이 있고, 그런 한편에는 축산업을 생계로 하는 노동자들의 존재가 있고, 크게 타격받은 농가들의 관점에서 보면 이점에 폐지고기 먹지 말자고 이야기하는 건 역장 무너지는 일일 것이고….

효정

맞아요. 국민을 대표하는 국회의원이 결과적으로 어떤 국민을 대표하지 않는다고 표명하는 것처럼 보이면 곤란하잖아요. 그래서 생태, 환경, 동물… 이런 가치를 어떻게 자신이 대표하고 있는 국민 전체를 포함하는 방식으로 가져갈 수 있을지를 늘 고민해요. 법적으로 이 국가의 국민이라는 투표권이 있는 사람들로 한정돼 있지만, 이제 우리는 비인간 동물, 이민자를 비롯해 지금 참정권이 포함하지 않는 존재들까지 대표할 수 있어야 한다고 보는 거죠. 그런 변화와 관련해서 지금 당장은 어려움이 많겠지만, 이 고민을 앞으로 어떻게 해

답

를 읽을 때 다양한 입장을 상상하는 건 보좌진들에게 중요한 일이에요. 어떤 이견이 있을 수 있나, 시민들이 받아들이기에 너무 높은 잣대를 세우는 것은 아닌가, 그런 고민을 많이 하죠. 시민을 이끌어가야 하는 의원이 너무 급진적인 정서가 을 제시하면 오히려 그 가치를 포기하고 실제 만들 수도 있으니까요. 의원실 내부에서 한 조정이 돼야 바깥으로도 내보낼 수 있어요.

페미니즘을 설득시키는 것과 비거니즘을 설득시키는 방식에도 차이가 있어 보여요. 가령 성차별주의적 시각을 지적하는 데에 대한 반발은 '나는 성차별주의자가 아니다'라는 항변의 형태로 돌아오잖아요. 그러니까 성차별을 근절해야 한다는 데까지는 사회적 합의가 이루어져 있다고 볼 수도 있죠. 그런데 종차별이 경우에는 종차별을 근절하자고 말하는 일이 곧바로 어떤 이들의 생명, 산업 전체를 공격하는 일로 받아들여지기 때문에, 이 고민을 앞으로 어떻게 해 들여지기 때문에 어려운 것 같아요.

· 주챵으~
· 찾지~참지
· 않지

쳐나답지 찾아내는 게 저희의 역할이겠죠?

유리: 준장이 의원실 안에 있기 때문에 변화한 측면도 있지 않을까요.

주황: 저 엄청 설득했거든요. 좀 더 비거니즘 친화적인 의원실이 되게 하려고.

답: 고생하셨어요.... 이런 걸 보면 급진적이고 화 많은 사람이 집단마다 꼭 필요하다니까! 한편으로 이렇게 생각하는 사람도 많은 것 같아요. 현실 정치에서는 최대한 많은 사람을 설득해야 돼, 그리고 그 설득이 성공하려면 중도적인 입장이 최고야. 근데 그 중도적인 입장, 타협안이라는 게 사실은 가장 변화하고 싶지 않은 사람과 가장 변화하고 싶은 사람이 열심히 싸워서 찾아진 선이잖아요. 그런데 결과만 보고 "그것 봐라, 극단은 안 먹히지?" 이런 말 들으면 좀 서운하죠. 누가 싸워서 여기까지 온 건데.

주황: 사실 싸웠다기보다는... 동료 보좌진들이 저랑은 연령대 차이가 많이 나요. 그래서인지 우리 엄마 아빠처럼 생각하는 경우가 대부분이에요.

답: 예를 들면요?

주황: 제가 하반엔 이런식 업무를 하다가 갑자기 쓰러진 적이 있어요. 아까 말한 그 선풍기 사건 공론화하고 과장에 스트레스를 받아서, 상임위 회의장에서 촬영하다가 진짜 픽 쓰러졌어요. 위원장님이 바로 "(탕탕탕) 정회하겠습니다!" 하고 저는 실려 가고....

답: 그게 나름 화제가 됐다고요. 기사도 나고.

주황: 네, 근데 그 동료 의원실에서는 바로 이렇게 걱정하시더라고요. 후장이 혹시나 제식해서 체력이 부족한 게 아닐까?

남: 아플 때 피해 갈 수가 없는 이심이죠.

충렬: 그리고 제가 그렇게 튼튼해 보이는 체형이 아니다 보니까… 너무 말랐다고 많이들 말씀하시고, 그런데 제 몸이 마른 건 사실 제식 그 자체 때문이라기보다는, 바깥에서 채식을 하다 보면 당연히 영양의 불균형이 생길 수 있잖아요.

남: 먹을 게 별로 없으니까요.

충렬: 국외 식당에서도 먹을 수 있는 것만 골라 먹게 되면 영양분이 불충분할 수밖에 없어요. 영부함이 워낙 많으니까, 먹을 수 있는 걸 다 먹는 사람도 3시쯤 되면 배고프거든요. 누구나 항상 배가 고프고 체험이 달릴 받은 일이에요. 저는 특히 나서서 촬영하고 카페라를 이고 치고 다니니까 에너지 소모가 더 많아요. 사식 쓰러지는 게 이상하지 않은 것 같아요. 다만 그 낮은 딱히 과로를 한 날도 아니다 보니까 주변에서 걱정을 많이 했고요, 없이을 추측해 본 결과… 아무래도 채식음해서 그런 거 같다…

남: 체식이 만병의 근원이야. (웃음)

유리: (배 잡고 쓰러짐)

충렬: 그런데 쓰러지고 나니까 쳐도 '정말 비건 지향하는 게 무슨 인가? 이렇게 계속해도 되는 건가?' 이런 생각이 들더라고요. 다행히 나중에 병원 가서 진료를 받아보니 무슨에 위험을 주는 종류의 쓰레기은 아니라라고 하더라고요.

남: 그럼 미주신경성 실신?

충렬: 네.

남: 그래도 모르죠. 이렇게 잘못될지 모른단 말이야. 저 정해야 된단 말이야.

류짱 고민은 계속해요. 나도 모르게 쓰러질 수 있는 상태라면 이 일을 해나가는 데도 굉장히 무게감이 있잖아요. 민폐가 될 수 있고, 그날 뉴스에도 심상정 의원실에서 보좌진들을 너무 과로시키는 거 아니냐, 이런 식의 기사가 나가고 그랬거든요. 그거 아니라고 해명해도 누가 믿겠어요.

답 보좌진들에게 해명하라고 압력을 넣었다, 이럴 가능성이 크죠.

류짱 그런 게 아니니까 참, 어쨌든 그 후에도 국회에서는 잘 피해 다니면서 먹었던 것 같아요. 그런데 어느 날은 해남으로 출장을 갔어. 바닷가 마을이었거든요. 식당에 갔는데 모든 게 해산물인 거예요. 게다가 식당 주인분이, "나 외웠냐 지지리 잖아~" 이러면서 내 옆자리에 딱 앉으셨어. 그리고 "어머, 어디는 너무 말랐다" 하면서 내 손가락 위해 계장이랑 생선을 다 얹어주시는 거야. 이거 다 비울 때까지 안 일어날 거라면서. (웃음)

유리 그게 또 사랑해서 주시는 거잖아요. (웃음)

답 그러니까요. 안 먹으면 상처를 받으실 수 있어요.

충향 그리고 이, 저지자분에게 비건을 설명하기가… 굉장히 어려워.

답 그죠.

유리 한 사람이 자신이 속한 사회의 조건 속에서 일권운 생염을 판가 납작한 방식으로 판단하는 것으로 오해될 위험에 처해 있는 이런 상황에서는 특히 길고 구구절절한 설명이 필요할 것 같아요. 방금 말한 문장처럼요. 어디서부터 얘기해야 할지 시간과 에너지가 많이 필요한.

충향 그래서 처음에는 "제가 채식을 해서요" 이렇게 말씀드렸던

니, "해산물도 안 먹어? 이거 먹어봐" 하면서 무엇향 낙지가 석쇠에 있는 해조무침, 그런 음식을 권하시고.

답 친구들이랑 주로 소주 마실 때 가는 식당이 있는데요. 저랑 한 친구랑 비건이 된 후에, 오랜만에 거기 가서 두부김치를 시켰어요. 인데는 김치를 돼지고기랑 같이 볶아주시거든요. 그래서 우리가 이모한테 고기 빼고 볶아달라고 했죠. 그랬더니 이모가 접시를 가져오시면서 "소시지로 넣었어~ 많이 넣었어~". (웃음)

유리 맞아요. 우리 이모님들이 힘이 고기라는 생각을 전혀 안 하시죠.

답 너무 뿌듯해하셨어.

유리 잘해주려고 한 거니까. 인간 사회에서는 서로에게 고기를 먹이고 밥을 먹이는 게 애정의 표현인 걸, 감자

유리 공감. 출장 가면 내가 비건 지향인 줄 모르는 스태프분이 제 앞으로 도시락 이런 걸 주세요. 고기가 이미 있잖아. 거기서 내가 김이랑 밥만 먹으면 고기가 버려지잖아요.

중짱 맞아.

당 그거 잘 생각해 봐야 돼.

예인 저는 언니랑 같이 사는데, 언니가 눈비건이거든요. 언니가 식사하고 남은 음식을 보면 '저걸 제대로 버려도 되나?'라는 생각이 들어서 잔반 처리하듯이 먹게 되는 거예요.

중짱 그죠. 다 나름의 딜레마가 있어요. 엄마 전에도 출장을 갔어요. 일정표를 봤는데 점심 먹을 시간이 따로 없더라고요. 일고 보니까 담당도 차 안에서 준비해 둔 도시락을 먹기로 해

한 일이라는 걸 우리도 다 아니까요.

중짱 그걸 안 먹고 그 마음을 거절하는 게 어려워요. 만약 거기 있던 게 나 혼자였다면, 혼자 그 식당에 간 거면 그냥 딱 잘라 사양했을 수도 있을 것 같아요. "죄송해요, 제가 정말 못 먹어요" 이렇게 말할 수도 있죠. 하지만 그날은 내가 보좌진으로 간 자리였잖아요. 그래서 먹었어요.

당 비건 실천이 제일 어려울 때가 지방 출장 갈 때라고 말씀해주셨죠.

중짱 집에서는 그렇게 안 힘들어요. 낮도 먹으면 돼서, 근데 출장 가면 주로 도시락이 나오거든요. 당연히 비건식 아니고요. 그럼 도시락에 담긴 담아많이를 두고 고민을 하는 거죠. 차 안에서 이동 중에 식사할 때가 찾으데 맨날만 먹어서는 힘이 안 날 거 같은 때가 있어요. 시간에 쫓기고, 효율에 치여서 나의 가치를 배반할 때가 있습니다.

정리에 있었어요. 내가 주먹을 뻗으면 고기를 빼주십사 설명을 했을 텐데 그 도시락은 다른 활동가분이 직접 시켜 주신 도시락인 거야. 또 달리는 자동차에서 도시락 먹을 때는 남기면 안 되거든요. 구멍을 처리할 방법이 없어요. 그냥 다 먹는 거죠. 그럴 때 드는 어떤… 어렵죠. 왜냐하면 나도….

유리 왜냐하면 나도 이유가 있어서 이러는 거잖아요

답 어느 날 기분이 괜히 그래져서 비진한 건 아니죠. 제일이… 남아나시잇어요? 아까 인급하신 실신은 정신적 스트레스를 크게 받을 만한 일이 있었으니 그렇다 쳐도. 하시는 일이 기본적으로 시간과 힘이 엄청나게 필요한 일인 것 같은데요. 새벽 4시에 일어나고 카페다 들고 출장도 다니고. 위기감도 안 느끼세요?

중광 작년에는 중매개해체처벌법을 다루는 콘텐츠를 만들었어요. 그때 택배 노동자들, 화물운수 노동자들, 대표적으로 쿠팡

에서 일하시는 분들이 과로사하는 사건을 다뤘고요. 또 IT 업계, 오징어배라고 하나요? 이 업계의 굉장한 업무 강도를 그렇게도 표현하잖아요.

답 판교에는 불이 꺼지지 않는다.

중광 네, '판교의 오징어배'라고 하거든요. 아무튼 과로사 굉장힛을 한창 만들던 와중에, 사실 내 생활도 크게 다르지 않다고 생각하게 됐죠. 그런 이런 문제를 받깥에다 하탄하기가 여려워요. 노동 얘기 많이 하는 진보정당이지만, 정작 거기서 일하는 활동가들과 보좌진들의 노동복지는 어디에 있나요? 그런 식의 공격이 들어오기 때문에, 진보진영 내 여성차별 얘기도 맞선가거고요. 얘기를 못 하니까 오히려 더 울분이 찰 때도 있고요.

유리 내가 어떤 가치를 지향해. 그리고 그 가치를 밑에 붙이는 입장에 서 있어. 그럴 때 내부 문제를 꺼내는 게

적 상황에서 이런 나이, 이런 몸, 이런 스타일을 가진 사람을 어떻게 대접하느냐가 아니니까요. 심지어 국회의원이 되어도, 내 또래 여성 국회의원을 그렇게나 많이들 무시하잖아요. 그러니까 보좌관이나 또한 조롱받기 쉽지 않을 거고, 그러면 자연스럽게 협상을 이끌어내기도 어렵겠다는 생각이 들어요.

똑같은 여성이라도 나이가 어느 정도 있다든지, 술을 잘 마신다든지, 기존 정치문화에 녹아들 수 있는 요소를 뭔가 가지고 있어야 하죠. 술을 좀 마실 수 있는 중년 남성이면 할 수 있는 협상이 늘어난다고 여겨요. 그래서 그런 문화를 좀 알고 있는 사람들을 또 필요로 하게 되는 거죠. 이 판 전체를 바꾸지 않는 한 해결되지 않을 문제예요. 어쨌거나 계속해서 조금씩 바뀌어나가야죠.

결국 단기적으로는 나의 목표 지향에도 걸림돌이 되잖아. 그게 너무 커서…

효정: 맞아, 맞아,

유리: 무슨 마음인지 그냥… 너무 잘 알겠는 거지.

효정: 그런 것도 있어요, 기준이 정치문화에 익숙한 사람이 힘이 있는 문화하는 결과를 빠르게 이끌어낼 수 있는 이분이 되기도 하거든요. 그 문화가 개선될 필요가 있는 차별적인 문화라고 해도요. 예를 들어 제가 당장 정부보좌관이 된다면, 기거나 느조를 만나서 유의미한 대화를 나누기가 어려울 거예요. 설녀 여성이 보좌관으로 진지하게 인정받을 가능성이 적으니까요.

지금도 저는 국회 출입할 때마다 항상 출입 제지를 당하거든요. 정장을 입지 않기 때문이에요. 제가 정말 보좌관이어도, 누가 나를 보좌관으로 볼까 싶은 거죠. 대부분의 사회

유리 나 또 궁금한 게 있어. 국회 식당 있어? 거기에 제식 메뉴 생겼어?

충향 생겼어. 국회에 식당이 많아요. 국회의 대표적인 건물이 네 개 있어요. 멀리 우리가 알고 있는 돔 모양의 본관, 그다음에 의원님이 모여 있는 국회의원회관, 여기가 제가 일하는 곳이에요. 또 국회도서관이 있고요. 마지막으로 소통관이라는 게 새로 생겼어요. 여기는 주로 기자들의 공간, 기자회견 같은 걸 주로 하는 공간이요. 건물마다 식당이 있어요. 본관에 세 개, 의원회관에 두 개, 도서관에 한 개, 소통관에는 뭐 카페테리아가 하나. 도서관 식당이 맛있다고 하고요. 각 식당마다 메뉴가 다 달라요. 왜냐하면 인원이 굉장히 많기 때문에.

담 메뉴 보는 앱 같은 게 없어요?

충향 있어요. 있어요.

· 국회 식당에 가면 ·
· 국회 식당에 가면

남: 그래 하나 있어야 돼. 밥 먹는 게 너무 중요해.

훈장: 진짜. 일반적으로는 자기가 주로 업무를 하는 곳과 가까운 식당에 가는데요. 저는 그 식단표를 보고 제가 먹을 수 있는 음식이 많은 곳을 찾아서 떠나요. 예를 들면 뭐, 사실 비빔국수라든지, 당연만 적당히 적당히 먹을 수 있는 거, 사실 비빔소스 속에 들어 있는 재료는 정확하게 알지 못하지만, 그냥 그 정도로 용인하면서 먹어요. 역설적으로 고기가 많이 나오는 날에 제가 먹을 게 많아요, 왜냐하면 고기가 많이 나오는 날에는 주로 쌈 채소가 같이 나오기 때문에.

남: 저 쌈 진짜 좋아해요.

훈장: 쌈이 있으면 대충 다 먹을 수 있는데 가장 어려운 날이…,

유리: 볶음밥….

훈장: 맞아요! 고기가 이미 섞여 있어.

유리: 내가 골라내고 먹을 수도 없어.

훈장: 그런 날은 바깥에서도 먹어요. 돌솥밥집 가서, 나물이랑 밥을 먹기도 하고, 비빔밥 먹기도 하고. (소파에 눕는 유리를 보고) 우리가 했던 걸로 빨리 단백질 답변을 해야겠다. 우리가 접근하기 전에… 채식 메뉴…,

유리: (소파에 누워서) 나 다 듣고 있어.

훈장: 응, 채식 메뉴가 한 달에 한 번씩 나와. 근데 수량이 굉장히 적어서 보통은 내가 가기 전에 매진이 돼. 그게 뭐 한 세 그릇밖에 없나 봐.

남, 유리: (목소)

식당이 11시 반에 열거든? 45분에 갔는데 이미 매진이야. 이럴 거면 도대체 그 메뉴를 왜 개설한 거야. 지금까지 딱 한 번 먹어봤어요, 타코였는데, 맛은 있었어, 좀 여러 개 만들어줬으면 좋겠다.

· 나감한 집무, · 나감하케만 하는 집무

답　매운 걸 잘 드세요? 낫토에 핫소스를 뿌려서 비벼 드신다고요. 아니면 괴식에 올리는 식성인가요?

주향　매운 거 좋아해요. 원래 되게 땡깡이 있는데, 확실히 매운 걸 먹으면 스트레스가 확 풀리는 게 느껴져요.

답　스트레스 풀 때 뭐 드세요? 떡볶이?

주향　술이요. 최근에 아토피가 엄청 심해져서 술을 한동안 피행느데요, 어느 날은 너무 스트레스를 받아서 그냥 맥주를 마셔야 되겠더라고요. 그래서 캔맥주에 비건 육포를 샀어요. 아시죠?

답　저 아직 못 먹어봤어요.

주향　너무 맛있어요. 그게 매운맛이 있거든요. 생각보다 되게 매워서 그거랑 맥주를 딱 마시면, 너무 행복하다... 지금도 뭘

써 행복한 것 같아. 맥주랑 매운 거랑 먹으면 맛있는데..., 이 얘기를 할까 말까 고민을 했는데요. 원래 비건 하기 전에 자주 가던 구들담밤집이 있었어요. 친구들이랑 갈 시간 날 때마다 거기 갔어요. 다른 건 아니도 그 단밤 두 부를 안 먹었던 주변밖이 너무 생각나요. 스트레스 오지게 받을 때는 그 매운맛이 그립고, 사실 단밤을 좋아했다기보다는 그 구들이 갑절맛, 이런 게 그리운 거죠. 요즘에는 대체재로 마타탕을 먹어보는데요. 하여간 계속 갈증이 있어서 비슷한 걸 막 해 먹어보기도 했어요. 고추장찌개, 떡볶이, 오갓 매운 음식들. 그래도 사실 그 맛을 재현할 수 없죠. 저는 요리사가 아니다 보니까,

답　그게 또 엄소용 캠사이신이나 이런 게 다 있어야 맛이 나지 않을까 싶어요. 저한테는 순대가 그래요. 너무 좋아했고 자주 생각나는 음식. 근데 순대는 좀 심하잖아요. 그러니까 육식의 정도로 볼 때요.

충청: 닭발도 심한 거 같은데? 근데 사람들이 꽤, 비건 뷰티, 대체 육 뷰티, 뭐 이런 거 많이 개발하잖아요. 왜 맨날 스테이크나 버거 패티 같은 것만 만들어주고, 비건 닭발은 만들어주지 않는 거지?

남: 신박하다. 비건 닭발은 상상도 못 했어요.

충청: 아마 수요가 그만큼 있지 않잖요. 대체육은 주로 서구권에서 개발을 시작했으니까 버거 패티 같은 걸 먼저 만들게 되지 않았을까.

남: 그리고 패티는 범용이 가능하잖아요.

충청: 그렇죠. 그런데 닭발? 어려울 것 같아, 제 생각으로는, 근육으로 어떻게 만들 수 있지 않을까 싶기 한데요. 물론 그 식품을 개발하시는 분들의 고민은 또 다르겠지만, 좀 너무… 그렇네요. 닭발이라니, 죄송해요.

남: 아니에요. 비건들이 다른 비전을 만나면 서로서로 저 사람은 타협 없이 철저하게 실천하겠지, 나만 제대로 못 하는 거겠지, 그러는 거 같아요. 저는 처음 우리를 보고 그랬고요. 나중에 들어보니까 우리도 저를 보고 그랬대요. 그러다 나중에 이렇게 한 번씩 교배을 하게 돼요. 전 오히려 좋아요. 말 못 할 때는 고립감이 있었거든요.

충청: 그러네요. 이걸 위 밖으로 빼고 나면 오히려 뭘랄까, 이상하게 들릴래, 내가… 닭발을 맛있어했다고?

남: 닭이 발인데?

충청: 그죠, 닭이 발이데.

유리: 나는 닭발 국물 얘기하자마자 어디 생각났냐면, 은하 신 씨가 운영하는 가게 있잖아, 드렁르비진. 거기서

수정: 고추장장두루치기 먹어 봤어?

남: 맞아 맞아, 거기 비슷하지. 그런 거 파는 데가 많으면 좋을 텐데.

수정: 집에서는 요리 많이 해 드시는 것 같은데, 비건 식품도 많이 사용해 보셨어요?

남: 그렇게 좋아하진 않아요. 비건을 위한 대체품이 주로 콩과 밀로 만들어지잖아요? 그런데 저는 밀가루나 콩이 잘 안 받아요. 계속 먹으면 더부룩하고, 가스가 찬다든가 아토피가 올라오다거나 눈이 아프다거나 하는 증상이 있어요. 소량은 괜찮지만 누적되면 몸이 안 좋아지니까 가급적 피해요.

남: 낫토는요? 낫토도 콩인데 괜찮아요?

수정: 발효가 되면 괜찮아요. 처음에는 신기하고 재밌는 대체품들도 일부러 도전해 보고 했어요. 나 맛있는 비건 생활 하고 있다고 보여주고 싶은 측면도 있었고. 그런데 시간이 지남수록 몸에 편안한 음식을 찾았던 것 같아요. 그리고 대체품보다 낫토가 더 맛있기 때문에….

음, 그리고 또 하나는 대체육을 만드는 과정에 대해서 고민을 하게 됐어요. 대체육을 만들고 나서도 이게 얼마나 원래의 육식과 맛이 닮았는지 테스트하는 과정을 거치잖아요? 그럼 이 식품 개발 과정에서도 고기가 사용되는데, 문제가 없을까, 대체육 버거랑 진짜 버거랑 비교하는 실험은 광고로도 볼 수 있고요. 그 광고에서도 여렇도 진짜 버거를 먹기는 하더라고요. 만드는 과정에서 동물이 또 이용되는 거 아니니까, 그런 고민, 다른 비건 친구들도 육식의 맛을 똑같이 느낄 수 있도록 재현하는 일 자체에 윤리적인 문제가 없는지까지 생각하더라고요.

남: 저는 실은 그런 제품을 대체로 인터넷에서 따로 주문 해야 하는 게 귀찮아서 안 먹는데요. 응원은 해요. 그

유리 처음에는 그런 게 좀 짜증 났거든요. 너 채식해 봤자 아, 채소 재배하느라 동물이랑 벌레가 얼마나 많이 죽는지 알아?

남 그놈의 아보카도 진짜. (웃음)

홍창 맞았어, 아보카도 안 먹을게. (웃음)

유리 비건 지향인이 아닌 사람이 먹는 아보카도가 더 많다고 쏘아붙이고 싶잖아요.

남 육식 위주의 삶이 채식 위주의 삶보다 물이든 많이든 곡식이든 채소든 훨씬 많이 소비한다는 건 통계로도 나오잖아요.

내 입에 안 들어왔다고 안 죽는 게 아닌데, 어려워요.

린데 확신이 없어요. 그편이 조금이라도 차쥐가 덜한 게 맞는지가요. 대체품을 개발하는 데 드는 자원, 생산과 유통 라인을 짜고 사람들이 그걸 소비하는 데에 드는 유무형의 자원이 육가공품보다 덜하다, 이런 걸 확실히 알고 싶고. 그냥 제품으로 보기엔 되게 의심스러운 거야.

홍창 우리가 알 수 없는 경우가 많죠.

남 그리고 비건으로 주정되는 새로운 제품 봉지 뒷면을 보면서 이걸 먹을 수 잇나 없나... 그런 고민을 하는 시간을 더 늘리고 싶기도 해요. 왜냐면 그러다 보니 점점 동물이 아니라 나한테 초점을 맞추더라고요. 내가 고기를 먹엇는지 안 먹엇는지에 초점을 좀 맞춰서 생각하게 되더라고요.

홍창 그러게요. 확실히 내가 먹고 안 먹고가 중요한 게 아닌데,

유리 그런데 시간이 지나면서 비거니즘을 음식의 문제 바깥으로까지 넓히게 되면서, 이제는 섭취 좀 걱정이 돼요. '맛이… 우리가 먹는 채소 재배 때문에 땅 벌레가 너무 많이 죽어… 너도 걱정돼? 이렇게. 식물체를 기르느라 벌레랑 동물들이 얼마나 많이 죽는지가 진심으로 걱정이 되는 거죠.

남 비건이라고 그러면, 사람들이 채소를 많이들 걱정하잖아요, 채소의 고통을.

유리 페이스북에서 읽었던 진짜 웃긴 글 중에서 그런 것도 있었는데. 상추 기르느라 달팽이도 많이 죽는다고. (웃음)

순양 뒷걸음 동물권. (웃음)

남 그럼 또 어떻게 다 찾아오셨는데. (웃음) 육식을 지속하기 위해서, 채소 기르느라 어느 동물까지 착취당하고 있는지를 누구보다 열심히 찾아오는 분들이 있어요. 나중에 저러다 아무것도 안 먹게 되는 거 아닌지 생각될 정도로.

순양 어느 날 갑자기 자기 모습을 발견해,

남 그러니까 우리가 진지하게 상추의 고통, 식물체의 고통도 한번 생각해 보고자 할 때 어려운 점은, 질문하는 사람의 의도에 따라서 다른 대답을 해야 한다는 거예요. 예를 들면 나도 깻잎이 걱정돼. 깻잎이 고통을 느끼는지는 잘 모르겠지만, 어쨌든 내가 이렇게 편하게 채소를 먹을 수 있다는 게 뭘 의미하는지 고민스러울 수 있잖아요. 어떤 착취가 이 편함을 가능하게 했는지. 그런데 만약 누군가가 그런 질문을 나를 상처주거나 조롱하려고 던지는 경우에는 고민은 싹 날아가고, '아, 질문하는 분은 상추는 안 드시나 봐

답: 요?', '진짜 죄송합니다. 제가 쑨 쓰는 거 너무 기분 나빠졌어요' 이런 마음만 남아요. 나는 좀 편하게 이런저런 내부자의 질문을 하고 싶은데, 외부의 차별에 대응하는 버전의 언어를 바로 만든다는 게….

홍정: 따로 제야 되는 거지,

답: 네. 그 과정이 사람을 좀 찢어지게 만들죠. 어떤 운동이 안 그렇겠냐마는.

홍정: 예전에 어떤 분이, 내가 처음에 비건이라고 하니까 이런 걸 물을 줬어요. "그러면 순쟁 쓰는 꼭대기에 가서 역을 게 없으면, 어떻게 뭐, 죽어요?" 아니 대뜸 날 몸에 보내. (웃음)

답: 여행 보내주고 싶나 보다. (웃음)

홍정: 그런 가정이 나를 난감하게 하는 데만 목적이 있잖아요, 내가 면저 가겠다고 선언을 한 것도 아니고. 그리고 실제 몸을 사람들이 뭐 떠느냐 그냥이 어떻게 않아요, 몸을 사회에도 나름대로의 실천들이 또 있을 텐데, 그건 알아버지 않고 하는 소리이 거잖아요, 무례한 질문이데 거기다 대고 내가 이걸 참, 적당히 위트 있게 받아쳐야 될지, 하나하나 따지고 들어야 할지…, 근데 그러자니 얼마나 귀찮을까, 이 사람은 사실 나랑 노쟁이 하고 싶으 거 아닌가, 싶죠.

답: 맨날 노쟁하면 일상이 유지가 안 되잖아요.

홍정: 네, 그 패턴이 내내 반복돼요.

답: 순쟁 보낼 국가가 많아. 오지가 많아.

홍정: 네, 자꾸 나를 오지로 보내는 상상을 하시는 거야. (웃음) 두 회 봐두고, 왜, 일단 국회 식당부터 어떻게 해봅시다.

답: 랑, 나는 어떤 것을 먼저 얹기로 한 거지만, 사람들한테는 음식을 가려 먹는 게 돼요. 나 딸리는 차 안에서는 닭안팎이 먹는다니까, 식당 주인분이 내 순가락에 얹어준 적도 먹는다니까.

그래서 아저씨들은 내가 몸 굴에 가면 낯강한 상황에 처할 거라고 생각하지만, 사실은 우리가 먹는 낯강한 상황은 오히려 가까운 곳에서 벗어지죠, 굳이 오지에 안 보내서도 돼. 지금도 충분히 힘들어.

유리: 당신이 이미 내 곁에 있는데, 뭘 굳이 그렇게 멀리까지 가느지. 당신이 평정입니다.

답: (웃음) 당신이 나의 히말라야입니다. 당신이 나의 에베레스트입니다.

훈향: 당신이 나의 오지입니다.

답: 저는 그런 상황 생기면 다 먹는다고 그래요.

훈향: 그래서 참… 너무 공감해요. 대답을 매번 두 가지 버전으로 준비한다는 거, 가벼지테리언 이런 형태도, 우리끼리 있을 때는 가능성으로 진지하게 노의될 수도 있는데, 밖에서 말했다가는 바로 이런 반응이 돌아오죠. "너 낚는 건 먹느다고 했지? 여기 고기 낚았어, 먹어봐."

답: 그리고 방어적인 사람이 별로 매력적이지 않잖아요. 그래서 어떻게 하면, 유머라드지 니스빼를 유지할 수 있을까 고민을 하는데요. 근데 동남도 죽은 먹어야 잘 나오죠. 상대는 나를 방어적으로 만들어서 수세에 몰린 듯한 연출을 하고 싶은 거잖아요.

훈향: 맞아요. 깍쟁이처럼 만들어요. 저는 가리는 음식 없어요, 이렇게 말하면 다들 엄청 웃어요. 내가 무슨 가리는 게 없냐고. 근데 나는 내가 먹는 거 안에서는 가리는 게 없어요, 정

혐오하지 않고 저항하기

담   유 뭉클미.

유리 아이 서울 유.

송찬: 맨날 싸우는 것 너무 힘드니까, 타협을 할 때도 있잖아요. 예를 들면 여성 문제, 여성혐오적인 발언이나 행동을 만났을 때 그냥 수용할 때도 있어요. 그때 내 마음가짐은 이런 거죠. 여기서 좀 참고 더 열심히 운동을 해야지, 그럴 수 있어요. 내가 여성 당사자니까.

그런데 음식을 수용해야 되는 순간이 오면 정말 마음이 힘들어요. 나는 내가 다 먼저야만 하는 이 답답함이나의 당사자가 아니잖아요. 그래서 지금 이렇게 먹고 나면 내가 나중에 더 잘할 수 있는 게 없을 것 같다는 생각이 자꾸 드는 거죠.

남: 누가 누굴 용서하는 건가, 그런 자괴감이 있죠.

송찬: 내가 물론 모든 운동이 당사자일 수는 없겠지만… 당사자가 아니기 때문에 더욱 양보해서는 안 되는 일도 분명 있는데요. 그런 원칙을 삶이랑 어떻게 좀 여우러지게 해볼까, 고민하다가 정신이 고통스러워서 정신과에 가면 선생님이 그래요. "송찬, 너무 기운이 없어 보여요, 집에 가는 길에 웅게

장한 그릇 사 드세요."

남, 유리: (웃음)

송찬: 선생님은 비거니에 대한 이해도가 낮은 것 같아요. (웃음)

유리: 그냥 진짜 참을 수 없는 순간도 있잖아요. 그냥 그걸 따라… 저는 어느 날 택시를 탔어요. 그런데 기사 아저씨가 바로 뭐라고 했냐면… 아, 말을 어떻게 골라야 할까? 왜냐하면 그 아저씨의 대사가 너무 나쁜 말이어서. 순화하자면 그 아저씨가 나한테 성매매하냐고 물어보는 거예요.

송찬: 헉?

유리: 너무 놀랐어. 나는 택시에 타면서 웃으면서 반갑게 인사한 게 다거든요. "안녕하세요, 어디로 가주세요."

가. 그날은 정말, 우주가 한 두세 시간 정도만 나를 중심으로 굴러가졌으면 좋겠다는 날이었어. 왜냐면 좋아하는 사람 만나러 가기로 한 날이었거든요. 마지막으로 한 번만 더 보러 가자, 그런 날. 그래서 과한 걸 아느니도 엄청 꾸미고 기분을 냈어요. 눈도 내리고, 예감이 괜찮았어.

택시도 불렀죠. 택시기사 아저씨도 나쁘지 않았어. 일상적인 말을 실쩍 느긋맞게 하는 정도. 근데 잠 가다가 갑자기 아저씨가 "어디 갑소예요?" 이렇게 물어보는 거야. 알려주면 자기도 듣르겠다고, 뭐… 모든 사고가 정지가 됐죠. 화를 낼지 말지, 화를 낸다면 또 어디서부터 설명을 해야 돼. 그러니까 나는 나를 장녀로 보지 말라는 얘기를 하고 싶은 게 아니란 말이에요. 내가 만약에 장녀라도, 그렇게 해도 되나고, 어?

훈향 여기도 오지야. (웃음)

거기다 내고 그렇게 대꾸했다는 게 너무 화가 나는 거예요.

근데 무섭잖아요. 택시에 단둘이 있고. 일단 택시에서는 한마디도 안 하고 있다가, 내려서 그 택시를 신고했어요. 근데 그 택시회사에서 신고를 안 받으려고 전화를 계속 다른 부서로 돌리는 거예요. 블랙박스가 지워졌다 어쩐다 거짓말하면서. 그러면서 하는 말이, 그 기사가 진짜 어려운 사람이다, 나이도 많고, 빈곤한 사람이다. 지금 둘이켜 생각해보면 그 택시회사에서 왜 그랬느지 너무 알 것 같아요. 실제로 어려운 사람이었겠죠. 그렇지만 불쌍한 사람이니까 그냥 넘어가자, 이러기에는 내가 참을 수 없이 비참한 그런 순간이 있는 거죠. 남자들이 가난하고 힘들다고 해서 동료 시민인 여성을 매쁨 그렇게 대해도 돼? 인간들이 가난하고 힘들다고 해서 동물들을 그렇게 대해도 돼?

답 저도 택시에서 비슷한 일 있었어요. 제작님 겨울인

…한 자기만족감이나 시혜적인 태도를 경계하고 은 통에 방해나 되지 않을 수 있을지 끊임없이 고민해야 하죠. 어떤 차원에서 구조적 폭력의 피해자였다 하더라도 그 위치가 영속적인 것도 아니고, 한 차원의 피해자이면서 동시에 다른 차원에서는 얼마든지 가해자일 수도 있고요. 그래서 그런 날이 있는 것 같아요. 도저히 참아지지 않는 날. 언제까지 피해자의 자리에만 머무를 건데? 대체 어디까지 스스로의 사정을 봐줄 건데? 언제까지 우리가 힘을 가지지 못했음을 연민하기만 하고, 우리가 이미 가지고 있는 힘에 대해서는 성찰하지 않을 작정인데? 그런 질문이 뭉쳐 오르는 날이요.

2021. 9. 6.

남 　그러게나 말이에요. 즉각적으로 화를 안 내는 데에도 여러 가지 이유가 있는 거죠. 무서운 것도 있고, 화를 내는 내 쪽에 권력이 있는 건 아닌지 검열해 보고, 내가 화내기 위해서 다른 존재에 빚지는 결과를 만들고 싶지도 않고.

좌장 　똥 싸는 것 너무 쉽게 치우는 것 생각 많이 해야 돼요, 어디에 똥을 안 묻히고 이걸 쓸어 담을지.

남 　당사자가 아니기 때문에 더욱 양보해서는 안 되는 일이 많이 있다는 말이 사무쳐요. 내가 언제는 당사자이고 언제는 연대자인지 무 자르듯 경계를 그을 수 있는 것은 아니죠. 그렇기 때문에 저는 오히려 우리가 대부분의 상황에서 피해자에 더 가까울 거라는 사실을 상기하려고 노력해요. 심지어는 가해자에 더 가까울 수도 있고요. 연대자의 위치에 선 사람은 '나는 내 일도 아닌데 대의에 복무하고 있어'라는 일

저는 베이킹과는 잘 친하지 않습니다. 계량하기를 싫어하거든요. 비건이 되고 나서는 더더욱 빵을 만드는 일은 멀리하게 되었어요. 비건 빵을 만들어보면, 기존의 빵이 우유, 버터, 계란의 맛에 얼마나 크게 의존하는지 실감하게 됩니다. 요즘에는 비건 밀크와 비건 버터에 비건 계란까지 개발되는 추세이지만, 저는 이런 대체식품을 사용하는 요리는 잘 하지 않습니다. 일단 구하기 어렵고, 아무래도 맛이 아쉬워지기 때문이지요.

하지만 베이킹 전문가가 아니어도 코블러 정도는 어렵지 않게 만들어볼 수 있습니다. 과일 조림 위에 풍성한 단맛이 주가 되는 파이거든요. 욕심껏 쟁여놓은 복숭아나 사과가 물러갈 때 구워 먹은 파이이기도 하지요. 블루베리나 체리 같은 베리류로도 코블러를 굽지만, 아무래도 가장 대표적인 코블러의 재료는 복숭아와 사과입니다. 복숭아는 여름이, 사과는 가을이 제철인 과일입니다. 그러니 여름에 한 번 가을에 한 번

코블러를 구우면 한 해가 간다고도 할 수 있겠습니다.

코블러에는 '구두 수선공'이라는 뜻도 있습니다. 구두와 과일파이가 무슨 관련이 있는지는 모르지만, 섬세하기보다는 투박한 맛에 먹는 파이라는 점에서 어딘가 어울리는 것 같기도 합니다. 과일파이로서 코블러는 반죽이 아래로 깔리지 않고 조린 과일 위에 올라간다는 특징이 있습니다. 파이 만들기를 떠올리면 미는 이미지가 떠오르는 반죽을 밀대로 얇게 밀지 않고 대강 반죽을 뚝뚝 떼서 과일 조림 위로 넓게 펼쳐 굽습니다. 정확한 레시피 없이 대강 같이 익혀여 만들어도 그럴싸한 맛을 내주는 베이커리라는 점에서 큰 위안이 돼요. 오늘도 제가 가장 즐겨 만드는 비건 코블러 레시피를 발췌, 번역, 편집하여 공유합니다. _담

복숭아크로블러

재료

복숭아 4개, 베설탕 1/4컵, 옥수수전분 1큰술

반죽

비건 버터 115g, 베설탕 150g, 바닐라익스트랙트 5ml, 두유 15ml, 밀가루(중력분이나 글루텐프리밀가루) 140g, 베이킹파우더 5ml, 소금

[1] ... 오븐을 섭씨 177도로 예열하고 베이킹 전용 접시(약 2리터 용량)에 기름을 살짝 발라둡니다. 8×8인치 팬도 가능합니다(손님이 많다면, 계량을 배로 하고 9×13인치 팬을 사용하면 되는데, 크럼블러가 좀 얇아집니다).

[2] ... 복숭아를 껍질째 얇게 썰거나 다집니다. 껍질을 벗기고 싶다면 팔팔 끓인 물에 복숭아를 넣거나 10초 정도 담갔다가 꺼내서 얼음물에 넣거나 흐르는 찬물을 맞게 합니다. 그러면 껍질이 쉽게 벗겨질 거예요. 복숭아는 조금 딱딱한 것이 좋습니다. 너무 부드럽거나 물이 많은 복숭아를 쓰면 크럼블러도 물러집니다. 저는 조금 물러진 크럼블러도 좋아하지만요. 생과일이 없다면 냉동 복숭아나 통조림을 써도 좋습니다. 단, 반드시 물기를 빼주세요.

[3] ... 복숭아를 베이킹 접시에 담습니다. 그 위에 베설탕과 옥수수전분을 뿌려 잘 섞은 다음, 접시에 고르게 펼칩니다.

[4] ... 반죽을 만듭니다. 큰 볼에 녹인 비건 버터, 베설탕, 바닐라익스트랙트와 두유를 섞습니다. 밀가루를 더하고, 베이킹파우더와 소금을 넣고 섞습니다. 반죽은 쿠키 반죽 정도로 빼빼할 거예요. 반죽을 너무 지대면 안 됩니다. 글루텐이 생겨 설겨져요. 정성스럽게 주무르지 말고, 구석구석을 무심하게 자르거나 갈라준다는 느낌으로 섞으세요. 손이 따뜻한 편이라면 손보다는 주걱을 사용하세요. 모든 파이는 추운 날에 만들어야 맛있다는 말도 있으니까요.

비건 버터라니, 그런 게 어디있나 싶죠. 저는 비건 버터 대신 올리브유나 카놀라유를 씁니다. 올리브유는 특유의 향이 강하지만 반죽이 담아서 문제입니다. 후각이 예민하다면 카놀라유가 안전합니다.

두유 대신으로는 아몬드밀크나 코코넛밀크를 써도 됩니다. 단, 코코넛밀크는 기름져서 반죽이 고소한 대신 향이 잘 묻히지 않으니 코코넛밀크 맛을 좋아하는 분에게만 추천합니다. 액체마다 첨도가 다르니 반죽을 했을 때 쿠키 반죽 정도가 다르니 반죽을 했을 때 쿠키 반죽 정도가 되도록 밀크나 기름 양을 조절하세요.

* 사과크럼블러도 맛있습니다. 대신 사과는 복숭아보다 단단하므로, 따로 조림으로 만들어서 베이킹 접시나 팬에 옮기는 것이 낫습니다. 사과를 썰어서 냄비에 넣고 설탕과 옥수수전분에 계피를 더하여 한 번 바르르 끓여줍니다. 식혀서 팬에 펼치고 4번부터 똑같이 진행하면 됩니다.

가 되는지 확인하며 조금씩 더하고 빼세요.

[5] … 주걱이나 손으로 반죽을 복숭아 위에 골고루 뿌려 올립니다. 완벽하게 고를 필요 없고요, 반죽이 복숭아를 다 덮지 않아도 괜찮습니다.

[6] … 오븐에 넣고 30~35분 정도 굽습니다. 파이 겉면에 황금빛이 돌고 복숭아조림이 부글부글 끓으면 완성입니다.

[7] … 오븐에서 꺼내 따뜻할 때 비건 아이스크림이나 코코넛휘핑크림을 곁들여 내면 더 맛있습니다(나부루 캐슈바닐라 아이스크림을 올려 드시면 좋아요!)

장혜영

이렇게나 많은,

"저는 지역이 직업이니까, 또 차별금지법 때문에 제가 다른 위원님들에 비해서도 열심하게 대사랑 방무이 많거든요. 그런 데 가면 좀 줄겁죠. 당연히 얻비드기 여부, 비건 지향 여부 등을 사전에 물어보고 맞춰서 준비를 해주시니까요. 하지만 그 어떤 곳에서도 이런 음식을 받아본 적은 없는 것 같아요."

"그죠? 엄살원 음식이 맛있어요. 웬만한 비건 식당 거의 다 가봤지만 이 집이 진짜 맛집이에요."

"우리 집이 무슨 식당이냐! 식당이지… 맞습니다." (웃음)

기상청과 정부가 합동 발간한 「2022년 이상기후 보고서」에 따르면 한국은 2022년 한 해 동안 극단적인 이상기후를 겪었다. 1937년 이후 가장 가문 겨울, 역대급으로 고온건조한 봄, 집중호우와 폭염이 쏟아진 여름, 5채의 대형 태풍으로 난타당한 가을, 평년 대비 4도 이상 추운 겨울이 이 많음 지났다. 비가 많이 와서 사망한 사람이 19명, 태풍으로 사망한 사람이 11명, 더위서 사망한 사람이 9명, 주위서 사망한 사람이 12명이나 된다.

2023년에는 또 어떤 슬픔이 있을까? 목련과 벚꽃, 라일락이 한꺼번에 만개한 화단을 보며 불길한 예감에 고개를 떨군다. 뉴스에는 산불 소식이 끊이지 않는다. 4월 2일 단 하루에만 30여 건이 넘는 산불이 발생했다. 죄 없는 동식물들이 허무하게 불타 사라지는 동안 어떤 정치인들은 골프나 치고 숲이나 마셨다는 연관 기사가 올라오는 한편, 평범한 시민들의 일상에는 불이나 물, 공기 따위로부터 대피하라는 재난문자가 쌓여간다.

이상기후를 아래 예측할 수 없다는 변명은 거짓말이다. 우리는 급변하는 지구 환경에 대한 다양한 과학적 데이터를 갖고 있다. 우리 사회에 부족했던 건 바로 그 데이터를 근거로 움직이는 정치다.

21대 국회는 2020년에 이미 '기후위기 비상대응 촉구 결의안'을 발표한 바 있다. 지금이 '기후위기 비상상황'이라는 여야 공동의 문제의식을 확인하고, 탄소와 같이 지구 온도 상승을 유발하는 온실가스 배출량을 국제사회가 요구하는 수준으로 감축할 수 있도록 하겠다는 국회 나름대로의 의지를 다진 것이다.

그러나 국회에서 아무리 좋은 법을 제정한다 해도 정부가 해당 법의 의미를 무력화하는 행보를 반복한다면 실질적인 변화를 만들기 어렵다. 윤석열 정부의 탄소중립 녹색성장 기본계획(이하 '탄기본')만 봐도 그렇다. 해당 계획은 기업이 더 많은 탄소를 배출할 수 있게 돕고, 해발전 의존도를 높이며, 주변 가난한 나라의 탄소 배출 감축목표 도으로 사 오겠다는 내용을 담고 있다.

는 순간이 있어야 한다고 나는 믿었다. 그리고 그런 순간이 동시대 여성 모두에게 충분하기를 간절히 바랐다.

유리: 우리 장혜영 의원 임산원에 초대해서 그 사람이 한 일들 얘기하고. 그리고 엄정 칭해주자.

답: 그럴까? 엄정 칭해줄까?

그래서 우리는 그렇게 했다. _유리

* 장혜영, 「1.5도 목표 지킬 수 없는 탄소중립기본계획은 '포기 선언', 국회미래연구원 '미래광장」, 2023년 4월 14일 자.

다. 발달장애가 있는 동생 혜정, 혜정과 함께 살던 국회 기후위기특별위원회에는 "산업통상자원부장관도 참여하지 않았고, 기후위기 대응에 핵심적인 역할을 해야 할 기획재정부나 국토교통부의 업무보고는 포함되지 않았다. 심지어 방문규 국무조정실장은 의원들의 질의가 끝나지 않았음에도 중심실과 의장석의 만찬 참석을 이유로 자리를 떴다."*

기후위기를 가속화하는 이 참담한 퇴보에 지향하는 정치인 중 한 명이 장혜영 의원이다. 그는 2022년 국정감사를 '기후국감'으로 진행한 국회의원이자 기후위기특별위원회 위원으로, 이번 탄기본을 강력히 비판하며 주요한 누세 의정을 펼치고 있다. 그는 고기 소비로 인한 탄소 배출을 줄이기 위해 개인적 실천도 소홀히 하지 않으려 노력하는 비건 지향인이기도 하다.

우리 세대 여성들에게 장혜영 의원의 영향은 〈어른이 되면〉을 만든 예술가로도 널리 알려져 있

구체적으로 생각하는 정치인 장혜영의 시각은 혹시 혜정이 아니었을까 감히 짐작해본다.

나는 가끔 장혜영 의원을 걱정했다. 위풍당당한 모습, 친근한 모습, 피로해 보이는 모습을 봤으면서도 울 것 같은 모습, 혜정의 오늘을 사랑하는 모습을 더 오래 기억했다. 혜정이 차별금지별 "나중에", 장혜영의 이동사람으로서 차별금지법 "나중에"와 같은 수권 "나중에", 기후위기 대응 "나중에"와 같은 수많은 "나중에"와 맞서는 그의 마음이 신경 쓰여서 그랬다. 어떤 날엔 현장이 기가 막히고 업무가 사무쳤던 탓에, 어떤 날엔 얼굴과 이음을 걸고 일하는 여서들이 흘 감당하고 있는 모욕 때문에, 어떤 날엔 그냥 너무 슬퍼서 눈물이 나기도 하는 마음. 그런 장혜영의 마음이 나한테도 나 가식으로 해석되지 않고 온전히 받아들여지

혜영	아이고… 세상에 그림 같아요, 음식이.

유리	진짜 이쁘다. 냄새도 진짜 좋지 않아요?

혜영	네, 오감을 자극하는 요리네요. 들어온 순간 딱 환영하는 냄새와 소리가 났어요. 사진 찍어도 되나요?

남	그럼요.

혜영	좋은 순간은 기록해놓고 보면서 힘을 내거든요. 오늘도 한 명의 시인이 이렇게 아름다운 삶을 살고 계시는 걸 보다니 너무나 기쁩니다.

남	이건 구운 파프리카와 아스파라거스인네요. 파프리카 속에는 비건 그릭요거트로 만든 아니언크림이 들어가 있어요. 요 접시를 먼저 드시고요. 그다음에 리소토 드세요. 총 세 가지 버섯이 들어있습니다. 참송

구이·잣·아인슈타인 김혜영

밥 먹는 동안 이야기를 들려줘야 한다.'

유리 쉬운가? 여전히 수상한데요? (웃음) 보좌진이 차마 못 물어봤던 다른 스케줄은 뭐가 있어요?

혜영 프라이버시에 해당하는 약속들은 잘 안 물어봐요. 예를 들어 동생을 해정하고 해정을 중심으로 모인 친구들, 해정의 활동 지원을 해주는 친구들과 친구들하고 만나러 간다, 그러면 만나는 사람 이름만 적어봐요.

(버섯 리소토 식탁에 등장)

유리 우와, 이거 닭죽 같아!

답 비슷할 수 있어. 제수에 들어간 참송이버섯에서 솔향, 흙향이 나는데 백숙 재료가 내는 향하고 거의 겹쳐요.

이버섯, 화고버섯, 느타리버섯.

혜영 아, 파프리카구나, 너무 예뻐요!

답 연말이라서, 재료 색을 조금 맞춰봤어요. 빨강과 초록이 있으면 좋겠어, 크리스마스 전구 같은 느낌의 요리가 하나 있으면 좋겠어, 이런 생각으로 재료를 골랐네요.

혜영 네, 정말 12월이 느껴지네요. 응숭한 대접을 해주셔서 감사합니다. 혜영원이 뭐 하는 곳인지, 우기 직원에 보좌진들이 아주 조심스럽게 물어보더라고요. 저는 보좌진과 스케줄를 공유하거든요. 스케줄에 '혜영원'이라고 적어놓았는데요, 다들 궁금한데 차마 못 물어본 거예요, 어디 가는지.

답 혜영원 설명 섬죠! '병은 못 고치는 엉터리 의원이다, 그 대신 함든 사람한테 밥을 해준다, 여기 온 손님은 혜영 정말 맛있네요. 닭죽 같다는 말이 딱 이해가 가요.

남 그리고 여기 주문하신 청다오 눈알풀입니다. 구정 조사 모르다 21일께 금주 중이라고 하셔서요. 짠!

우리, 혜영 짠!

남 눈알풀이랑 그냥 맥주랑 맛에 차이가 큰가요?

혜영 크죠. 눈알풀은 뭣가 빠져 있는 느낌이죠. 아주 주관적이긴 맞, 눈알풀 맥주 중에서는 청다오가 가장 완성도가 높았어요. 다른 건 '맥주맛이지만 알코올이 빠졌어~'(혐암) 이런 느낌이라면 청다오 눈알풀은 이 자체로도 맛즉스러운 느낌이에요.

유리 그렇군요! 맛있는 비건 대체 식품을 설명하는 말처럼 들리기도 하네요. 고기 없어도 괜찮은 콩고기, 우유

혜영 크림 없어도 괜찮은 비건 케이크를 찾는 거랑 비슷한 느낌인 것 같아요.

남 그래도 눈알풀만으로는 아쉽네요. 술 한잔 같이 기울이고 으근슬쩍 노래 신청하려고 했거든요. 오늘은 정치인으로도 오셨지만 예술가로도 준비되셨기 때문에, 이따 노래도 부르실 예정이에요.

혜영 그렇구요. 받아들이겠습니다.

남 좀 이따 은빈도 올 텐데요. 은빈은 혜영 님을 <어른이 되면> 시절부터 지켜봐 온 오랜 팬이에요. 실례를 무릅쓰고 이 자리에 자기도 준비될 수 있겠느냐고 물어올 만큼이요. 그래서 제가 참석비로 은빈도 노래 하나를 해준다면 올 수 있다고 그랬죠. 은빈도 글 쓰고 공연하고 이처럼 노래를 만드는 친구거든요.

혜영: 맞다, 미리 얘기해주셨죠, 이렇게나 다채다능한 분들이 함께 계시네요,

남: 너무 예뻐해주신다. (웃음)

유리: (웃음) 아까부터 말씀하시는 게 한결같아요. 한 치의 문제도 없는 발언.

혜영: 어디에서 누가 바로 받아써도 괜찮은, 마침표까지 찍혀 있는 무장으로 말하기 위해 노력하는 습관이 있어요,

남: 진짜 신기해요. 저는 혜영 님의 말하기에 전율할 때가 많아요. 스크립트가 그대로 나온달까요. 저 사람의 말은 통째로 글이다.

혜영: 예, 노력하고 있습니다.

유리: 네, 노력하고 계신 것 같아요. (웃음)

남: 아무래도 그렇죠. 이렇게 말하는 사람들은 매우 적으니까요. (웃음)

유리: 혜영 님이 말을 정말 잘하죠. 발음, 억양, 속도, 사용하는 어휘의 정련함 모두 스피치 모범이 되실 만해요. 저는 말을 잘 못해서, 혜영 님이 말하는 거 보고, 저렇게 말하는 걸 내가 하고 싶었어, 이런 생각을 진짜 많이 했어요.

혜영: 지금은 엄청 잘하시는데요?

유리: 감사합니다. 연습했어요. (웃음) 비거니즘을 지향한 지 5년 가까이 되셨다면서요. 국회의원은 사실 제대로 일하면 노동 시간이 길고 강도도 높은 직업이잖아요. 밥을 어떻게 챙겨 드세요? 식생

유리 좋다. 저는 비건이라고 알려졌을 때 어느 회의 자리에 있는데 다른 사람들은 전부 따뜻한 식사를 하는 와중에 저한테는 전체 풀만 주셔서 당황했던 적이 있어요. 드레싱도 없이 양상추랑 파프리카만… 이럴 거면 내가 비건임을 알리지 않는 게 좋겠다, 이렇게 생각한 적도 종종 있어서요. 그래도 탄수화물을 드신다니 안심이 됩니다.

혜영 저는 직업이 직업이니까, 또 차별금지법 때문에 제가 다른 의원님들에 비해서도 현저하게 대사관 방문이 많거든요. 그런 데 가면 좀 들겠죠. 단여히 암페리기 여부, 비건 지향 여부 등을 사전에 물어보고 맞춰서 준비를 해주시니까요. 하지만 그 어떤 곳에서도 오는 음식을 받아본 적은 없는 것 같아요.

유리 그죠? 엄선된 음식이 맛있어요. 웬만한 비건 식당 거의 다 가봤지만 이 집이 진짜 맛집이에요.

활에 각별히 자원을 투자하지 않는 이상 비건식으로 충분하기가 어려울 수 있잖아요. 저는 헤엄 넘이 가끔씩 노비건 식사를 하게 된다고 해도 당연하다는 생각이 듭니다.

혜영 왠지 모르게 사람들이 제 이미지를 엄청 까탈스러운, 지옥에서 페미니스트로 생각해주시다 보니까 뭐니까 비거니즘에 있어서도 어떤 힛딧 이미지가 제가 지향하는고는 있지만 전혀 실천하지 못하는 레벨이 저를 생각해주셔서요, 밖에서 만날 수 없으면 대체로 비건 음식이 있는 자리로 골라주세요. 감사한 일이죠.

유리 그렇게 만나면 보통 뭘 먹나요?

혜영 주로 파스타 같은 거요, 비건 파스타를 파는 양식집, 이런 데에서 약속이 잡혀요.

남: 우리 집이 무슨 식당이냐! 식당이지…. 맞습니다. (웃음) 저는 엄살원 집을 많이 꾸몄어요. 그릇이나 컵도 예쁜 걸로 모으고, 빈티지 컵은 소품도 사들이고, 손님들이랑 사진 찍을 때 배경으로 좋겠지? 이러면서요.

해영: 너무 예쁜 마음이네요.

일동: (쓰러짐)

남: 이렇게 감동스럽게 포장을…. (웃음)

해영: 웃음을 드렸다니 기쁩니다, 어디에서 반응하시는지도 잘 모르겠어요.

남: 그거 같아요. 국회의원 AI 심심이. (웃음)

남: 앱으로 나왔으면 좋겠다.

유리: 해영 님처럼 말하는 AI 챗봇이 있으면 많은 시민이 그냥 평상시에 들으면서, 오늘 하루 지친 일상을 위로받고….

해영: "정말 애쓰셨어요."

남: "당신도 소중한 시민입니다."

유리: 직장생활 힘들다고 하면 노동 관련 상담도 해주고요.

남: 맞아요. 그러니까 직장갑질119 투방이랑 쫌 콤 비슷한 데 훨씬 따뜻한 버전의 인공지능이 거죠.

유리: 그리고 또 상담 챗봇이 인권 감수성이 높으면, 남들 보기엔 사소해 보여도 당사자에게는 절박한 문제로

상담할 때 엄청 좋은 위로를 해줄 수 있잖아요. 그렇지 않아요? 아이디어 괜찮은 것 같아요.

혜영: 네, 한번 잘 생각해보겠습니다.

일동: (폭소)

유리: 전혀 생각 안 해볼 목소리잖아요.

남: 이거 정말 확실하게 논일꾼이네. 이렇게까지 말쩡하실 수가.

혜영: 그런가요. (웃음)

남: 오늘 만나 뵙기 전에 일의 기쁨과 슬픔에 대해 미리 겁먹으셨었지요. 그랬더니 "일의 기쁨은 민주공화국의 개별 헌법기관으로서 정치가 배제해왔던 시민들

이 목소리를 국회 안에서 울려 퍼지게 할 수 있다는 점"이라고 대답하셨어요.

유리: 이렇게 웅장한 답변이라뇨.

남: 네, 그렇죠. 이렇게 따뜻한 감동을 주는 기쁨은 의원 인생 사상 처음인 것 같아요.

유리: 잠깐 대답해도 정치에 관한 내용으로, 완결된 문장으로 하신다면서요.

혜영: 네, 맞아요. 잠꼬대를 꿈속에서 듣고 스스로 놀라면서 깨요.

남: 사실상 안 주무시는 거 아니에요? 정치가 그렇게 잠재의식 차원에까지 들어와 있을 정도로 일에 몰두하시는 거잖아요. 인제 이렇게 어떻게 쉬세요? 금주 일에 끝나면 어떻게 쉬실 거예요? 그러니까 국정조사 끝나면요.

혜영: 한번 입법해보면 못 헤어 나오지.

유리: 왜 이렇게 잘 아세요!

혜영: 아, 저도 성폭력처벌법 14조 개정에 함께 했었어요. 잊을 수 없죠. 그때 정말 좋았어요.

혜영: 정말 감사합니다,

남: 그때 몇 살이었어?

유리: 그때... 이십대 중반이었던 것 같은데.

혜영: 에고...,

유리: 지금은 서른 넘었어요. (손가락 브이)

혜영: 아... 맛있는 걸 먹는 자리를 가져야료.

남: 친구들이 많아요?

혜영: 네. 집에서 혜정이나, 아니면 혜정을 중심으로 모인 소수의 친구들. 그 정도 모여서 놀 거예요.

규정조사가 잘 끝났으면 좋겠어요. 모든 일에는 끝못이 있잖아요. 모든 게 다 잘되거나 모든 게 다 엉망이 되는 경우는 거의 없죠. 열심히 하려고 했는데 역경을 견디다가 근근이 계기로 잘 풀렸다! 이런 끝못이면 좋죠. 그럼 뒤풀이에서 누구 애기를 하면서 부어라 마셔라 하고, 아쉬운 것을 기하면서 질질질 짜고 나서 쭉 자면 너무 너무 좋을 것 같아요.

남: 규정조사는 일이 규모가 광장히 크잖아요. 그래서 마칠 때의 카타르시스도 너무너무 크지 않을까요. 그래서 정치는 저한테 좀 중독적일 것 같은 이미지도 있어요.

혜영 (양손 엄지척)

유리 (웃음) 이 제스처도 고스란히 이모티콘으로 나와야 돼.

남 내가 별거 안 해도 최고의 리액션을 해주셔. (웃음)

유리 무슨 말을 해도 다 완벽된 말로 받아주시고, 감사해 주시고.

· 웃기는 장예영 ·

은빈 안녕하세요. 늦어서 죄송합니다.

혜영 은빈 씨, 안녕하세요. 만나 뵙고 싶었어요. 담 씨가 소개를 너무 잘해주셔서 어떤 분인지 되게 궁금했어요.

은빈 정말요? 감사합니다…. 아아, 너무 뵙고 싶었어요. 여기 딸기를 좀 사 왔는데요. 무슨 얘기 하고 있었어요?

담 박경석 대표님 나오셨던 맞짱 토론 얘기를 하고 있었어요.

유리 저는 사실 그 토론 못 봤거든요. 장애인도 이동할 권리가 있다. 대중교통 타고 22년 동안 투쟁해왔던 당사자 활동가에게 어떻게 상처를 주고 이렇게 모욕하며 눈에 선하게 그려져서, 생각만 해도 막이 뜯어질 것 같았어요.

담 실컷 웃었네. 너무 사랑스러우세요. 사실 대부분의 상황에서 혜영 님이 말하기에는 웃음기가 없는 편이죠. 정확하게 짚는 말을 쓰고요. 토론이 꺼지게 않아요. 요즘은 누가 누구에게 모욕을 주었느냐, 누가 수치심이나 황당함 때문에 말을 이어나가지 못했느냐가 토론에서 이기고 지는 기준으로 자리 잡힌 것 같다는 생각도 드는데요. 혜영 님은 다르죠.

유리 "토론은 배틀이 아니라 협업이다"라고 하면서 일이 되게 하려는 대화를 시도해 오셨다고 생각해요. 전국장애인차별철폐연대 박경석 대표님이랑 그… 성 상 남반은 힘으로 불러나게 될 국민의힘 전 대표도 있잖아요. 일대일로 했던 장애인 이동권 토론에 혜영 님도 있었으면 정말 좋았을 것 같아요.

(문 열리고 은빈 등장)

남 근데 되게 잘하셨대? 박영식 대표님이. 기다려왔다는 듯이, 자기 무대라는 듯이 잘하셨어.

유리 그렇다고 들었어.

해영 논제를 이길 수는 없으니까요.

남 저도 한참 못 보다가 왜 봤냐면, 박영식 대표님은 토론이 성사된 것 자체를 엄청 기뻐하셨다는 이야기를 들었어요. 그래서 내가 박 대표님이 그 자리에서 수모를 당할 거라고 짐작한 것도, 어떻게 보면 그런 좀 정상적 레벨이 아닌 사람을 주제넘게 걱정했다는 생각이 들기도 했고요. 물론 너무 이가 갈리는 부분은 넘기면서 봤지만요.

해영 그때, 결국 토론을 일대일로 해야 하니까 제가 전날 밤에 극장에서차별철폐대 사무실에 가서 새벽까지 특훈을 한

거예요. 저도 그 이슈와 관련해서 바로 직전까지 토론 준비를 하고 있었고, 대선을 거치면서 토론 준비를 여러 번 해 봤던 경험이 있었으니까요. 또 누리의힘 전 대표와는 많이 맞붙어봤기 때문에 어떻게 해야 할지 알, 상대의 답변도도 알고 있었고요. 그래서 그냥 세부에는 어떻게 했냐면, 제가 상대역으로 분해서 시뮬레이션을 했어요.

유리 잘하셨을 것 같아서 킹받네요… (웃음) 페미니스트가 토론 베이 이런 거 진짜 잘하거든요.

남 토론 베이이라니. 엄청 재밌었을 것 같아요.

해영 맞아요. 너무 재밌었어요.

남 저는 가끔 해영 님이 얼마나 무대 체질인가에 대해서 생각해요. 갑자기 최근에 올리신 트윗도 생각나요. "무슨 말을 해도 일단 비웃음부터 사고 시작하는 것

답 이 가끔 참 피로합니다. 그렇다고 해야 할 일 안 하지는 않을 것입니다. 그러기엔 할 일이 너무 많으니까요. 이런 트윗이었어요.

제가 저번에 장해영 의원 후원회장인 이슬아 작가하고 통화를 하다가 해영 님 근황을 들었는데요, 갑자기 스텝드업 코미디 워크숍을 듣으신다는 거예요. 그런 결정을 하신 이유가 너무 궁미롭고 마음 아팠어요. '아, 이렇게까지 낭이 비웃음을 살 거라면, 그냥 웃음을 주는 게 낫지 않을까?' 이런 이유셨다면서요.

혜영 여차피 비웃음을 살 바에는 아예 보격적으로 한번 웃겨보자.

답 제가 그 워크숍에 강사로 한 회차 참여했거든요. 못 오셨더라고요. 너무 바쁘셨죠?

혜영 네, 다른 일정 때문에 한 번밖에 참석을 못 했어요.

답 저는 너무너무 궁금한 거예요. 만약 장해영에게 코미디언으로서 마이크를 준다면, 무슨 이야기를 했을까?

혜영 유튜브에서도 트위터에서도 제 아이디는 '시리어스시스터'예요. 기본적으로 재미없는 사람이고 매우 진지한 사람이고 다른 사람을 웃기는 데는 별로 재능이 없는 사람.

답 그렇지 않아요.

혜영 아, 제가 웃기고자 한 게 아니었음에도 불구하고 웃는 거 포함이 안 되죠!

유리 그게 바로 재능이에요.

혜영 그런 건가요? 그래서 그랬나. 그냥 워크숍에서 제 차례가 돼서 그냥 무대로 나갔거든요? 그때 사람들이 제일 크게 웃는 거예요. 무슨 말을 하기에 앞서서, 제가 여기 왜 있어, 그 게 제일 웃기거죠. 날로 먹은 거죠.

유리 정말 걸투 나는 캐릭이다.

혜영 대중을 만나기 위한 다른 캐릭터가 필요하다는 생각이 들었 어요. 그래서 코미디 워크숍도 가본 거예요. 이상적인 세상에서는, 정치인은 그냥 만들어야 하는 법 만들기만 하면 되고, 사람들은 그걸 알아주겠죠. 그런데 현 실에서는 어떤 정치인이 청년이고, 여성이고, 소수 정당 소 속이고, 게다가 약자 관련 이슈를 다룬다고 하면 그 자체로 놀잇감이 되기 쉬워요. 무슨 말을 하더라도 진지하게 받아 들이지 않거나, 무시할 존재가 되어 있거나, 모욕할 존재가 되어 있거나, 아주 눈소수의 청중들만 모이게 되죠.

유리 저도 그 생각 진짜 많이 하거든요. 저한테는 너무 존 재감이 큰 국회의원인데. n번방 방지법 입법 했지, 차

별금지법 별의 했지, 장애인 탐사설 운동도 하지… 저 와 밀접한 일을 하는 사람이고, 계속 표를 주게 되는 정치인인데… 근데 보시다시피 저는 한 명이잖아요.

담 여기 한 명 더 있어요.

예인, 은비 저도!

담 여기 있는 사람 다네요. 그니까 네 명.

혜영 오늘은 1단이다!

유리 제가 필요한 표 다 드리면서 계속 국회의원 해주세 요. 이럴 수가 없기 때문에…

예인 문자 투표로 어떻게 안 되나? 제가 헨드폰 두 개 있거 든. (웃음)

혜영 으하하, 감사합니다.

답 국회의원은 상상을 초월하는 수의 사람들과 연결되어야 하잖아요. 다른 사람의 말을 엄청나게 들어야 하는 자리에 계세요. 저는 그게 너무 피로하고 외로울 것 같은데요. 말을 듣는 일은 오래전부터 잘하셨지만, 말을 듣는 일에는 얼만큼이나 준비가 되어 있는지 궁금해요.

혜영 저는 이제 트위터 썼으니까… (웃음) 특히 트위터에서 이 오랜 키보드배틀로 훈련됐다고 생각했습니다요. 막상 되고 보니까 아, 정말 이도 안 났구나, 싶었죠. 국회의원이 되겠다고 맨 처음 결심을 한 처음 찾아가서, 너 정말 안 무섭도 몰라, 이렇게 이를 꽉 물고 얘기해주고 싶어요. 그 정도로 굉장히 다른 감각이에요.
저도 분명히 〈생각 않는 둘째아닌〉 채널을 운영할 때와 〈어린이 되면〉 프로젝트를 할 때도 긍정이 감각을 가지고 했거든요. 공로장에 나선 거잖으니까요. 그런데 이윈으로서 이 말하기는 완전히 차원이 달랐어요. 예컷에 좋아하는 사람들한테만, 제 얘기를 알아듣는 사람들한테만 대변하겠다는 요. 근데 국회의원이라면 나 좋아하는 나 대변하겠다는 그 생각을 가져서는 안 되죠. 물론 제가 메인으로 대변하는 그 분들이 있기는 하지만요, 제 활동이 거센 반대에 부딪혀도, 반대하는 사람들을 마음 깊이 미워하면 안 된다고 생각해요. 전혀 다른 방식의 듣기를 해야 하는 것 같아요.

답 미워하는 건 쉽고 편하다는 생각도 들어요. 그러니 미워하지 않는 건 일을 전문으로 해야 하는 자리는 엄청 어렵지 않을까? 나는 어떻게든 이 사람과 얘기할 수 있고, 우리는 더 나아질 수 있어, 그 믿음을 어떤 상황에서나 고수하는 게 나의 일, 직업이라면 힘들지 않을까? 혜영이랑 넘은 안 미워하기가 잘 되시나요?

혜영 사실 미워하는 게 더 어려워요.

커피 바치는 잔혜영

누군가를 미워하려면 정성을 다해야 되지 않나요? 그 사람
의 디테일을 알아야 미움이 솟아나니까요. 예를 들면 전 가
족을 미워할 수 있어요. 왜냐면 가족이 가장 미운 점을 속속
들이 잘 아니까요. 거기에 대해서 두 시간 동안 떠들 수 있을
정도죠. 근데 트위터에 있는 사람들을 그렇게까지 정성껏
미워할 수는 없어요. 그만큼 제 마음속 미움이 크지는 않아
요. 대신에 악의를 어떻게 마주해야 하는지가 좀 더 어려운
부분인 것 같아요.

그래서 내 안에 또 다른 캐릭터가 생기는 것 같아요. 공격
이 나의 캐릭터, 여러 가지 일을 겪으면서 페르소나가 생기
는 과정에 있어요. 선의만으로 이루어진 마음은 악의를 만
날 때 너무 부서지기 쉽고, 배반당했을 때 상처를 너무 크게
입잖아요. 그래서 과거와 다르게 공격이 선의의 차원에서
페르소나를 만들어가고 있는 것 같기는 해요.

소통하고 나서 저에게 사진까지는 조금 어렵겠다고 말씀하시더라고요. 그래서 공연 잘 올리시라고 인사하고 왔는데요. 혜영 님은 구의원이 된 이후에 혜정 님과는 어떻게 지내 실까, 삶의 양상이나 관계가 달라졌을까, 그런 것도 새삼스럽게 궁금하더라고요. 저는 혜영 님을 〈어른이 되면〉 프로젝트를 통해서 처음 알게 되었고 제 삶에 여러모로 큰 충격과 영향을 받았어요. 당시 저는 장애인 애인과 함께 살고 있었고, 혜영 님이 어떤 일들을 기획하고 삶을 재편하는 것을 보면서 '아, 저렇게 살지 않으면 내 삶이 불가능하겠구나' 하는 것을 알았어요.

혜영 님 책을 읽으면서 생각했어요. '이 사람은 완전히 혜정 중심으로 자기 삶이 돌아가지 않으면 안 된다는 걸, 전면적으로 혜정 중심으로 삶을 재편하지 않으면 앞으로의 삶이 불가능하다는 걸 깨달았구나.' 되게 충격을 받았어요. 이렇게 접근하지 않으면 안 되는 걸까? 이렇게 접근하지 않아서 혜정 님과 내가

은빈 얼마 전에 제가 혜정 님을 우연히 뵈었어요.

혜영 그러셨구나!

은빈 제가 공연을 하는 님이 있는데요. 그날 엄청 피곤한 상태로 서교동에 있는 무슨 연습실 로비에 들어갔는데… 어디였지, 생활문화센터 서교였을까?

혜영 홍대예요, 맞죠?

은빈 네. 혜정 님이 앉아 계시더라고요. 홀라 치마 같은 걸 입고.

혜영 맞아요, 그럼 맞아요.

은빈 제가 너무 팬이라고, 혹시 함께 사진 찍어주실 수 있는지 여쭤봤는데 다른 분이 오셔서 혜정 님과 먼저

쉬운 모든 문제의 어려움이 있었던 것일까, 그런 생
각을 했어요.

요즘은 어떻게 지내세요?

혜정 하아… 같이 지낼 시간이 너무 없어요. 하지만 아쉬워하는
건 저뿐이고, 혜정은 전혀 아쉬워하는 기색이 없다고 전
생각해요. 처음에는 그걸 좀 슬퍼했었는데, 지금은 오히려
너무 다행이라는 데 생각이 미쳤어요.

제가 아침 일찍 나가서 밤에 들어오거든요. 근데 아침에
나갈 때 혜정이 한결같이 저한테 커피 내놓으라고 해요. 처
음에는 서러웠어요, 나를 목적이 아니고 수단으로 대하다
니, 커피 나오는 기계로 생각하는구나, 그랬는데 그러던 시
기는 이제 한참 지났어요. 요즘은 커피 주기 전에 제가 끝까
지 부탁해요. "'잘 잤어?'라고 먼저 빼달 해줘," 이렇게 한
서너 번 "'잘 잤어?'라고 해줘" 하면 혜정이 "잘 잤어?"라
고 정말 섞어 밸듯이 말해줘요.

혜정이 원하는 커피는 제가 내리는 커피가 아니라 캔 커

피예요. 매번 집 앞에 있는 편의점에 나가서 그걸 사가지고
와서 갖다 바쳐야 하거든요. 그러면 혜정은 그걸 정말 0.1초
만에 다 마셔버리고, 꼭 그 캔을 제가 나갈 때 제 가방에 버
려요. 볼 장 다 봤으니까 캔째로 추방해도 되는 거죠.

제가 밖에다가 그걸 버리고 와야 되는데, 너무 바빠서 그
냥 도로 가지고 들어오곤 하는 날이 꽤 많이 있어요. 그러면 배신
감을 느끼나 봐요. '버리라고 넣어줬는데 도로 가지고 오잖
아!' 그래서 이젠 집에 들어오면 저를 받기는 게 아니라 가
방 속에 캔이 있나 없나부터 확인해요. 혹시 받갔지 가지고
있었을까 봐. 제가 집에 오자마자 혜정이 "함빼 확인해볼
까?" 그러면 저는 "다녀왔어?'를 먼저 해야지" 하고, "함빼
확인해볼까?", "다녀왔어?" 하는 걸 몇 번 반복한
다음에야 마지못해 혜정이 "다녀왔어?" 묻는 식이에요. 그
런게 오므려 절 받고 나서 "자, 봐, 없지?" 그러죠.

이런 루틴을 지키는 게 여길잖음을 유지하는 방식인 것 같
아요. 저는 아침에 커피 진상하고, 혜정은 제가 밤에 들어오
면 걸 버리라고 줬는지 제가 내리는 커피가 아니라 캔 커

신하고,

은빈 저는 그런 게 궁금했어요. 제 연인의 이름은 '우'였는데요. 우 얘기를 하지 않으면 내 삶에 대해서 얘기할 수 없었어요. 어디 가서 아기만 하는 하는 엄마처럼 다른 사람을 경유해서만 내 얘기를 할 수 있는 거죠. 그런데 제 주변에서는 그런 사람이 저밖에 없었어요. 그래서 더 궁금했어요. 해영 님은 해정 님 얘기하기가 곤란하지 않을까? 해정 님이 곤란해하는 건 아닐 수 있잖아요. 서로 동의가 않을 수도 있어요.

그럼요,

은빈 내가 사랑하는, 동시에 나의 삶과 너무나 깊이 연관된 그 사람의 삶을 통하지 않고서는 나를 설명할 수 없다는 게, 어떤 오해도 사지 않을까. 저 사람은 딴 사람 얘기만 하네, 혹은 제 경우에는 '우 있으면 얘기를 못 하나?' 이런 식으로 해영 님도 해정 님도 해정 없으면 자기 얘기 못 하네 이런 말을 듣지 않았을까? 그런 게 궁금했어요. 장애인 당사자도 아니고 그렇다고 완전히 관계없는 사람도 아닌 상태에서… 저는 그 부분에서 굉장히 갈팡질팡했던 것 같거든요.

혜영 엄청나게 감동적인 질문이네요. 왜냐면 그 질문이 엄청나게 진짜라는 게 느껴지기 때문이에요.

그건 해영이 시설에 가기 전에는 차장도 못 했던 질문이 얹어요, 해정이 시설에 가고 나서야 제가 해정이 얹었고, 그때부터 저를 발견하게 되는지까지 끊임없이 질문이거든요.

사실 어렸을 때 해정과 함께 사는 상황에 처했던 건 저의 선택은 아니잖아요. 그냥 저한테 주어져 있는 삶의 조건이 얹던 거고, 거기에 적응해서 살지 않으면 안 됐죠. 은이 좋다고 해야 될지 아니면 나쁘다고 해야 될지도 모르겠는데,

은빈   맞아요.

혜영   끝없이 물어보느라고 어떤 때에는 대답이 일괄되다가다도, 어떤 때에는 대답이 달라지고…… 그걸 반복하다 보니 어느 순간 서로 소통이 되는 상태에 다다를 거죠.

언어가 그 자체로 의미가 다 전달되는 게 아니잖아요, 말 안에 뭔가를 심어서 전할 수도 있고, '예∧'지만 사실은 '노' 이 경우도 있고요. 같은 사람에게 수없이 동의를 구하고 수 있지만 거절당하다 보면 어느 순간 그 사람의 진짜 '예∧'와 진짜 '노'를 알게 돼요. '이 사람은 나한테 진심이 아니구나' 라든가, '아, 이 사람은 이제 나와 함께 살아가는 것이 편안 하구나'라든가. 자기도 모르게 그렇게 나아가게 되는 것 같 아요.

내가 최선을 별 하고 싶었느냐가 잘 아는 게 중요한 것 같아 요. 내 행동의 동기를 잘 아는 거, 그러고 나면 나머지는 어 차피 상대하고 같이 만드는 거니까, 경계 언저리에서 형태 가 결정되고, 그것이 매우 편안하죠, 왜냐하면 공동의 책임

그때 아주 근본적인 의미에서 혜영을 사람하게 될 거죠. 마 음속에 이 사람의 공간이 생기고, 이 사람이 걱정되고 신경 쓰이고…… 그런 존재가 되었어요.

나중의 때에는 해정을 데려와 함께 실컷다는 절심을 했을 때에는, 이번에는 내 발로 다시 이 사람과의 삶에 도전 을 하고 싶다는 마음이 내 안에 있다는 걸 찾아낼 수 있을 만 큼 스스로한테 시간을 줬던 것 같아요, 내가 선택했다가 버 리다 그냥 제 마음을 들여다보니까 아, 다시 찾아가야 되는 구나, 알겠다라고요, 내가 선택한 만남, 내가 선택한 헤어짐 이라야 진짜 자유로워질 수 있겠다고 생각했던 것 같아요. 그 자유는 저의 자유이기도 하지만 해정이라고 하는 인간의 자유이기도 하다는 의미로 우리가 그때 분명해진 거죠.

같이 살아보니까 굉장히 많은 게 비슷하면서도 달랐느데 요, 예전에는 자유라든가 동의라든가 하는 개념이 정말 중 요하고 그거지는 개념이라고 생각했거든요, 근데 그 경 계선이 딱 그어지는 게 아니라, 정체 언저리에서 형태 계로 다가가면 다가갈수록 흐들리는 거예요.

이라서.

혜정하고 관계를 맺을 때 '동이'의 문제를 진짜 고민을 많이 했어요. 혜정이 2017년 여름에 탈시설하고 5년이 지났는데요. 그사이에 어느 정도 답을 찾았죠. '미안하지만 이런 언니를 둔 너의 죄다.'

임동 (웃음)

혜정 예전에는 "혜정아, 언니하고 사는 게 좋아, 시설에서 사는 게 좋아?"라는 질문을 못 했어요. 그 대답을 들을 자신이 없었어요. 혜정이 선택한 게 제가 아닐 수도 있잖아요. 그런 대답을 들으면 제가 쌓아 올렸던 모든 게 무너지는 기분이 들까 봐 되게 두려워했어요.
그런데 어느 순간 그 질문 자체가 이미 없다는 걸 알게 됐던 것 같아요. 그래서 불쑥 물어봤는데, 또 물어보면 참 사람 마음이... 좋은 대답을 듣고 싶잖아요.

답 맞아요. 저도 떨리네요.

혜정 근데 혜정이 너무 선선히 "언니랑 사는 게 좋지!" 그러는 거예요.

유리 하아아아아. (눈물)

혜정 네, 그렇습니다. 그런 거죠. 살다 보면 그런 순간도 오더라고요.

유리 진짜 큰 선물이에요.

답 그래서 커피를 그렇게 열심히...

혜정 맞아요. 이번 생은 저는 이제 끝났어요. 혜정이 가장 좋아하는 커피로 기계로 궤도가 결정이 된 삶이고... 그런데 그게 정말 좋더라고요. 나이 먹는다고요. 나이 먹는 게 그것에 너무 힘들었잖아요. 어떤

궤도로 살아야 될지를 스스로 정해야 하는데, 잘못 정한 거
면 어떡하지? 그런 생각을 하며 살 때는 되게 힘들었는데 지
금은 결정이 되어서 좋아요.

혜영: 아! 저 홍보할 게 있는데요, 2월에 지역사무소를 오픈해요. 놀러 오세요.

남: 정말요? 너무 좋아요!

혜영: 네, 마포 '을' 선거구에 출마할 거고요, 사무소는 망원역 2번 출구에서 한 블록 걸어서 안쪽, 그러니까 망원시장 쪽으로 들어가면 있는 건물 4층에 있어요.

은빈: 어머, 바로 근처에 가지 철리탕수 맛있는 집 있는데. 먹고 가면 딱 되겠다.

남: 드디어 지역구의원에 도전을 하시는군요.

혜영: 네, 그렇습니다.

남: 지역구의원은 어떻게 될 수 있나요?

혜영: 7만 표 정도를 받으면 당선이죠. 마포 을은 대략 19만 유권자가 계시는 동네인데요, 이번에는 제가 도전해보려고요. 잘 부탁드립니다.

유리: 제가 다 떨리네요. 잘됐으면 좋겠어요.
사실 저는 혜영 님이 대선에 나갈 수 있으면 좋겠다고 생각했어요. 현재 한국에는 대통령 나이 제한이 있잖아요. 나이 제한을 없애고 젊은 사람이 대선에 나갈 수 있으면 좋겠다는 생각 많이 했어요. 예를 들면 장혜영이라든가. (웃음) 예를 들면 2선, 3선 이런 이 되기 위해서 자기 텃밭을 넓히려다 보면, 자기 지지자들의 기대에 부응하려다 보면, 사람이 계속 타협하게 될 수밖에 없잖아요. 그런데 한번 타협을 해본 거꾸로 안 해본 개량 감각이 다를 것 같거든요. 타협 안 해본 사람이 하는 민주정치가 궁금해요.

남: 그런 말 하는 걸 보니 언젠가 굉장한 타협을 한 적이

있나 본데?

유리 지금은 은퇴하신, 존경하는 선생님을 인터뷰한 적이 있어요. 후회되는 게 있다면 뭐냐고 제가 여쭤봤더니 "타협했던 것" 이렇게 답하시더라고요. 근데 저도 그래요. 사실 이상을 가지고 현실을 사는 모든 인간이 타협을 해요. 의사결정을 할 때, 나에게 동의하지 않는 사람의 동의까지 얻어야 내가 바라는 결과를 만들 수 있다는 건 나 또한 특정한 조건에서는 내가 동의하지 않는 사람에게 동의를 표해야 할 수도 있다는 의미예요. 정당정치를 한다는 것, 정당에 들어간다는 것 자체가 타협이기도 하잖아요.

혜영 타협이죠, 맞어요.

유리 누군가 너무 큰 타협을 경험해 보기 전에, 아직 세파 단 청년일 때 대통령이 된다면 어떨까? 저는 그 자리에 장애영이라는 사람을 넣어서 상상해보기도 했던 거고요. 물론 타협을 해봤기 때문에 잘할 수 있는 부분도 분명히 있겠지만, 그런 거 모르는 사람, 쩎어보지 않은 사람이 대통령이 되면 어떨까?

담 동감이에요. 그러니까 현실에 찌들고 적당히 타협하는 거 없이 직진하면 어떻게 되지?

예인 그러니까! 그러면 나 여자랑 결혼할 수 있는데!

담 전 얘기 들으면서 죄송하게도 느껴지네요. 왜냐면 저는 어떤 정당에 지지를 보낼 때 내 생애기 내에 변화가 일어날 거라고 믿지 않거든요. 그게 장기적인 관점을 가져서가 아니고, 어째 보면 되게 겁은 체념이 있기 때문이에요. 내가 실감할 수 있는 변화를 기대하지 않는 상태로, 다만 내가 어떤 가치를 지녔는지를 보여주기 위해서 소수 정당을 지지하는 거죠.

유리 보여요…?

혜영 네, 그럼 지지 발언을 각자의 자리에서 각자의 정중들한테 해주시는 거, 도움이 돼요. SNS 게시물 하나하나가 도움이 돼요. 배인 님 트위터도 않아요.

예인 (당황) 아신…다고요?

혜영 정의당 지지자분들은 진짜 부끄럼이 많으시거든요. 저는 그들이 존재를 알지만, 다른 사람들은 여기 지지자분들이 없다고 생각해요.

예인, 유리 (얼굴 가림) 저희, 잠깐 숨어 있다가 다시 올게요.

남 정치에 환멸을 느끼는 사람들이 지지하는 정당이라는 딜레마가 정의당에 항상 있었죠. 당연히 커다란 지는 응원을 받아본 정함이 적을 것 같아요. 한편으로 지

그런 사람들은 보통 응원도 티 나게 하지 않죠.
그래서 저는 정치를 응원하는 방법이 궁금해요. 시민이 정치를 느낄 수 없어서 분노할 수도 있지만, 정치도 시민을 느낄 수 없어서 분안할 수 있잖아요. 그러니까 아까 혜영 님이 말씀하신 그 소수의 정중이 어떤 방식으로 응원하면 정치인에게 닿게 되나요? 후원을 제외하고요.

유리 저는 한동안 미친 사람처럼 혜영 님 SNS 게시물을 전체 공개로 공유하면서 '정혜영을 대통령으로!' 이런 주접 게시물을 계속 쓰고 그랬어요.

혜영 그런 게 정말 힘이 돼요.

남 그랬군요. 그게 다 닿는군요.

혜영 엄청 잘 보여요,

경우는 일을 다 팀으로 한다는 것 알고 계시잖아요. 저는
한 팀의 리더이기도 하니까 이웃실을 응원해주시는 게 모두
에게 굉장히 큰 힘이 되죠.

남 저는 저 사람도 웃이구나, 저기 어딘가에 살고 있
는 사람이구나, 라고 느껴지는 구화의원은 해영 넘이
처음이에요. 저 사람도 어딘가에서 숨도 마시고 가족
들하고 티격태격하고 사랑에 빠지기도 하겠구나, 하
는 생각이 드는 구화의원이 딱 한 명. 대부분 정치인
은 무슨 기표처럼 느껴졌던 것 같은으요. 시민들에게도
정치인을 사람으로 느끼는 경험, 연습이 필요한 것
같아요. 그러자면 그럴 만한 대상이 많아져야겠죠.

지자 입장에서는 이렇게 해서 들리겠나 싶어서 목소
리를 안 내는 것 같기도 하고요.

혜영 맞아요, 그래 진짜 잘 들어요. 정말로요. 그래서 예를 들어
공무원이라다, 정치적 발언이 공적으로는 불가한 직업군에 계
시다, 그런 경우에는 이웃실에 응원 전화를 해주시는 게 최
고입니다.

남 이원 십에요!

혜영 네, 이웃실에 전화하시면 보통 저희 보좌진들이 받아요. 대
부분 부정적인 의견을 받아내야 하는, 시달리는 전화죠, 그
때 전화를 받았는데 응원 전화다? 그때 팀원들이 느끼는 힘
이 어마어마합니다. 사람들이 그래도 우리가 하는 일을 알
아주고 있구나, 특히 우리가 대변하기 위해서 노력했던 당
사자분들이 '그 활동 정말 좋았어요'라는 얘기를 해주시면
전화 받고 울기도 해요.

해영 제가 하는 얘기를 이해받을 수 있다니 즐겁네요. 우린 정말 동시대 사람들이군요.

남 그게 아니라 워낙 설명을 잘해주셔서 그래요.

저 그 얘기 하고 싶어요. 10월에 기획재정위원회 국정감사 때 이창용 한국은행 총재한테 질의하면서 울먹이셨죠. 대출나라라는 사이트를 아시느냐, 서민들이 대부업체에서 돈 빌리는 사이트다, 3년 전만 해도 100~200만 원이 필요한 사람들이 제일 많았는데 지금은 21~40만 원이 필요하다는 사람들이 더 많다, 이게 무슨 뜻이라고 생각하시느냐. 한국은행 총재는 잘 모르겠다고 대답했고 헤영 넘은 말을 더 잇지 못하셨어요. 감정을 가라앉히느라 10초 정도 침묵하다가, 이건 더 절박한 처지에 놓인 사람들이 더 많아졌다는 의미라고 하셨죠.

그날 아무도 잘했다고 안 해졌다고 들었어요. 보좌진들도 차마 잘했다고도는 못 했다고. 근데 저라는 시담 이슬아 작가가 그날 집이 보고 해영 님에게 바로 문자 보냈다고 하더라고요. 너무 훌륭합니다.

해영 맞아요. 마침 작가님이 『가녀장의 시대』를 보내주셔서 그걸 앞에 놓고 읽다가 집의에 들어에 들어가셨거든요. 완전히 맞잖다고 생각하고 집에 가서 책을 마저 읽으면서 펑펑 울었는데, 그러고 나니까 뭔가 기분이 괜찮아진 거예요. 왜냐하면 『가녀장의 시대』 안에 크고 작은 실패들이 나오는데, 그러면서도 캐릭터들이 계속 살아가고, 뭔갈까요, 아무튼 괜찮아지잖아요. 그걸 보니까 저도 그런 실수를 하는 스스로를 조금은 용서할 수 있게 됐다고 해야 되나……,

유리 근데 실수는 아닌 것 같아요. 실수는 아니고, 잘못한 것도 아니고…….

해영 감사합니다.

민의 관점에서는 '와, 갑지 난다' 이렇게 생각했거든요. 그러니까 구강에서 볼 수가 없던, 너무 멋진 장면이다. 그래서 '왜 아무도 잘했다고 안 해졌지?' 하는 궁금증이 있었습니다.

유리 저 사람이 왜 저기서 울고 있나, 정치인이 아무리 티브이에 나와서 눈물 흘려 봤자 내가 저만큼 힘들고 내가 아프 것만큼 아프겠느냐, 이렇게 생각하는 시민도 있을 것 같아요.

해영 저는 그것도 정당한 시각이라고 봐요.

유리 우는 사람과 우는 걸 접하는 사람의 거리를 좁히려는 기획이 들어가지 않으면, 더 연기일 거라고 의심하는 시선도 있죠. 생각보다 많은 시민이 그런 부분에서 되게 냉정해요.

유리 실수가 아니에요 그런 건… 심장을 갈라서 보여주고 싶을 때가 있잖아요. 너무너무 진심인 진심인 어떤 것에 대해 얘기할 때. 근데 사람들이 진심으로 받아들여주지 않는 것 같을 때. 특히 누가 혜영 님을 소수자 의제를 주로 대변하시기 때문에 그런 상황에 많이 맞닥뜨릴 것 같단 말이에요. 그게 너무 속상하다는 말을 하고 싶었어요.

그 장면을 보는 순간 냉정한 반응이 예상됐지만, 저는 지지자니까, 열렬 있는 마음으로 보는 입장이니까, 왜 슬프지 공명이 되고… 혜영 님이 열심히 일한 결과로 도좌한 눈물이잖아요. 원래는 우리가 한 일의 결과를 저렇게 다양한 방식으로, 눈물이 나오면 눈물도 흘릴 수 있도록 얘기를 할 수 있어야 맞는 거잖아요… 그 울벅임을 의심하거나 조롱하는 사람들을 볼 때마다… 그런 조롱에 일일이 반응할 필요 없다고 하는 사람들도 많지만, 저는 진짜 할 수만 있다면 심장을 갈라서 보여주고 싶다는 생각을 많이 해요. 그런

데 모든 사람에겐 각자의 심장이 있다는 것이 또 문제죠. (웃음)

하여튼 혜영 님이 무너지는 모습을 볼 때 저는 너무 복합적인 감정을 느껴요. 항상 강한 모습으로 있어졌으면 좋겠다는 기대도 있고 또 한편으로는 그런 약한 모습도 너무나무 이해하고 공감하게 되는 부분도 있고, 어쨌든 저 사람 괜찮았으면 좋겠다고 생각하기도 하고.

혜영 그 말씀이 되게 큰 힘이 될 것 같아요.

유리 나조차도 저 사람한테 이렇게 분열된 요구와 기대를 하고 있느니, 저 사람은 저 안에서 얼마나 찢어지는 경험을 하게 될까… 어떤 지지자들은 혜영 님을 보면서 그런 생각을 한답니다.

혜영 역시 정치를 하길 잘했다는 생각이 들어요, 어떻게 이렇게

만날 수 있었어요. 이런 관계를 맺는 건 특별한 경험이요.

유리 자야말로 정말 혜영 님이 국회의원이 돼서 너무 다행이라고 느끼는 순간들이 정말 많았어요. 차별금지법에 대해서도 너무나 명쾌하게 설명하는 영상을 찍었잖아요. 차별과 평등의 개념을 알리는 교육자료로 써도 될 만큼 잘 만들었다고 생각했고요.

최근에는 탈시설 입법 촉구 기자회견 영상을 공유해주셨죠. 그때 탈시설 당사자인 문석영 활동가님이 '어떤 사람들은 우리가 탈시설해서 잘 못 살면 어떡하냐고 하지만, 비장애인들도 다 잘 사는 건 아니잖나'고 하시면서 발달장애인에게도 시설 바깥에서 실수를 하고 배워나갈 기회가 필요하다는 취지의 말씀을 하셨는데요. 그 발언이 진짜 너무 소중해서 공책에 적어놓고 그랬거든요. 그리고…. (눈물)

담 (등 쓰다듬으며) 왜 이렇게 울어~

유리 "우리가 무엇을 할 수 있을지는 우리가 해보기 전까지 아무도 알 수 없으니까요"라고 하시는 부분에서 항상… 그 장면을 생각할 때마다 눈물이 나는 것 같아요. 우리 사이에서 자유와 평등을 발굴하는 순간을 본 것 같아서요.

혜영 감사합니다. 이렇게 지켜봐주시는 분들이 있으니까 힘을 얻는 거죠.

유리 아직 많이 남았어요. n번방 방지법 입법했을 때도요. n번방 방지법에 따라 카카오톡 등 해당 법의 대상 사업자가 불법 촬영물을 필터링하도록 했는데, 당시 쟁점이 온통 기술적인 문제에 쏠려 있었어요. 필터링이 뭐 하는 거냐, 혹시 위험한 기술 아니냐, 이런 걸 가지고 갑론을박했지, 이 법이 왜 필요한지, 그 이유는 신기할 정도로 외면되었거든요.

가해자 처벌을 엄하게 하라면 되지, 기술적 차단

을 왜 하려고 하냐고 따지는 사람들이 있죠. 재판하는 동안에도 피해자의 불법 촬영물은 계속 유포되고 있으니까 그렇죠! 그런 사람들은 불법으로 촬영하고 유포하고 시청하는 가해자 수가 몇 명인지는 알까요? 저는 거꾸로 따지고 싶어요. 어차피 나는 플랫폼으로도 유포되는데 왜 오픈채팅방에 굳이 그런 기술을 적용하냐고요? 불법 촬영물이 유통되는 오픈채팅방이 엄청나게 많으니까 필터링을 하죠! 거기에도 n번방 같은 게 존재했으니까요! 카카오톡 오픈채팅방이라도 막아야지 피해 규모를 줄일 수 있으니까요! (격앙됨)

근데 그때 해영 님이 라디오에 나와서 이런 발언을 했어요. '완벽한 n번방 방지법을 만들고 싶어 한다면 대한민국은 아마 그런 법을 만들 수는 없을 것이다. 우리가 마주하는 기술적이고 물리적인 환경이 끊임없이 달라지기 때문에 계속해서 새로운 범죄가 등장하고 있고, 그런 현실을 조금이라도 따라잡기 위해 일부가 노력하는 것이다. 피해자의 관점에서 이 법이 입법됐을 때 얼마나 안심할 수 있을지를 조금 생각해주시면 좋겠다. 이 법이 모든 인터넷에서의 성적 피해 영상을 막아주지는 못한다 할지라도, 적어도 특정한 규모의 온라인 공간에서는 나의 피해 영상이 올라가지 않겠구나, 라고 하는 데서 얼마나 안심할 수 있을지 생각해보면 좋겠다.'

해영 정확하게 기억하셔서 저 진짜 깜짝 놀랐어요. 역시 시민들은 보고 계세!

답 어… 우리는 일반 시민이라고 하기에는…

해영 우리 단에서도 이 정도로는 기억 못 할 것 같은데, 정말 정확하게 보고 계세요.

유리 그 말을 해주는 사람이 저 자리에 있어서 너무 다행

아셨네요.

혜영 아니에요, 무슨 느낌이냐면… 만약에 제가 아이돌이었다면 제일 부럽이었을 때, 아무도 나를 몰랐을 때의 앨범부터 최근 앨범까지 다 꿰고 있는 사람을 만나는 것 같은 느낌이에요.

남 그렇게 치면 가장 최근의 앨범은 뭐가 될까요?

혜영 아무래도 10.29 이태원 참사 국정조사특위겠죠.

남 근 동물들해방물결이랑 탈중신 간담회도 하지 않았어요.

혜영 네, 거기다 2023년도 예산안에 여야가 사이좋게 합의해서 부자 감세 조항을 넣는 바람에, 반대 토론 하려면 세법 공부도 해야 해요.

남 그게 물리적으로 가능한가요? 사실 인간은 불가피

이라고 생각했어요. 왜냐하면 디지털성범죄 문제로 판가를 하려고 한 때, 사람들이 가장 처음 얘기하는 건 보통 피해자의 고통이거든요. 피해자가 너무 힘들어하고 있다, 이게 얼마나 끔찍한 범죄인 줄 아느냐, 이런 얘기 발딘 말들은 다 해요.

그런데 그렇다면 피해자를 위해서 우리가 어떻게 해야 하는지, 예를 들어 n번방 방지법에 대해 피해자가 어떻게 느끼는지, 피해자 입장에서는 이 법이 생기면 뭔가 나아지는지는 거의 다뤄지지 않았어요. 인터넷 기업의 순익이라든가 산업에 끼칠 영향, 미래의 소비자가 프라이버시권이나 표현의 자유를 침해받는 건 빌지도 모른다는 가능성의 가능성까지 염정나게 치밀하게 따지면서, 정작 피해자가 지금 당장 상실한 표현의 자유, 지금 당장 침해받는 프라이버시권에 관해서는 절대 그만큼 비중 있게 다루지 않죠. 그래서 디덕욱 혜영 작가님 말처럼 피해자 입장을 말해주는 사람이 있어서 기뻤어요. 감자기 이상한 오타부처럼 말을 쏟

해영 음… 이렇게 얘기해볼까요. 우리한테 아직은 국회의원이라는 존재 형식의 다양성이 너무 부족해요. 앞으로 더 다양한 국회의원이 나와야 한다고 생각해요. 물론 우리가 이 제도의 성장을 지켜볼 시간이 얼마나 있을까 싶은 의문도 들죠. 기후위기를 제대로 늦추지 못해서 인류가 어떻게 될지 모르겠다는 암울한 예측도 있으니까요.

답 어쨌든 지금은 국회의원에 대한 상상력이 너무 모자란다….

해영 그렇죠. 그래서 당사자성을 가지고 있는 사람들이 국회에 들어오는 것 국회의원의 새로운 형식을 만들어내는 측면에서 굉장히 중요한 것 같고요. 베를 들면 희메영 이런, 또 베를 들면 김메지 이런, 이런 분들, 저는 당사자와 함께 살아가고 있는 사람들이기 때문에 또 다른 형식을 제시할 수 있고요. 바로 저 사람들이기 때문에 대체할 수 없는 정치의 형태가 더 들어와 있으면 좋겠어요. 베를 들면

하고 불화정적으로 움직이고 말하는 동물이 많잖아요. 그런데 국회의원은 그 모든 수성을 조율해서 제 시간에 나타나고 기계처럼 요구를 받는 것 같아요.

해영 맞아요, 정말 그렇죠.

은빈 그런 점에서 저는 장애인은 국회의원 하기 어렵겠다고 생각했어요. 그냥 당선된다고 끝나는 게 아니잖아요. 정해진 시간에 정해진 장소에 나타날 수 있어야 하고, 아주 늦은 밤과 아주 이른 아침에도 신속하게 움직일 수 있어야 하고, 몸의 컨디션이 일정해야 하고요. 아프면 병원에 갈 수나 있을까? 뭐 이런 생각이 들어요.

답 장치인은 어떻게 아플 수 있나요?

아요.

혜영 생기죠.

은별 그러면 누군가를 계속 서운하게 만든다는 감수이 생기기도 하나요?

혜영 그럼요. 맞아요. 리더가 된다는 건 그런 거죠. 그러니까 리더는 결국은 책임지는 사람이라고 생각해요. 얘기를 다 듣고 나서 어떤 방향으로든 최종 선택을 내리는 사람, 그 결과에 대해서 책임을 지는 사람이죠.

그 결과에 따라는 뗄뻘의 서운함으로 이어질 수도 있고, 어떤 순해를 감당하는 것이 누리게 되기도 하지만요. 반대로 결과가 좋으면 또 영광을 누리게 되기도 하죠. 리더는 선택에 책임을 지고 그 책임을 명시적으로 인정해야 하죠. 모든 의견의 평균을 내서 결정을 내리는 조직이 좋은 조직은 아니니까요. 대신 어떤 의견이 아니라고 생각하는 이유에 대해서

비장애인이 대체할 수 없는 장애인의 정치요. 저는 우리가 그런 존재들이 만드는 정치의 형태를 이정해나가는 과정에 있다고 보고 싶어요. 구태에서 작정하는 것처럼 '무슨 일이 있으면 세번 3시에 얘기를 나올 것;' 그런 모습만이 좋은 정치의 모습이 아닐 수 있도록.

답 혜영 님은 어떤 종류의 리더가 되어야겠다는 상을 갖고 계신가요?

혜영 상은 있죠. 그 상이 없으면 저는 잘 못해요. 아주 목표 지향적이 스타일이데요. 저는 역시 되게 버진하고 구성원들과 같이 지향점을 찾아가면서 가는 리더가 되고 싶어요. 그래서 제 주변분들이 느끼기에 저는 수많은 질문을 던져서 당혹스럽게 하는 사람일 것 같아요. 제 생각은 이거고, 일단 다 들어보고, 종합하고 나서 방향을 제시하는,

은별 그런데 그렇게 하면 반드시 탈락되는 의견도 생기잖

는 충분히 설명하려고 하죠.

유리 '난 이 지점에서 당신과 판단이 다르다'라고요.

혜영 네, 맞아요. 제가 일의 기쁨에 대해 말하면서 저 스스로를 "민주공화국의 걸어 헌법기관"으로 표현한 게 너무 이상적이었다고 하셨잖아요.

남 (웃음) 네.

혜영 이게 되게 중요해요. 개별 헌법기관이라는 거요. 누가 권력을 입법부, 사법부, 행정부로 나뉘어 있잖아요. 그런데 3백은 명으로 구성된 입법부의 국회가 하나의 기관이 게 아니라, 그 3백 명 한 사람 한 사람이 고유의 기관이에요. 저는 그 각각의 기관이 하나씩 가지고 있는 게 인간 고유의 영역, 인간에게 주어져 있는 고독한 판단과 양심의 영역이라고 생각하거든요. 그 책임의 무게가 그만큼 무겁다고 여기고요. 저희도 서로의 사정이 있어서 담당자가 몇 번이 바뀌기도

남 (웃음) 제가 지금 막 웃는데, 왜냐면 유리가 다른 자리에서 '국회의원은 걸어 다니는 입법기관'이라고 설명한 적이 있어서 그래요.

유리 네. 활동가들까리는 서로 놀리는 말이기도 해서요. "와~ 저기 봐~ 걸어 다니는 입법기관이다.".

혜영 하하. 맞아요, 맞아요.

유리 그러면 리디로서 크루 멤버들을 자랑해 보시면요?

혜영 자랑하고 싶은 게 너무 많은데…,

유리 한 분만 해봅시다.

혜영 그래도 한 명만 뽑아야 한다면 우리 권소라님.

했는데요. 보좌관님은 처음부터 지금까지 저하고 같이하고 있고요, 술 먹을 때 저한테 취급 당했다고 하소연하는 사람이에요. (웃음)

보좌관님 처음 모실 때 제가 또 다루는 기획재정위원회로 가야 되는 때에서 정체 부아에 경력이 있는 분을 찾았거든요. 사실 기재위는 피케 전문성이 필요한 영역이고요. 그래서 제가 기재위를 가졌다고 했을 때 보좌관님이 '그때도 잔혜영이 정체 모르 불평등 영역에 일가견이 있잖거니' 하는 딱 역한 가정을 하고 오셨던 거예요.

하지만 막상 와서 보니 저는 맨날 '현장에 갈게요!' 하고 나다니니, 약간 이권 앵무새 같은 존재였던 거죠. 그래서 이 분은 취급 사기 당한 것 같다고…, (웃음) 제가 현장으로 떠나면 보좌관님은 상임위에 홀로 남겨져서 3백 명과 싸우는 기분으로 싸아을 돌보시죠. 그분이 저한테 아침부터 밤까지 제일 많이 하는 말은 이거예요. "의원님, 안 됩니다."

답   안 되게 하는 사람 진짜 중요하죠.

유미   어떤 일이 되도록 만든다는 건 또 일을 규격화하는 것이기도 하기 때문에 질러내는 역할이 중요한 것 같아요.

혜영   맞아요. 안 되는 걸 엄청 구체적으로 말씀해주시거든요, 저는 보는 것도 하고 싶은 것도 않고 하면 또 잘해야 되고 그리고 낡음이 했던 걸 반복하는 걸 매우 싫어하고요 또 새롭게 해야 되고… 이런 피곤한 사람이 것 같아요, 일이 많아지게 만드는 사람, 그런 기획을 실행 가능한 관점에서, 기재부 장관처럼, 굿간지기처럼 붙어내서지 나중에 일이 힘듦 이겨요, 실제로 초기에 좀 그랬고요, 이제는 그럴 때마다 뵈 좌과님이 저한테 말씀하시죠, "의원님, 안 됩니다, 이건 안 됩니다, 저것도 안 됩니다…"

답   포리랜서 친구들까지라도 맨날 그 얘기 해요. 대신 일 거절해줄 사람이 필요하다고. 서로 '내가 한 달에 할 수 있는 일은 딱 두 개야' 이렇게 정해줘야 한다고. 그러지 않으면 매달 말에 엄청난 사과 메일들을 써야 하는 상황에 처하기 때문에.

혜영 　맞아요, 그래서 자랑하고 싶어요, 보좌관님이 없었다면 여러분이 경험하는 장해영이 지금과 달랐을 수도 있어요.

답 　조금 더 산만한 장해영이었을까요?

혜영 　엄청나게 산만하고, 기복이 훨씬 더 심했을 거라고 생각해요. 저희에는 창작자 출신 보좌진을 구성하고 싶은 마음이 있었는데, 결과적으로는 행정 경향이 있는 분들로 팀을 꾸리게 되었어요. 그래서 제가 크리에이티브한 쪽이랑 관련된 얘기를 하면 다들 되게 경계하세요. 또 당신들이 알아들을 수 없는 얘기를 하기 시작했다고.

유리 　이게 또 사람의 예술성을 소모하는 업무이기도 해요. 예를 들어서 메시지 담당인데, 이때 한 참사이 하고

싶은 말이 백이 있고, 변희수 하사 기일에 하고 싶은 말이 백이 있다고 쳐요. 그러면 부자 감세에 대한 말도 백을 할 줄 알아야 돼요. 정병철 발언의 규격을 다 맞춰야 하는 면이 있기 때문에 규격에 익숙지 않은 사람들은 고통스러워지죠.

혜영 　제가 진짜 그랬어요, 예를 들면 이런 거죠. '한겨레에서 채권을 몇 퍼센트를 발행하느냐 내가 알 게 뭐야! 조 단위이 또 을 다뤄봤어야 알이지! 이0 몇 개이지 기억이 안 나!' 근데 기재부 장관 앞에 서려면 다 앉아야 되잖아요. 그럼 열심히 공부하면서 자기최면을 걸죠. 요즘 왜 그런 거 있잖아요, 어느 날 눈을 떠보니 내가…

예인 　어느 날 눈을 떠보니 내가 기재위 국회의원?

답 저희 단 거 먹을까요? 유리가 하고 싶은 게 있네요. 이 작은 케이크들에 곰돌이 하트 초를 못 찾아서 못 붙이고 싶네요.

유리 네. 제가 장혜영 의원과의 만남을 구실로 곰돌이 초를 이렇게 가져왔답니다. 너무 귀엽죠.

혜영 세상에 이런 귀여운 걸 만드는 사람도 있군요.

유리 모처럼 곰돌이 초를 사려면 구실이 있어야 되거든요. 괜찮은 구실이.

답 네, 그래서 준이 노래도 합니다. 은빈이랑, 혜영 님이 랑 부르실 거예요. 준 켜놓고. 그냥 그렇게 정했어요.

혜영 네, 알겠습니다. 잘 따르겠습니다. 싫은 그런 거죠. 은빈 씨는 무슨 노래를 불러요? 전에 소개해준 때 음반도 하시는 분

노래와 이야기를 짓는 장혜영

혜영: 오늘 들을 기회가 있나요?

답: 물론입니다. 여기 기타가 있어요.

예인: 저 혜영 님한테 신청곡 있어요. 〈연약하다는 것은 약하다는 것이 아냐〉 너무 좋아해요.

은빈: 제가 생각했던 신청곡이랑 겹치네요!

답: 혜영 님은 예술가잖아요. 국회의원으로서 하는 일이 예술과 아주 분리되어 있다고는 생각하지 않지만, 그래도 자신의 예술성을 어떻게 주제하시는지 좀 궁금해요. 은빈이는 저랑 늘 마감을 할 때는 엄청 힘들어하거든요? 근데 음악을 만들 때는, 되게 즐거워하는 일이 거예요. 그걸 보면서 예술 하는 사람은 다양한 장르의 예술로 창작 욕구를 풀어야 한다는 생각이 들었어요. 혜영 님은 그런 예술적인 열망을 어떻게

이라고 들어서 엄청 궁금했어요.

은빈: 아… 제가 그냥 집에서… 근데 그것도 혜영 님 영향인데… 〈어른이 되면〉 프로젝트를 할 때 노래들을 만드셨잖아요.

저는 이전까지 노래는 할 수 있다고 정해진 사람들만 하는 거라고 생각했거든요. 그러니까, 제가 지금은 연구이나 무용도 하는데요. 아주 어렸을 때부터 그런 예술을 할 수 있는 사람들은 따로 있다고 믿어왔어요. 음악도 마찬가지고요. 그리고 그걸 깨는 데에 혜영 님의 영향을 많이 받아서… 이 얘기를 몇 번을 하는지 모르겠네. (웃음)

혜영: 전 행복하고요.

은빈: 〈어른이 되면〉을 보고 몇 년 지나서, 혜영 님이 노래를 만드셨듯이 그냥 노래를 만들기 시작했어요.

혜영: 핸드폰에 있으려나, 찾아볼게요.

유리: 잘 말했다, 아.

답: 그지?

혜영: (핸드폰을 뒤지며) 저 근데, 은비 씨가 초면이 아닌 것 같아요.

은비: 맞아요. 담이가 사회를 봤던 장혜영 의원 의정보고회에 갔었어요. 그때 편지도 드렸어요.

혜영: 그죠! 맞아요, 맞아요, 맞았던 게 기억이 나요.

답: 그때 은비야가 『여보』이 되면, 책을 낭독하면서 딘진 질문이 되게 아름다웠는데. 그 말을 복원하고 싶지만 아쉽게도 그대로는 기억이 안 나고 메시지만이 기억이 나요. 그러니까 지금은 정치인이 된 장혜영을, 하지

듣고 계시나요?

혜영: 역시 예리하다고 생각하고요. (웃음) 그렇죠. 그 주체할 수 없는 표현의 욕구가 있잖아요, 예술이라는 방식으로 표현해 놀지 않으면 쌓이는 스트레스가 분명히 있기 때문에 연저가 멜로디를 붙여야지, 하고 생각하고 적어두는 가사들이 있어요.

은비: 어머!

답: 가사를 먼저 쓰시는 타임이구나.

혜영: 네, 어느 순간 여어가 먼저 확 오고, 그다음에 거기다가 어울릴 것 같은 멜로디를 붙이는 수서도.

답: 딱 한 편만 찾아서 낭독해주시면 안 될까요?

유리: 미공개 가사, 최초 공개 가사!

만 그게 다는 아닌 장애영을, 개인으로서의 장애영을 직접하는 말이었던 걸로 기억해요.

은비 맞아요.

남 해영 님 오래오래 사실 거니까. 맛있는 밥 먹고 오래 오래 사실 거잖아요, 그죠?

해영 그럼요.

남 그렇다면 우리가 앞으로 장애영의 30년짜리 행보를 볼 수 있다고 할 때, 장애영의 지금 이 시기를 예술가 장애영이 정치인에 도전했던 이야기로 회고할 수도 있지 않을까 하는 생각을 해요. 정치인 장애는 사람이 아니니까, 무궁무진한 다른 작업을 보게 되지 않을까. 앞으로 어떤 재밌는 작업을 더 하시고 싶으신지, 아니면 이미 하시는 작업이 있는지 궁금해요.

해영 저는 그때그때 하고 싶은 작업이 생기는 쪽이에요. 일단은 구회에 있을 때 이런 다큐멘터리로 남겨야겠다는 생각을 막 연하게 하고 있어요.
그런데 제가 이중 활동을 하면서 동시에 다큐멘터리를 연출할 수는 없으니까 공동 작업을 해야 하는데… 맞는 작업자를 찾지 못해서 아직 가동을 못 하고 있는 기획이에요.

유리 진짜 재밌겠다.

해영 관심 있으시면…,

예인 완전 관심 있어요.

해영 감사합니다. 그러면 별개로는… 그러게요. 저는 만약에 구회의원 당선이 안 됐으면 혜정이 주인공으로 나오는 영화를 할 생각이었어요. 발달장애인의 다큐멘터리는 할 수 있지, 하지만 연기는 할 수 없어, 이런 생각이 짜증이 났어요.

그건 창작자의 상상력, 창의력의 부재로 생각해야지 받는장애인이 무능이라고 해석하면 안 된다고 봐요. 그래서 혜영이 얘기를 하는 장애인을 하나 해야겠다, 혜영이 혜영의 이 상황을 별 하더라도 이야기의 일부가 될 수 있게 불룩을 짜고 카메라를 배치하는 장엽이라면 가능하지 않을까, 하고 생각했던 거죠, 지금도 한 번쯤은 해보고 싶어요.

은빈 음악은요?

혜영 음악이 제일 편한 것 같기는 해요. 왜냐하면 음악은 기타만 있으면, 심지어 기타가 없어도 바로 만들 수 있으니까, 영상은 기자재가 필요하고 또 요청하고 듣고, 저는 음악이 좋아요. 늘어서도 할 수 있는 장엽이라는 생각이 들어요. 하지만 아직도 기타를 잘 못 치기 때문에⋯ 음악은 약간 평생 포트폴리오 같은 느낌으로⋯,

답 또 굉장히 문자의 사람이시잖아요.

혜영 문자의 사람이죠,

답 사실 글은 매일 쓰고 계시는 것이 가깝죠? 수많은 발언문, 질의응답 스크립트, SNS 게시물 등등.

혜영 맞아요, 누에가 실을 뽑는 것처럼 쓰고 있죠,

유리 공적인 글쓰기를 많이 하는 상황에서는 내 글을 쓸 에너지가 정말 많이 없을 것 같기도 해요.

혜영 맞아요.

답 공적인 글과 내 글, 그런 구분이 암묵적으로 있잖아요. 전 혜영 님의 '내 글'도 많이 보고 싶거든요. 글을 너무 잘 쓰시니까.

혜영 아유, 아닙니다.

남　아니지 않습니다.

혜영　책을 쓰고 싶다는 생각은 진작에 했어요. 사실 책을 내자는
　　　제안도 많이 들어와요. 그런데 청탁을 받고 쓰는 글이랑 내
　　　가 쓰고 싶어서 쓰는 글은 또 다른잖아요. 그래서 아직까지
　　　응하지는 않고 있어요. 그래도 뭔가 쓰고 싶어요. 아주아주
　　　쉽게 읽히는 책을 좀 쓰고 싶다…….,

남　그것은 무엇에 관한 이야기가 될까요?

혜영　인생에 관한 얘기죠.

남　아무렴. 아무래도요. 그렇겠지요.

혜영　가사 찾았다!

은동　(숨죽임)

혜영　엘로디는 못 붙잡았고요. 아무튼… 제목은 '장미의 실패'에
　　　요. 그냥 읽어드릴게요.

　　　피었다가 여름 장미 꽃잎이 골목에 가득 떨어져 있어도
　　　그건 장미의 실패라 하는 이는 아무도 없잖지
　　　여름이 마지막 햇볕을 거두고 선선한 가을바람이 그 자리
　　　를 찾아올 때
　　　그건 여름의 패배라 하는 이는 아무도 없잖네

　　　두려워하지 않아도 좋아 변해가는 것들을 자연스럽게
　　　이 또한 지나갈 거라는 사실만이 위로가 되는 순간이 있지
　　　느낌의 계절에 생각의 짐을 얹고 흩날리는 함박눈 사이로
　　　긴 산책을 하자

은비　아아….

유리　하아….

· · · 애도하는 장례영 · · ·

남 우리 그냥 접고 집에 갈까요. 산책하러 갈까요. 지금
도 눈이 내리는데.

여명 맞다, 함박눈이 지금도 오네요.

해영 음…. 이번에 이태원 참사 구술조사를 하게 되었는데요, 온갖 자료의 바다를 헤집으면서 일이 어떻게 발생했는가, 누가 어떤 세계 속에서 무슨 역할을 해야 했는데 하지 않았는가, 이런 걸 찾아내는 중이에요. 그런데 하다 보면 '지금 이런 점검을 하는 게 맞는 것인가? 과연 이게 사람들이 가장 알고 싶어 하는 이야기인가?' 이런 생각이 가끔 들어요. 숲속에서 길을 잃어버린 것 같은 느낌이 들까요.

그렇게 헤매다가 우연히 페이스북에서 신형철 평론가가 시집 「인생의 역사」를 가지고 강의를 한다는 포스터를 봤어요. 제목이 '사람과 노래'인 거예요. 가야겠다는 생각이 들었어요. 거기서 신형철 평론가가 그러시더라고요. '사람들에게 필요한 건 최대 애도다. 말하자면 끝날 때까지 끝나지 않는 애도, 할 수 있는 걸 다 하는 애도가 필요하다. 그런데 지금 우리가 하는 애도를 보면, 최소 애도를 하는 것처럼 보인다.' 그런 이야기를 듣고 끄덕이는 사람들을 보면서 얇게 쌓였어요. 사람들은 지금 애도하고 싶구나, 너무 답답한 얘기인데, 사람들이 참사와 관련된 어떤 사실을 알고 싶어 하다면 애도의

일부로서 알고 싶은 거죠. 그런데 대체 무슨 일이 일어났던 것인지, 사람마다 스토리를 다 다르게 기억하면 결국 같은 사건에 대해서 말을 할 수가 없잖아요. 그러니까, 우리가 공유할 수 있는 스토리가 필요한 거고, 나는 증언에 기반해서 그 이야기를 써 내려가는 작업을 하는 거구나, 비로소 제가 뭘 하고 있는지 알겠더라고요.

답

똑같은 일을 하더라도 내가 어떤 이야기의 일부를 쓰고 있느냐를 조망하게 되면서 보다 사적인 이야기와 공적인 이야기 간의 구분을 내려놓게 되었다는 말로 들리네요.

해영

그렇죠, 아주 시간이 많이 지난다고 하더라도, 나중에 저희가 할머니가 돼도 전할 수 있는 이야기를 만들고 있는 것 같아요.

답

"2022년 10월 29일 핼러윈 전날에 이런 일이 있었

혜영: 첫 번째에 〈도라지 타령〉 같은 걸 만들고 싶었어요.

남: 〈도라지 타령〉이요?

혜영: 네. 〈도라지 타령〉은 작자 미상이잖아요. 미상 씨가 누군지 어렸을 때 정말 궁금했는데요. 그걸 누가 만들었는지는 어느 순간 더 이상 중요하지 않고, 그냥 사람들한테 의미가 있으니까 계속 이어지는 거, 그런 걸 하고 싶다는 마음이 있죠.

남: 미상, 무명이 된다는 아이디어가 너무너무 좋아요. 어떻게 보면 되게 욕심이 많으시네요.

은빈: 이미 좀 그런 측면도 있지 않나요? 저는 어디서 할머니에 관한 이야기를 보면 혜영 님의 영향을 느끼거든요. 만약 어떤 담론이 도는 것의 시작을 보았다, 뭐 그 런 느낌을 얻었다고 말할 수 있다면 그것은 〈무사히 할머니가 될 수 있을까〉라는 질문과 노래예요.

어. 좁은 골목에 인파가 몰려서, 여기 위험한 것 같다고 사람들이 경찰에 열한 번이나 신고를 했는데, 경찰은 시스템의 부재로 상황의 심각성을 파악하지 못했대. 세월호 참사를 겪고도 행정안전부 장관이나 서울시장 같은 컨트롤타워는 재난 상황에서 서로 소통하지 않고 책임을 미루었대. 그래서 사람들이 죽었는데, 국가는 분향소도 제대로 만들어주지 않았대. 그래서 유가족들이, 사람들이 모였대."

혜영: 맞아요. 그렇게 기억할 수 있게요. 언젠가 이 일을 실제로 경험한 사람들이 다 사라진다고 하더라도, 여전히 이야기로 는 남아서 그 의미가 전해지길 바라요. 그 이야기의 듣는 그래서 그 문제가 어떻게 보완이 되었는지, 세상이 조금은 더 나아졌는지에 관한 내용으로도 맺어지길 바라고요.

유리: 다음 세상에 태어날 아기들 생각을 하게 되네요...

해영: 뭘데요?

답: 이 사진이 대체 무슨 일인지 빨리 알고 싶어요. 저는 이태원 참사 초반에는 세상에 많이 너무 많다고 느꼈어요. 아무도 이게 무슨 상황인지 제대로 모르니까 희생자들의 영상이나 사진도 무분별하게 퍼져나갔고, 거기 있던 사람들에 대해 다들 한마디씩 했죠. 우리 조금만 기다렸다가 말하면 안 될까, 그런 생각이 들 정도로. 지금도 잘 모르잖아요. 이 사진의 파편들 만을 가지고 너무 많은 많이 쏟아져 나왔는데 이 말들을 어떻게 정리해야 하느냐.

유리: 저도 이태원 참사에 대해서 생각이 도통 정리가 안 돼요. 저한테는 SPC그룹 빵 공장 노동자가 소스 배합기에 끼어 사망한 사진, 신림동 반지하 집이 침수되어 집 안에 있던 일가족이 사망한 사진, 그리고 핼러윈에 이태원에 놀러 갔던 사람들이 사망한 사진, 이

답: 맞아요. 우리 또래의 어떤 젊은이가 자신의 할머니 됨을 생각한다면 곧바로 장혜영이 했던 질문을 떠올릴 거라는 생각을 저도 해요.

은빈: 그런 장혜영이 만드는 게 너무나 명확하니까. 사실 지금 하신 얘기랑은 조금 배반되는 얘기일 수도 있지만요.

유리: 제 책에도 인용되어 있어요. 해영 님의 할머니 이야기.

해영: 이런 사람들을...

유리: 미싱 씨가 되려면 시간이 좀 많이 필요하셨어요. 지금은 이렇게 사람들이 기억하고 있으니까요.

답: 구청조사가 빨리 끝났으면 좋겠어요. 해영 님이 쉬셨으면 해서도 그렇지만, 다른 이유도 있어요.

유리 현장에 일찍 와 계셨었잖아요. 혹여나 문제 생길까 봐.

혜영 네, 그때 유가족 한 분이 저한테 와서 쭈뼛쭈뼛 말을 거셨어요. 그분이 뭐라고 말씀하셨냐면, 내가 옆에서 얘기 했다, 한구석에서 경호를 했느데 여기서 땀을 흘렸다, 땀에게 그날 대체 무슨 일이 일어났던 건지 알고 싶다, 그런데 내가 외국인 신분이라 이런 얘기를 어디다 하면 문제가 생길까 봐 아무 데에도 말을 못 하고 있다, 그러시느데 그 순간 여태까지 제가 목도했던 차별 금지 법의 맥락이 한꺼번에 쏟아지는 느낌이 들었어요.

답 저는 또 인상 깊었던 이야기가, 이슬아 작가가 친구랑 같이 이태원 참사 현장에 갔네요. 거기 사람들이 많았는데, 그중에서 누가 유가족인지 바로 알겠더라는 거예요. 그냥 보이네요.

유리 하… 제가 본 다른 소식에서는, 무우 세 편이 그 앞에

세 사진이 같은 장면으로 다가오거든요. 숨을 쉴 수 없었던 죽음들이요. 열심히 일하라고 해서 일했더니 빵을 만들다가 죽고, 퇴근해서 집에 갔더니 집이 물에 잠겨서 죽고, 놀기도 잘해야 한다고 해서 놀러 갔는데 죽어 있잖아요. 이게 다 연결된 이야기로 보여요. 그래서 더 말하기가 어려워요.

그러니까, 잘 데가 없다고 감각되는 거예요. 사람들이 이태원에 그렇게나 많이 가는 이유는, 내 집 평소에 힘들게 참고 살았으니까 헬러윈 하루쯤은 풀어주겠다는, 어떤 구조적인 승인에 떠밀려서라고도 생각하거든요. 그냥 아니면 못 놀아, 나가서 '잘' 놀아! 이런 사회문화적 압박이 있으니까 다들 헬러윈만 되면 이태원으로 가는 거죠. 그날 하루만 허락되는 편가를 하려고.

혜영 제가 이태원 참사 현장에 다녀왔을 때도 비슷한 걸 느꼈어요.

지" 하셨어요. 이런 건 같은 유족이기 때문에 할 수 있는 말이죠. 다른 사람들도 같은 듣을 할 수는 있지만 결코 같지 않을 거예요. 그 대화를 들으면서 참 많음을 생각을 했어요. 인간이 어떻게 살 수 있는가.

답 이태원 참사에 대해서 어떤 키워드가 생겨난다면, '모임' 정도가 되지 않을까, 이 단어가 조금씩 담론으로 키가고 있지 않나 하는 생각이 들어요. 첫째로는 이제 모인 사람들의 잘못이 아닌데 그렇게 말해진다는 점. 둘째로는 유가족들이 서로 만나고 연결되고 싶어 한다는 점. 모여서 죽은 것이 아니다, 부디 이 죽음을 위해서 모이자, 하는 바람을 유가족들이 다 모으는 거죠. 유가족들의 연락을 기다린다는 SNS 게시물을 보면서 느꼈어요. 세월호의 이야기가 '기억'이었다면 이태원의 이야기는 '모임'이 아닐지…. 그리고 이런 기록들을 통해서 이태원 참사에 대한 이야기가 더 커지고, 더 퍼졌으면 좋겠어요.

와가지고 당신들 진짜 유가족이냐고 물어봤대요. 누군가는 보자마자 저 사람 유가족이구나, 하고 알아보는 한편 누군가는 유가족에게 다가가 진짜 맞나고 물어보고….

용혜 역설적으로 그 사람들 눈에도 진짜 유가족으로 보이니까 그렇게 묻는 거죠. 현장에 긴장이 팽팽했어요. 유가족들도 있지만 극우 유튜버들도 있고, 거기서 한 달 내내 보수단체가 집회를 해놓고 이태원 참사 유가족들을 정치 선동꾼으로 모는 시위를 계속 하고 있거든요. 그래서 저도 무슨 일이 일어날까 봐 갔던 건데요. 그 공간은, 같은 마음으로 와 있는 사람들이 누구인지를 보는 공간이기도 했어요. 김용균 씨 어머니 김미숙 이사장님, 이한빛 피디 아버지 이용관 이사장님, 유족 마음은 유족이 안다면서 이태원 참사 유가족들을 찾아오셨어요. 이태원 참사 유가족분이 막 "내가 죽어도 좋으니까 내 딸만은 살았으면 좋겠다" 그러니까 이용관 이사장님이 "죽으면 어떻게 어떻게 하냐"고 "밥 먹고 기운을 내야

혜영: 훌륭한 통장이네요,

우리: 우리가 처음에 혜영 님 보고 국회의원이 심심이 같다고. 했는데, 정말 맛는 말로 클로징을 잡혀 주셔. 그래서 그냥 안심하고 말하면 돼.

남: 무슨 말이든 마무리는 혜영 님이 해 주셔. (웃음)

우리: 틀린 말이 하나도 없어. (웃음)

남: 와, 늦었다. 자정이네요. 혜영 님은 어떻게 집에 가세요?

혜영: 택시 타고 가려고요. 차를 안 가지고 왔어요, 오늘은 어떻게 들지 몰라서,

남: 이렇게 늦게까지 함께해 주셔서 감사합니다.

혜영: 아닙니다, 저도 오랜만에 너무나 즐거웠어요. (현관에서 신발을 신으며) 다음에는… 꼭 한잔 같이 하고 싶네요.

남: 아니, 네 신발을 정리하고 계세요. 국회의원이 우리 집 신발을 정리하고 있어!

혜영: 어유, 제가 해 드릴 수 있는 게 이것밖에는,

남: 하지 마세요. 일 그만하세요.

혜영: 즐겁게 영상 찍고 갑니다, 영상 가득한 한 해 되세요!

(현관문 닫힘)

남: (현관 신발 보며) 아이고… 가지런해 라….

2022. 12. 15.

오늘의 메뉴

크리스마스를 맞아 파티에 어울리는 요리를 만들어 보겠습니다. 구세을 맞춘다고 하죠. 오늘은 정말로 음식의 색깔을 좀 신경 써보았습니다. 흰색이나 베이지색의 베젓 리소또로 바탕색을 만들고요. 여기에 선명한 색상의 삘레 파로

만든 걸들이 음식을 냅니다. 크리스마스 전구처럼 알록달록한 구운 삘레 파에 비친 그림자스를 세우고, 사이사이 초록색 아스파라거스를 줄기처럼 조합할 거에요. 음식으로 기믐 부리는 걸 그리 좋아하지 않는데요. 하루쯤 파티다운 맛을 내보는 것도 나쁘지 않지요. 들어오자마자 시가를 사로잡는 식탁을 차리고 싶습니다.

연말다운 따뜻하고 너그한 냄새와 분위기는 노릇한 감자구이로 내보겠습니다. 감자를 굽는다는 건 오늘은 절대로 아쉽게도 안 먹이겠다는 말이지요. 드드하고 따뜻함 기대는 약속이에요. 일처럼 에피타이저로 나오는 게란찜처럼 따뜻 얌만 먹을 때 제일 맛있는 음식이 있는가 하면, 감자처럼 입안 가득 채울 때 맛있는 음식도 있는 거죠. 사이드메뉴로서는 과하다고 할 수도

있었지만, 사람이 많이 모이는 파티에서 감자는 광장히 유용합니다. 감자 요리가 하나 있으면 웬만해서는 누구도 음식이 모자라다고 하진 않을 거예요.

연말이라고 해서 꼭 따뜻하고 행복하란 법은 없습니다. 정화하게는 그런 법이 없기를 바랍니다. 그런 법이 있어서 연말에 어두워지는 사람이 많은 게 아닌지 의심스러워서요. 행복이나 감사, 유종의 미 따위의 개념은 손에 잘 잡히지 않지요. 이런 추상 앞에서 고통스러울 바에야 차라리 구체적인 감자를 손에 쥐어보겠습니다. 여러 상태의 감자. 단단했다가 부드러워지는 감자, 미끄러웠다가 꺼끌해지는 감자, 차가웠다가 뜨거워지는 감자. 이 모든 감자의 변화를 통과하다 보면 반드시 시간이 가고 반드시 배가 부르지요. 연말에는 유독 '씻다'라고 많이 말하는데요. 임겠다, 쓰겠다, 보겠다, 사겠다, 가겠다, 하겠다… 차마 다 지키지 못할 약속들 가운데 감자만이 묵직하고 확실합니다. _담

세 가지 버섯 리소토

재료

참송이버섯 4개(국물용), 표고버섯 6개, 느타리버섯 2팩, 흰쌀 200g, 보리쌀 100g

양념

양파 2개, 올리브유 30ml, 비건 버터 30g, 트러플오일 10ml, 쪽파 조금, 소금, 후추

[1] ... 참송이버섯은 솔향과 흙향이 나는 맛있는 버섯이에요. 절대로 국물로 찢어줍니다. 여기서 찢은 버섯은 국물을 낸 뒤에 리소토에 넣을 거니까 먹고 싶은 크기로 찢어주시면 돼요. 저는 팽이버섯이나 잘게 찢었습니다. 1인분이 1~2개면 좋습니다. 참송이버섯도 훌륭하지만 구할 수 있다면 말린 포르치니버섯이 최고!

[2] ... 잘게 찢은 참송이버섯을 마른 팬이나 냄비에 기름 없이 볶으세요. 볶다 보면 버섯 자체의 수분이 나오면서 버섯이 좀 촉촉해 보일 거예요. 그 수분을 날리고 버섯이 겉면이 노릇해졌을 때 물을 부어줍니다. 쌀 한 컵당 물은 세 컵 정도로 준비하세요. 홍차색이 날 때까지 버섯 물을 우립니다. 버섯의 향이 충분히 물에 우러나면 불을 끄고 뚜껑을 덮어서 따뜻한 상태로 둡니다.

[3] ... 양파를 잘게 썰어줍니다. 냄비에 올리브유를 두르고 비건 버터 한 조각을 넣고 양파를 투명해질 때까지 볶아주세요.

[4] ... 흰쌀과 보리쌀을 2:1 정도로 섞어 두 컵을 만듭니다. 이 쌀을 절대 씻지 않고 바로 양파와 같이 볶아줍니다. 쌀에 있는 전분이 그대로 남아 있어야 끈적하고 맛있는 리소토가 됩니다. 같은 이유로 흰쌀은 찰기가 좋은 것을 추천합니다. 저는 배진주쌀을 썼습니다.

[5] ... 쌀알이 조금 투명해졌다면, 미리 우려낸 버섯물을 한 국자씩 넣어 쌀과 섞어 끓여줍니다. 눌어붙지 않도록 계속 저어주세요. 죽을 한꺼번에 붓지 않고 한 국자씩 넣어야 알맞은 점도의 소스를 뽑을 수 있어요. 버섯물이 부족하다면 맹물을 보충하면서 사용합니다.

[6] ... 쌀알이 익는 동안 옆에서는 토핑용 버섯을 준비합니다. 느타리버섯은 한 입 크기로 찢어주고 표고버섯은 갓만 떼어내 얇게 저밉니다. 표고버섯은 물기 없이 갓이 가서 쫙쫙 갈라진

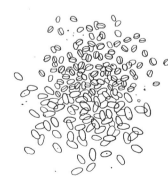

어니언크림치즈로 속을 채운
벨페퍼와 아스파라거스

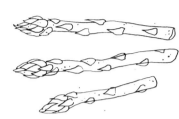

재료

벨페퍼(미니 파프리카) 빨간 것 3개, 노란 것
3개, 아스파라거스, 올리브유, 소금, 후추

어니언크림치즈

두유 그릭요거트 400g, 비건 마요네즈 100g,
양파 반 개, 마늘 3쪽, 매실청 30ml, 파프리카
가루, 후추

* 말린 포르치니버섯을 구한 분들을 위한 레시피입니다. 말린 포르치니버섯을 30분 이상 물에 담가 불립니다. 우러난 물은 그대로 리소토 만드는 국물로 씁니다. 부드러워진 포르치니버섯의 물기를 꼭 짜고 두어 번 썬 다음 화고버섯과 느타리버섯을 볶을 때 같이 볶아주세요. 그 다음부터는 레시피가 동일합니다.

표고버섯을 얇게 썰어요. 조직이 치밀해서 일반 표고버섯보다 쫄깃합니다. 화고버섯과 느타리버섯을 마른 팬에 기름 없이 볶아주세요. 버섯에서 나온 수분을 다 날리면서 바싹 볶아줍니다. 컬러면이 모두 노릇노릇해졌을 때 올리브유를 한 바퀴 두르고 마지막으로 한 번 더 튀기듯이 볶아줍니다. 볶은 버섯은 그릇에 담아둡니다.

[7] ... 버섯을 볶는 동안 옆에 있는 리소토 열심히 저으셨죠? 쌀알의 모양과 심이 약간 살아 있으면서, 쌀알 주변으로는 미음같이 걸쭉한 소스가 만들어졌다면 리소토는 거의 완성입니다. 이쯤에서 비건 버터를 한 조각 잘라 넣고 저어주세요. 토핑용으로 볶은 버섯도 마저 넣고 쉬 아줍니다.

[8] ... 완성된 리소토를 그릇에 담습니다. 트러플오일을 한 바퀴 두르고 잘게 썬 쪽파를 뿌려서 식탁에 냅니다.

[1] …벨페퍼는 피망, 또는 파프리카의 별칭입니다. 종 모양으로 생긴 고추라는 뜻이죠. 벨페퍼를 식화로 구워 껍질을 까맣게 그슬립니다. 석쇠에 구워도 되고, 그냥 가스 불 위에 얹어놓아도 됩니다. 껍질이 탈 때 타닥타닥 소리가 날 거예요. 굽고무 뒤집어가며 굽습니다. 시간이 좀 걸릴 테지만 열심히 뒤집어주세요. 파프리카가 담아지는 과정이기도 하고, 껍질을 벗기기 위한 과정이기도 하니까요.

[2] …껍질이 까맣게 탄 벨페퍼를 그릇에 담고 냄비 뚜껑을 얹어놓거나 랩을 씌웁니다. 수증기가 차면서 껍질과 속살이 분리하기 쉬운 상태가 돼요.

[3] …어니언크림치즈를 만듭니다. 두유 그릭요거트와 비건 마요네즈를 4:1 비율로 섞어줍니다. 양파 반 개를 다져 찬물에 담가서 아린 맛을 제거한 뒤 전체 넣습니다. 다진 마늘을 조금 넣고 매실청도 한 바퀴 둘러줍니다. 이 재료

[4] …잠시 식혀둔 벨페퍼의 껍질을 문질러 벗겨줍니다. 아직 뜨겁다면 고무장갑을 끼고 벗겨주세요. 껍질을 다 까도 검댕이 아마 껍이 조금 거무칙한데요. 그럴 땐 물에 깨끗이 씻습니다. 키친타월이나 행주로 물기를 없애주면 됩니다.

[5] …벨페퍼를 세로로 반 가르고 씨를 빼낸 다음 어니언크림치즈를 채웁니다. 이때 벨페퍼 꼭지를 자르지 마세요. 저는 자르는 바람에 크림치즈를 채울 때 고생했습니다.

[6] …어니언크림치즈로 속을 채운 벨페퍼를 냉장실에 잠깐 넣어둡니다. 크림치즈가 굳으면 서 모양이 잡힙니다.

[7] …식탁에 낼 때 크림치즈가 든 부분을 아래쪽으로 놓으면 벨페퍼의 색이 돋보여서 알록달록하고 예쁩니다.

[8] …팬에 올리브유를 두르고 겉껍질만 살짝 벗겨낸 아스파라거스를 굽습니다. 소금과 후추로 간합니다. 잘 구워진 아스파라거스를 벨페퍼 앞에, 또는 사이사이에 놓아주세요. 색이 아주 잘 어울려요.

머스터드소스를 끼얹은 감자구이

재료

감자 6개, 쪽파 조금, 올리브유, 소금, 후추(소금과 후추는 코스트코 스테이크 시즈닝으로 대체하면 더 맛있습니다. 설게 비건이 아닐 것 같은 이름이지만 그냥 맛은 향신료가 들어간 소금입니다.)

머스터드소스

올리브유 60ml, 비건 마요네즈 2Cml, 홀 그레인 머스터드 2작은술, 매실청 또는 설탕 3큰술

[1] … 감자를 깨끗이 씻어줍니다. 저는 껍질째로 굽는데요. 껍질을 쓱 벗겨서 써도 좋습니다. 씻은 감자는 4등분 또는 6등분 정도로 뭉텅뭉텅 썰어둡니다.

[2] … 감자를 삶습니다. 냄비에 감자가 잠길 정도로 물을 넣고 소금을 1작은술 추가합니다. 감자에 젓가락이 들어갈 만큼 익거나 혹은 감자 모서리가 부드럽게 으깨졌다 싶으면 불에서 내립니다.

[3] … 물을 따라버리고 올리브유, 소금, 후추로 감자를 버무립니다. 엄청 뜨거우니까 주걱을 쓰거나 고무장갑을 끼고 버무리세요.

[4] … 팬에 올리브유를 두르고 감자를 노릇노릇 구워줍니다. 그런 다음 오븐 팬에 담아 200도로 예열한 오븐에서 겉이 더 바삭해질 때까지 굽습니다. 감자 속은 다 익었기 때문에 얼마 걸리지 않아요.

[5] … 감자가 구워지는 동안 머스터드소스를 만듭니다. 뚜껑이 있는 통에 올리브유, 비건 마요네즈, 홀 그레인 머스터드, 설탕이나 매실청을 넣습니다. 당류는 봐서 더 넣으셔도 돼요. 좀 달콤해야 맛있습니다. 뚜껑을 닫고 라비올을 만들듯 열심히 흔들어줍니다. 소스 완성입니다.

[6] … 다 구워진 감자에 머스터드소스를 끼얹고, 잘게 썬 쪽파를 조금 뿌려 식탁에 냅니다.

새벽을 맞는,

모두

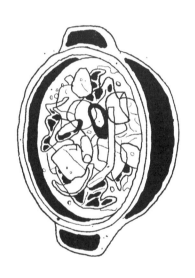

"혼자서 해 먹다 보면 국거리 끓이기가 쉽지 않잖아요. 밥이랑 반찬 정도만 해서 그냥 먹는데, 국거리 하는 거는 정성인데⋯⋯."

"오늘 추웠으니까요."

"저도 국물, 따뜻한 국물 좋아해요."

썰썰한 바람이 불던 어느 날, 딸과 나는 '새벽이생추어리'로 갔다. 염심원이 총처선 안 될 순님이 그곳에 있기 때문이다.

'생추어리'란 기존의 착취적인 환경에서 고통받던 동물들이 온전한 모습을 보낼 수 있도록 인간과 비인간동물이 함께 노력하는 공간이다. 국내 최초의 생추어리, 새벽이생추어리에는 살아남은 돼지 '새벽이'와 '잔디'가 산다. 그들은 누구의 반려동물도 아니고 상품도 아닌 폐지 자신의 삶을 살기 위해 투쟁하고 있다. "여러분은 지금 동물들이 안식처에 들어오오셨습니다. 그들은 주인이고 여러분이 방문객임을 잊지 말아주세요." 새벽이생추어리 임구에 적힌 안내 문구다.

새벽이는 태어나자마자 인간에 의해 꼬리와 송곳니를 제거당했다. 새벽이가 자라날 곳은 폐지라면 누구나 스트레스를 받아 서로의 꼬리를 물어뜯게 되는 환경이니 물어뜯을 수 있는 힘도 물어뜯기게 될 부위도 미리 없애버린 것이다. 태어난 그 다음다음 날에는 생식기를 잘렸다. 거세한 돼지의 살은 노린내가 덜하다. 나 좋은 고기가 되라고 쉽은 일이었다.

잔디는 새벽이와 달리 실험용으로 만들어진 돼지다. 그는 인위적인 교배를 통해 작은 체구와 연한 피부, 선천적 기형이 있는 근육 짓게 되었다. 잔디가 어떤 폭력을 경험했는지는 명확히 알 수 없다. 다만 그는 제약회사로 주정되는 곳에서 탈출을 시도했고, 그 과정에서 머리를 크게 다쳤다. 그렇게 위험을 무릅쓰고 탈출해야만 했던 이유가 있었을 것이다.

새벽이는 생후 6개월이 지나기 전에 도실뒷에 갔이었다. 잔디는 실험동물로서 쓸 모를 다해 안락사될 위기에 처했다. 그러나 새벽이도 잔디도 정해진 용도대로 살다가 갈 생각이 없었다. 새벽이는 동물권 단체 직접행동DxE 활동가를 만나 공개구조라는 형태로 종도살장을 빠져나왔다. 그의 존재는 그가 계속 살기를 원하는 인간들로 하여금 새벽이 생추어리를 짓게 했고, 자신이 먼저 자리 잡은 땅은 잔디가 이주할 수 있게 했다.

폐지란 내 삶에서 늘 깜깜하게 도망 나 가치표가 붙은 모습으로 나타났다. 딕분에 나는 아주

간에게 의존하지 않으면 살아갈 수 없다는 점이 아람로 돼지의 주체적인 삶이 허상에 불과하다는 증거가 아닌지 의심하는 돼지 인간이 있을지도 모르겠다. 인터넷제도, 나 또한 나를 돌봐주는 주변 인간이 없으면 살아갈 수 없는 동물이다. 애초에 사람이란 약하거나 가난하거나 상민인 모두가 서로 의존하는 사이에서 간신히 가능한 일시적인 상태 아닌가. 온전히 많이 느는 건 누구에게나 힘든 일이다. 힘이 많이 드는 일을 여럿이서 하면 된다고 부모 님에게 배웠다. _유리

새벽이도 잔디도 몹시 기뻐하는 몸짓으로 우리의 배려를 잘 받아주었다. 자기 몫의 껍데기의를 순식간에 먹어 치우고 한껏 환해진 돗한 돼지들을 보며 생각했다. 많이 만드는 음식은 인간이 아닌 존재에게도 특별히 맛있는 음식인 게 틀림없다. 지금 돼지들이 들려주는 이야기를 지면에 옮길 수 있다면 얼마나 좋을음까? 내가 돼지와 소통할 줄 안다면 분명 이 순간에 받아 적을 수 있는 이야기가 더 있을 텐데, 아쉽고 아쉽다.

담과 나는 새벽이와 잔디의 식사를 챙기고 집을 치우고 따듯한 물이 담긴 보온 물을 준비하며 생추어리 동물을 조금 가듭기도 했다. 나보다 돼지를 더 가깝게 여기들을 수 있는 인간, 무모 님이 우리를 교육하고 있음 나눠주었다.

부모 님은 새벽이생추어리 운영 활동가인 '새생이'자 동물 활동가인 '보듬이'가 중 한 명이다. 새벽이와 잔디에게도 매일 곁에서 보살펴주고 관리해주는 활동가들이 꼭 필요하다. 어째든 인

오랫동안 굉장히 많은 양의 돼지고기를 먹으면서도 돼지가 누군가의 모를 수 있었다. 그런데 새벽이생추어리는 그런 내게 고기가 아닌 돼지를 알게 한다. 좋고 싫음이 분명하고, 호승을 무지거나 많응 과면서 놀고, 진흙 목욕을 하며 시원해하는 돼지의 일상을 구체적으로 보여준다. 돼지가 인간에게 주는 아주므로 기쁘다.

이 궁합하고도 감사한 기회에 어떻게 응답해야 할까? "우리가 다르게 만날 수도 있다. 먹고 먹히는 관계 말고, 다른 관계가 돼보는 거, 그런 걸 우리가 곱해 보지 못해서 그렇지 생각보다 나빠지 않을 수 있다. 물라서 원하지 못했던 것들도 있다." 새벽이생추어리를 처음 다녀온 날 적었던 일기를 다시 깨내본다.

임상원은 생추어리 활동가들의 도움을 받아 새벽이와 잔디에게 비진 컵케이크를 때 점했다. 돼지를 위한 요리는 처음이라, 혹시라도 입맛에 맞지 않으면 어쩌나 긴장했던 시간이 무색하게 인

('새벽이생추어리' 돌봄을 마치고 돌아오는 택시 안)

내비게이션 운행을 시작합니다. 안전 운전 하세요.

부모 사실 처하고 답 넘은 개인적인 접점이 없던 터라, 제가 엄살 원에 초대되게 신기하기도 했어요. 새벽이생추어리는 어떻게 찾아오셨어요?

답 엄살원에 동물권에 방점을 찍고 만들어진 공간과 그 공간을 만든 사람들의 이야기를 꼭 듣고 싶었거든요. 왜냐하면 재식하자는 이야기를 기후위기나 미래 식량 문제와 연결 지을 때에는 반감이 없던 사람도, 동물권을 근거로 재식하자고 하면 확 적대감을 보이는 경우가 많잖아요.

부모 그렇죠.

· 이보다 확실한 정답은 없다

답: 무모 님이 활동을 시작하시게 된 계기가 궁금해요. 원래는 어떤 일 하셨어요?

부모: 저는 문화예술 쪽 공부를 했고, 관련 직장을 다녔어요. 전혀 다른 일을 하고 있었는데, 그러다가 저한테 비거니즘이라는 신념이 생긴 거예요. 비거니즘이 훨씬 더 중요한 일이라고 생각하게 되면서 일을 지속할 이유를 찾지 못했던 것 같아요. 처음에는 새뷰어리생추어리에 변역 일로 지원했어요.

답: 변역이요?

부모: 네, 국내에는 새뷰어리 같은 사례가 없어서, 아무래도 생추어리를 꾸려나가려면 해외 자료를 많이 읽고 참고해야 했거든요. 퍼지가 빛 넘느지, 패치가 잘 살기 위해 뭐가 필요한지 등…, 직장 생활과 변역 일을 병행하니까 되게 바빠졌느데, 이상하게 더 힘이 나더라고요. 내가 어딘가에 직접적으로 기여할

답: 수 있고 실제로 도움이 되다는 게 피부로 느껴지니까 생추어리 일이 더욱 재미있어였어요. 그러다 보니 직장은 정말 돈 벌려고만 다니는 곳이 되니까 점점 더 재미가 없어지고.

부모: 그렇게 직장을 그만두고 전업 활동가가 되신 거군요. 맨 처음에 비거니즘이라는 의제가 어떻게 무모 님 마음에 들어오게 되었는지 궁금해지네요.

부모: 글쎄요, 언제부터 시작됐느지 얘기하는 게….

답: 애색하고 난감하죠.

부모: 단순하고 짧은 버전이 있고 길고 복잡한 버전이 있는데요.

답: 맞아요. 저도 그래요. 저는 남들이 들으면 터무니없는 계기로 시작했기 때문에 어디서 잘 말 안 해요.

부모 답 님이 계기는 뭐였어요?

답 사실 저도 기르던 식물 때문에 비거니즘을 시작했거가든요. '꽈마우'이라는 선인장과 식물과 '우자'라는 이름을 붙여주고 열심히 키웠는데, 얘 정이 과했느지 과습이 온 거예요. 선인장이 물을 싫어하잖아요. 물을 너무 많이 줘서, 어느 순간부터 선인장이 무르기 시작하더라고요. 살리고 싶어서 사이버 식물병원에 문의를 해보니까 이미 상한 뿌리를 잘라내고 남은 윗부분을 말렸다가 다시 심으면 괜찮을 수도 있다는 거예요.

부모 네,

답 그래서 제가 옥자를 뽑아가지고 칼로 밑동을 자르는데, 기분이 너무 이상한 거예요. (웃음)

부모 (웃으며 끄덕끄덕)

답 맨날 다른 채소, 그러니까 감자, 당근, 양파 같은 거는 너무 아무렇지도 않게 썰어서 음식을 만들으면서도, '우자는 나한테 채소는 아닌데…?' 하는 생각이 들었어요.

부모 같은 식물인데도…,

답 네. 그때부터 약간 고기 먹기가 어려워졌던 것 같아요. 뭘 먹을지 말지가 너무 자의적인 기준에 의해 정해지고 있다는 생각이 들어서.

누가 저한테 비거니즘으로 싸움을 걸면서 "식물은 안 불쌍해?" 했을 때 "응, 식물은 안 불쌍해" 이렇게 받아칠 수도 있어야 하잖아요. 근데 저는 속으로 '엇, 나는 어떤 식물이 불쌍해서 시작하긴 했는데…' 이렇게 되니까 토론에서 질까 봐 옥자 봐 안 해.

요. (웃음) 그래서 왜 이런 이야기에 젊은 버전이 있고 긴 버전이 있는지 잘 이해해요.

무모　저한테도 계기라고 할 만한 사건이 있긴 있어요. 하지만 지금 생각해보면 그 이전부터 조금씩 조금씩 생각이 쌓여왔던 것 같아요.

처음은 언제였더라, 아마 청소년기 끄트머리였던 것 같아요. 우연히 최재천 선생님 글을 보게 됐어요. 『희망의 밥상』이라는 책의 추천사에 유류가 환경적으로 얼마나 안 좋은지를 수치적으로 다룬 내용이 나오는 거예요. 되게 간단한 계산이었어요. '쇠고기 1킬로그램을 얻으려면 4.5~16킬로그램의 곡물사료가 쓰인다, 콩 1킬로를 경작하는 데에는 2천 리터의 물이 필요한 데 비해 닭고기 1킬로를 생산하는 데에는 3천5백 리터, 쇠고기 1킬로를 얻기 위해서는 무려 10만 리터의 물이 필요하다,' 아주 단순한 사실이 주는 충격이 있었어요. 그렇구나, 나는 이걸 몰랐네, 싫었죠, 사실 그때는 그냥 '어찌됐든 채식을 해야겠다, 채식이란 참 좋은 것이

구나' 하는 생각만 가지고 있었어요. 셰익이 저한테 너무 며단해 보였기 때문에 시도할 엄두를 못 냈어요.

그러다 몇 날 지나서 트위터를 하게 됐는데, 비건 계정들이 보이더라고요. 동물권에 대한 얘기들도 보이고. 2019년에는 한참 '직접행동DxE'의 영상이 올라오기도 했잖아요. 그 영향을 되게 많이 받았어요. 기준에 생각하지 않았던 방식으로 인간과 동물의 관계나 여태까지의 식생활을 바라보게 되고, 그리고, 그러던 차에……

내비게이션　자동차 사고 다발 구역입니다.

무모　로드킬을 목격했는데요. 학교에서 집으로 돌아가는 길이었어요. 저 앞에서 개가 피해 차고로 돌아다니는 거예요. 재는 뭐지? 기웃기 한데 위험하겠다, 그러면서 그냥 천천히 길을 가고 있었는데 어느 순간 사람들이 모여들길래 가보니까 조금 전에 봤던 개가 치여서 누워 있는 거예요. 사람들이 "어떡해, 어떡해" 하면서 119에도 전화해 보고 112에도

전화해고 하는데 아무도 구조하러 오지 않았어요. 순수무
책으로 죽어가는 모습을 바라볼 수밖에 없었어요. 되게 마
련했어요. 생명이 꺼져가는 개의 눈을 보면서 충격을 많이
받았던 것 같고…, 인간들이 이 땅을 다 차지하고 다녀서,
인간 위주로 이동하고 인간 위주로 구조하는 인간 중심적 사
회를 만들어놨기 때문에 이런 일이 벌어진 거잖아요. 그날
현에서 저녁밥을 먹는데, 반찬에 비엔나소시지가 있었어요.
느낌이 이상하더라고요. 이물감이 느껴졌어요.

네비게이션 금회전 구간입니다. 안전 운행 하세요.

무모 아, 이제 채식을 할 때인가? 그런 생각이 들었죠. 그때는 페
스코부터 시작했어요. 일단은 할 수 있는 만큼 해보자 싶어
서. 고기 안 먹고 비건 레시피 책 찾아보고, 또 내가 할 수 있
는 게 뭐지? 고민하면서 조금씩 조금씩 시작했던 것 같고
요. 하반 관심을 가지다 시작하면 더 많으 게 눈에 들어오잖
아요. 그때 다큐멘터리 〈몸을 죽이는 자본의 밥상〉도 보고

〈카우스피다시〉도 봤어요. 이런 콘텐츠들을 보면서 점점 더
많이 어떤 앞으로 더 엉엉낫 거예요. 우리가 대체 왜 이렇게
살고 있는 거지?

좀 패닉에 빠졌던 때도 있었던 것 같아요. 음식이 기후위
기 같은 문제하고도 엮결돼다 보니까 이대로 살면 안 되겠구
나, 지금 당장 뭔가가 바뀌어야 하는데 왜 우리는 아직도 그
냥 기존에 살던 방식대로 살고 있을까, 얼른 이 시스템에서
벗어나고 싶다, 현상 유지에 안주하지 않고 뭔가도 좀 다른
액션을 해보고 싶다, 그런 욕구가 많이 생겼던 것 같아요.

답 정말 조금씩 조금씩 행보를 넓혀오셨네요. 어쩌면 그게
한 번에 변화하는 것보다 더 어렵다 느껴지기도 하는
데요. 서서히, 점진적으로, 꾸준히 변화하는 게요.

무모 그런데 그건 있어요. 세상이 되게 복잡하고 뭔가 맞느지 모
르겠든 일이 많잖아요. 근데 비거니즘은, 정말 너무 확실한
거예요. 저한테는 어느 모로 보나 이것만큼 정답인 게 없어

남　보였어요. 예를 들어 고기 먹지 않기, 이런 확실하고 단순한 약속을 지키는 게 저한테는 삶을 지탱할 수 있는 발판이기도 했어요. '나, 지금 어느 누구의 고통도 수반하지 않을 식탁을 지향하고 있어, 조금이라도 좋은 방향으로 가려 하고 있어.' 여기에서 비롯되는 힘이 지치고 힘든 일상을 버틸 수 있게 해줘요.

남　저랑 정말 다르네요. 저는 비거니즘을 지향한 이후로 세상이 더 복잡하게 느껴지거든요.

무모　그런가요?

남　네. 그리고 이번 정답을 알아도 그것이 저를 붙잡아 주기보다는 흔들고 피곤하게 만드는 요소라고 느껴질 때도 많아서요. 우리, 생각보다 엄청 중요한 얘기를 하면서 가게 되네요.

무모　그러네요. 어쩌다 보니.

남　또 차 안이 두런두런 얘기하기가 좋잖아요. (웃음)

무모　맞아요. (웃음)

남　(앞자리에서 좋고 있는 유리를 보며) 유리는 많이 피곤한가 봐요.

비건 지향인들 한 줌인 것 같아도, 또 그 안으로 들어가 보면 다 입장의 차이가 있잖아요. 그런 사실이 더 많이 알려지면 좋겠어요. 다양한 비거니즘이 있다는 거.

무모　세월 지나면 또 다르겠죠? 계속 비거니즘 관련 책이 많이 나오는 추세인 것 같고요.

내레이션　잠시 후 70킬로미터 과속 단속 구간입니다.

(늦은 밤 염살원에 도착한 네 사람. 손님과 나머지 염살원 멤버들이 잠깐 쉬는 사이 담이 서둘러 음식을 완성)

답: 오래 기다리셨습니다. 느타리버섯 파스타고요. 아래에는 양배추채가 깔려 있어요. 섞어서 드시면 맛있답니다. 옆에 있는 건 감자셀러드예요. 머스터드드레싱을 뿌렸어요.

부모: 와, 식탁이 왜 이렇게까지 예쁜 거죠. 저 이거 찍어도 되나요?

유리: 네, 얼마든지요. 하… 너무 고소한 냄새가 나요. 좋아서 말을 잇지 못함. (웃음)

답: 여기 아욱국을 곁들였어요. 오늘 주웠으니까.

아욱국은 따뜻하고 세련된 아름답다

부모 : 평장히 잘 드시는 편이라고 들어서 밥도 해 봤어요.

담 : 실컷 드세요.

부모 : 감사합니다. 다들 오늘 수고 많으셨어요. 하아… 오늘 새벽이 밤에 약 발랐어야 했는데, 오늘 다 같이 새벽이랑 두 시간 가까이 있었잖아요. 그때 약 바르는 데 이렇게 실패한 건 이번이 처음인 것 같아요. 거의 그냥 아, 포기.

유리 : 새벽이가 너무 커다랗고 하니까 발을 억지로 꼬집어 내서 약 바르거나 하지는 못하네요.

부모 : 제 외편으로는 불가능한 일이에요. 새벽이가 협조해줘야 해요. 고양이들 식빵 자세 있잖아요. 오늘은 새벽이가 딱 그렇게 있었거든요. 일단 앞발을 가슴 아래 넣고 앉아버리면 아무리 억지로 발을 빼내려고 해도 절대로 못 해요. 제 힘으로는, 그래서 오늘은 안 되겠다, 포기했죠. (한숨)

부모 : 커도 구름, 따뜻한 구름 좋아해요.

유리 : 행복해. (함박웃음)

부모 : 혼자서 해 먹어 보면 국가지 끓이기가 쉽지 않잖아요. 그냥 밥이랑 반찬, 그 정도지만 하고 그냥 먹는데, 국가지 하는 거는 정성이데…. (구름 한 입 먹고) 와, 너무 맛있네요. 팀 장국 재료가 간단해 보이는데 어떻게 이런 맛이 나죠?

유리 : 그래서 제가 나름대로 생각해 본 게 있어요. 고만고만한 재료를 내가 분명히 아는데 왜 이런 맛이 나는가? 아무래도 내가 만든 거랑 맛는 재랑 다른 집은 담이 손밖에 없다. 그래서 담이의 손을 물에다가 담가 놓고 있으면 물에 손맛이 좀 우러나지 않을까. (웃음) 물론 그런 짓은 해서는 안 되겠지만요.

부모 : 얼마나 그 맛을 내고 싶었으면, (웃음) 전 이해할 수 있어요.

유리 부모 님은 새벽이랑 잔디를 가까이에서 보살펴 오셨잖
아요. 둘의 성격이 어떻게 같고 어떻게 다른지 궁금
해요. 함께 지내보니까 좀 어떤가요?

부모 일단 새벽이는 친근한 관계를 맺은 사람한테 확실히 티를 잘
내는 것 같아요. 반가우면 반갑다고 내는 소리가 있거든요.
다가오면서 "경경경경" 이런 소리를 점점 크게 내요, 어
제부터인가 그게 반가워하는 소리라는 걸 알았어요, 제가
그걸 알아들을 수 있었다는 게 기뻤고요, 내가 반갑거나 싫
어서 감정스럽기도 했어요, 새벽이는 세게 먼저 다가와서
코로 툭 쑤시거나 다리 쪽을 건드리는 장난을 치기도 해요.
사실 제 입장에선 좀 무서울 때도 있는데 그래도 친근함의
표현이라는 것 아니까 기분 좋아요, 새벽이가 애기있을 때
부터 꾹꾹이라는 놀이를 많이 했어요, 새벽이가 꾹꾹 굴러
대면 사람은 손으로 꾹꾹 맞는 거죠, 그 놀이를 지금도
해요, 제가 배를 맛사지해주면 벌렁 드러누워서 더 해달라
고 다리짓을 할 때도 있어요, 그렇게 나를 편하게 나를 대해주는

케, 이렇게 말하기 조심스럽지만… 사랑스러워요.
사운을 때도 물도 잃어요. 새벽이가 심기가 불편하면 저를
콕 콕 톡- 치거든요. 위협적으로 느껴질 때가 없지는 않지만,
그게 새벽이 입장에서 죽기 살기로 누구를 해치려고 하는 행
동이 아니라는 걸 알아요, 지금까지 지내오면서 그게 '아, 간
식이나 더 줘' 하는 정도의 의사표현이라는 걸 배웠고, 서로
신뢰가 전제되어 있는 거예요, 너도 나도 서로를 해치지는
않는다는, 팔이 너무 안으로 굽나요? (웃음) 새벽이는 엄청
난 턱과 교와 송곳니를 가지고 있고 그 힘으로 절 아작 낼 수
도 있는 거잖아요, 그런데 그렇게 하지 않아요, 제 옆에서 편
안히 잠드는 새벽이를 보는 게 아직도 신기해요.
위리 님은 처음 새벽이 만났을 때 무섭지 않으셨어요?

유리 2020년이었죠? 그때… 무서웠어요. (웃음) 새벽이한
테 저는 낯선 사람이어서, 저희가 그다지 우호적인
관계가 아니었거든요.

유리: 그리고 어렸을 때부터 함께 지낸 향기 활동기 앞에서는 꽹장히 아기처럼 굴어서 귀여워 보이기도 했고요.

사실 어떤 동물을 겉모습만 보고 이렇다 저렇다 칭찬하는 게 바람직한 일은 아니죠. 당사자에게도 장찬조차 아닐 수도 있고요. 그런데 돼지의 경우는 귀엽다거나 예쁘다고 했을 때 좀 다른 맥락이 생기는 것 같아요. 식용으로 가축화된 동물의 경우에는 그런 식으로는 잘 생각이 안 되는 측면이 있는 것 같은데, 저는 세백이를 보면서 돼지가 가진 미적인 면에 관해 생각을 안 할 수가 없었어서, 조심스럽게 말해 보게 되네요.

무모: 사실 생추어리 구성원이기도 세백이 귀엽다, 예쁘다, 하는 얘기를 많이 해요. 그런데 그것 우리끼리일 때 이야기고, 외부에 메시지를 전달할 때는 좀 더 정제된 언어를 써야겠죠. 비인간 동물을 예쁘고 귀여운 이미지로만 소비하는 경향이 되게 강하니까, 늘 경계하고 조심하려고 해요.

무모: 네, 진짜 무서울 수 있어요.

유리: 당시에 제가 좀 큰 카메라를 들고 있었는데, 그게 세백이 임장에서는 마음에 안 들었을 수도 있을 것 같아요.

남: 동물들은 카메라 렌즈가 눈 같아서 싫어한다고 하잖아요.

유리: 그러니까요. 그런데 그때 느낌이 단순히 '무섭다'로 끝나는 감정은 아니었어요. 한편으로는 옛날 사람들이 멧돼지를 산신으로 여겼던 이유를 알 것 같다고도 생각했어요. 풍숲을 해집고 돌아다니는 세백이의 모습이 신령스러워 보였거든요. 두렵기도 하고 아름답기도 한 존재로 느껴졌어요.

무모: 네, 어떤 의미에서 보면 참 그렇죠.

유리: 그렇죠. 잘못하면 마치 이 폐지가 귀엽고 예쁘기 때문에 살아야 한다는 것처럼 오해될 수도 있고.

부모: 네, 그래서 새벽이생추어리 공식 계정으로 올라가는 글, 사진, 영상, 그림 틈에는 새벽이가 예쁘다고 직접적으로 언급하진 않아요. 하지만 사실 보면 그냥 말 할 수 있잖아요, 얼마나 아름다운지…. (웃음) 의도적으로 아름답게만 그리는 건 문제가 되잖지만, 그냥 보여 줄 수가 없어요, 새벽이의 아름다움을.

유리: 하하, 맞아요. 잔디의 아름다움도 그렇고요. 잔디랑은 어떠세요? 좀 친해지셨나요?

부모: 잔디는 아직 잘 모르겠어요. 친밀하다고 느꼈던 순간이 있느가 하면 저에게 전혀 관심이 없어 보이는 순간도 있어요. 저를 반기는지도 잘 모르겠어요. 잔디는 인간을 그렇게 특별하게 생각하지 않는 것 같아요. 저보다는 밤을 훨씬 좋아

해요. 이부자리 정리하다고 귀찮게 하면 좀 신경질을 낸다고 느낄 때도 있어요. 자기가 좋은 건 좋고 싫은 건 싫고, 이렇게 원하는 걸 똑 부러지게 표현하는 도도한 성격이에요.

나중에 잔디랑도 친해졌다고, 잔디도 날 조금은 좋아한다고 느낄 수 있는 순간이 오면 기쁠 것 같아요. 하지만 그렇게 막 들러고 아등바등하지는 않으려고요. 억지로 되는 것도 아니고요.

유리: 거꾸로 새벽이나 잔디도 인간에 대해서 그리고 스스로에 대해서 배워나간 부분이 있을 텐데요. 새벽이나 잔디가 무언가를 깨달았다거나 되었다는 걸 느낄 수 있었던 순간이 있다면요?

부모: 있죠. '나의 이름은 새벽, 이곳은 가도 되고 저곳은 가면 안 돼', 이런 정보들을 새벽이도 새벽이라는 이름을 확실히 알아듣는 것 같아요. 멀리서 "새벽아~" 부르면 귀를 쫑긋 세우면서 반갑게 달려와요. 어제 집으로 돌아와야 하

유리 저도 그 생각 진짜 많이 하거든요.

무모 생추어리 안에서의 생활이 너무 지루하고 답답하지 않을까, 하는 생각도 해요.

유리 제가 꾸준히 믿고 있는 하나의 가설이 있어요. (웃음) 생추어리 설립 과정에 관해 새벽이 비전의 진실이 있을지도 모른다는 가설이에요. 이건 2020년에 새벽이를 처음 보고 쓴 날 썼던 일기예요.

"어떤 사람들은 동물권 활동가들이 새벽이를 '훔쳐 왔다'고 말한다. 어쩌면 새벽이는 죽스사에 있고 싶어 했을 수도 있는데, 활동가들이 새벽이를 '이용해서' 자신들의 주장을 뒷받침하려 한다는 것이다. 그러나 그거야말로 정말 인간으로서는 알 수 없는 부분 아닌가? 사실 이 모든 상황이 폐지의 계략이라면? 새벽이라는 한 폐지가 죽스사에 나타난 보기 드물게 폐지 우호적인 인간들을 이용해서 자신의 구출을 스스

느끼도 않아요. 산책 나간 새벽이를 집으로 불러들여야 할 때 보통 갑자기 억고같이 맛있는 음식을 높이 들고 흔들고 했어요. "새벽아, 감자!", "새벽아, 먹이?" 이렇게 소리치면서요. 이제는 소리치지 않고 별 들고만 있어도 그게 무슨 신호인지 이해해요. '집에 들어갈 때가 됐구나', '집에 돌아가면 맛있는 간식이 있겠구나', 신나게 폴짝폴짝 뛰어서 들어오든 좀 더 놀고 싶다는 듯이 어슬렁어슬렁 들어오든, 이간이 주는 신호를 이해하고 행동하고.

아, 최근에 잔디와 소소한 에피소드가 있었는데요. 잔디가 무을 파는 걸 좋아하거든요? 엄구리가 간지러우면 울타리에 몸을 벽벅 긁기도 하고요. 어느 날 제가 잔디를 쓰다듬어주려고 손을 뻗었는데 잔디가 제 손을 옆구리를 돌려 대더니 막 흔드는 거예요. 딱 알겠더라고요. 아, 내 손을 근게로 생각하는구나, 긁어달라는 거구나, 그래서 엄청 시원하게 긁어줬죠. 웃겼어요. 엄청 똑똑해.

그래서 저는 가끔 두려워요. 돼지의 지능이 우리가 생각하는 것보다 훨씬 높으면 어떡하지?

동물이 무슨 생각을 하는지 무슨 수로 아느냐고 하지만, 그렇게 말하면서 동물의 생각이 우리보다 뛰어날 경우를 가정하는 사람은 잘 못 봤어요. 동물들은 우리가 열등하다고 생각하는 욕망에 복무하는 영혼의 구조를 가지고 있는 거라고 가정한 채로 "동물의 마음은 알 수 없다"라고 말하는 경우가 많은 것 같아.

제가 처음 새벽이 생추어리에 있을 때 향기 넘하고 새벽이하고 같이 있는 모습을 봤어요. 향기 넘은 새벽이가 아주 어릴 때부터 같이 지내셨잖아요. 새벽이가 향기 넘에게 갖는 친밀감, 향기 넘과 같이 있을 때 새벽이가 느끼는 즐거움과 사랑이 굉장히 선명하게 보였어요. 새벽이가 저는 무던히 별로 안 좋아했거든요. '나는 향기넘가 있으면 되니까 너는 새로운 사람은 필요 없어'라고 말하기라도 하는 것처럼. 그 정도로 복잡하게 느끼고 생각하는 존재라면, 축사 탈출과 생추어리 설립에 새벽이의 지분이 있었다는 것도 스스로 도모한 것이었다면? 새벽이의 독기 서린 눈을 보다. 이 돼지는 뭔가를 따로 알고 있는 게 분명하다."

'돼지가 생추어리에서 살기를 원했는지 원하지 않았는지 어떻게 아니, 인간은 알 수 없는 문제다'라는의 전언 정말 일리가 있으려면, 그 당시 새벽이가 구조를 원했고 생추어리 설립을 원했을 거라는 가능성 또한 인간은 모르는 일이라고 말할 수 있어요.

새벽이 구조부터 새벽이 생추어리 만들어지기까지의 과정을 보여주는 제 『훔친 돼지만이 살아남았다』를 보면, 구조 당시에 다른 돼지들은 뒤로 도망갔던 반면 새벽이는 자리에 남아 있었다고 나와요. 인간이 축사로 들어오던 순간에 새벽이도 인간들을 보고 뭔가 생각을 했을 거 아니에요. '나는 탈출할 거야, 그러니까 너희 인간들은 나를 도와' 이게 새벽이의 입장이었을 수 있죠. 그러니까, 새벽이 구조를 반대하고 비난했던 일부 사람들은 새벽이의 총명함을 잘 몰라서 그러는 거라는 생각을 했어요.

분회 가능한 시나리오죠. 어떻게 생각하시나요. 저의 가설은? (웃음)

무모 너무 좋은 가설이라고 생각합니다. (웃음) 잔디도 스스로 탈출했거든요. 어쩌면 잔디에게도 그런 계획이 있었다고 볼 수도 있겠네요.

유리 맞아, 어떤 회사에서 동물 실험 당하다가 탈출했다고 했나요?

무모 네, 잔디는 실험용 동물로 길러지다가 탈출하는 과정에서 머리를 다쳤대요. 안락사 권고를 받았는데, 잔디를 치료하던 동물병원에서 안락사를 실행하지 않고 저희 품에 안긴을 주셨어요. 세빛이라는 돼지의 보호자가 있었다는 걸 기억하신 거예요.

유리 너무 다행이에요. 진짜 아팠겠다.

세빛이와 잔디를 돌보면서 빵간호도 많이 하셨겠어요. 아픈 몸을 돌보면서 알게 되는 것도 많았을 것 같아요.

무모 네, 덕분에 세빛이처럼 공장식 축산을 위해 개발된 돼지가 어떤 과정을 거쳐서 지금의 품종이 되었는지를 많이 알게 됐느데요..., 농장 돼지들의 피부가 되게 약하거든요. 세빛이도 농장에서 구조되었을 때부터 이미 골판이성 피부염을 앓고 있었고, 지금도 피부가 안 좋은 편이에요. 털이 급방 듬성듬성해서 가렵고, 수술도 부족별을 받는 피부. 이 피부가 야생에서는 자연스럽지 않은 거잖아요. 멧돼지랑 다르게 생겼어요. 농장 돼지가 부홍색이 되어 이유는, 틈판에서도 농부의 눈에 쉽게 띌 수 있도록 개량되었기 때문이라고 하더라고요. 돼지의 안전이나 건강이라는 하든 관계없는 방향으로 강제 개종되어온 거죠.

다리도 그래요. 몸통에 비해서 다리가 부실하고 약해요. 해외 돼지 생추어리 사례를 봐도 공통되는 현상이라

부모

맞아요. 진화의 역사를 따라가보면 돼지도 원래는 몸이 훨씬 더 날렵했어요. 현재 우리가 아는 돼지는 고기를 얻기 위해서 살을 비대하게 찌운 중이고요. 예전 몸의 모습으로 다시 돌아갈 수는 없을지라도, 지금의 동물들이 더 건강하게 살도록 관리는 할 수 있어요. 체중 관리도 하고, 근육도 키우고. 그러면 또 다른 몸이 되는 거죠. 도축장에 가는 그런 몸이 아니라 좀 더 건강한 돼지의 몸으로.

그데 세밑에는 정말 날 때부터 몸이 약하기 한 것 같아요. 면역력이 굉장히 약하고 잔병치레도 많이 하고요. 그건 어쩔 수가 없어서, 아예 야생에서 살기는 어려울 것 같아요. 어느 정도는 적절한 보살핌, 그러니까 의료 서비스 접근성도 있고 인간의 돌봄도 가능한 환경에서 지내는 게 이상적이지 않을까, 지금의 상황에서는요.

글쎄요, 반 야생 정도는 가능하려나? 저도 잘 모르겠어요, 별어지지 않은 일에 대해서 상상하기 어려워하는 편이라. 저도 축산업의 종식을 많이 그려보고 장기적인 방향성을 가져야 한다는 점에도 동의하는데요, 갑자기 하루아침에

답

고 하더라고요. 축산업에서 개량당한 돼지는 애초에 1년 이상 살도록 설계되지 않았거든요. 그러니까 1년 이상 살아남은 돼지들의 붙어나 체중을 과정이 감당할 수가 없는 거죠. 그래서 돼지가 나이 들수록 과절염에 매우 취약해요.

또, 햇빛이 돼지 피부에 광장히 안 좋은데요, 특히 귀 뒤쪽이 그렇게 햇빛에 취약하대요. 잘 타기도 하고, 피부병이나 피부암도 생길 수 있다고 하고. 그래서 천연 자외선차단제를 만들어서 발라줬어요.

당장 일제히 축산 동물이 해방된다고 해도 그들이 어디서 살아야 할지, 어떻게 살아야 하는지는 큰 문제일 것 같아요. 알맞은 서식지를 찾는 것도 일이지만, 이미 그들의 신체가 야생보다는 공장식 축산업에 맞게 개량된 부분이 있으니까요. 그런 동물들이 기대 수명을 넘어 잘 살 수 있으려면 인간이 말아야 할 일이 있겠다는 생각이 드네요.

축사에 있는 모든 모든 동물들이 해방되지 않을 거라고 생각하거
든요. 모든 일이 단 그럴듯이 전지적인 단계를 밟겠죠. 그럼
다면 일단 돼지의 의사에 반하여 강제로 태어나는 돼지 수
를 줄이는 것부터 시작할 것 같아요. 그리고 도축량을 줄이
겠죠. 사람들한테 하루아침에 고기를 먹지 말라고 하면 빛
가 더 반작용이 심할 것 같고, 그냥 육류 소비를 줄이는 방
향, 줄이다가 없어지는 방향으로 가지 않을까, 현실적으로
보면요.

마음을 묶고 책임지려는 사람이 있습니다

이 흐물흐물~ 하다거나. (웃음)

부모 잘 보시면 모스터 같은 캐릭터들도 있어요. 어떤 캐릭터는 휠체어 바퀴로 그려지기도 하고, 벌레처럼 다리가 여러 개이 모습으로 그려지기도 하고, 보움이(동물 활동가)나 매생이(후원 활동가)처럼 우리와 함께하는 존재들을 좀 더 다양한 존재로 그렸죠. 이런 세계관에 대한 설명을 듣고 나니까 저는 보리의 그림이 더 좋아졌어요.

유리 그분이 만화도 그려주셨잖아요. 공식 인스타그램 계정에 올리는 세봄이생주어리 만화 중에 '첫 상근 세 생이의 탄생! 함께해주시겠어요?' 편이 있어요. 첫 상근 활동가의 탄생을 축하하며 정기후원을 부탁하는 만화였었는데요. 거기서 소개된 생주어리의 첫 상근자가 무로 님이요. "여기 세봄이생주어리에 장기적으로 몸을 묶고 책임지려는 사람이 있습니다"라는 설명과 함께 무로 님 캐릭터가 정말로 생주어리 로고에 쉬사

딸 세봄이생주어리 로고는 누가 디자인하신 거예요?

부모 회화 전공한 '보리'라는 활동가가 있었잖아요. 저희가 올리는 카드뉴스에 들어가는 그림도 다 보리가 그린 거고요.

딸 편안하면서도 중립적인 그림체라는 생각이 들었어요. 손으로 그린 듯한 감성이 있지만 감상적이지는 않고, 생주어리를 친근하게 느끼게 하면서도 너무 낭만화하지도 않는, 좋은 중립성을 가진 그림들이다…

부모 보리가 나름의 철학을 가지고 이런 그림체를 만든 거라고요. 아까도 말했지만 동물들 대상화하는 시선을 경계해야 하잖아요. 그렇기 때문에 엄청 아기자기하고 귀여운 캐릭터로 만들지 않고 조성화처럼 사실적으로, 있는 그대로의 세벽이, 잔디를 그려보려고 했대요. 이것들을 대충 그리고요.

유리 맞아요. 인간들 그림에는 힘이 빠져 있어. 갑자기 순

...슬로 묶음 묶고 있는 모습으로 등장하거든요.

무모 네, 맞아요, 쇠사슬이 물로 응어적이 표현이기도 한데요, 그런 표현이 나오게 된 배경과 맥락이 있어요, 제가 새벽이생추어리의 학술사업팀에 있었거든요, 그 팀에서 스터디를 했 잇어요.

유리 쾌지에 대해 공부하는 스터디였죠?

무모 네, 그 스터디에서 새벽이생추어리 활동가들의 최우선 과제, 당장 공부해야 하는 문제는 이거였어요, '아프리카돼지열병(ASF)이 발병해서 반경 몇 킬로 이내 돼지 살처분 행정명령이 내려졌을 때 우리가 새벽이와 산디들 지키려면 어떻게 행동해야 하지?' 그럴 알기 위해서 자료 조사도 하고, 볍죄무도 뜯어봤죠, 그런 와중에 '정말로 '위급' 상황이 오면 일단 사람들한테 상황을 알리고 쇠사슬로 우리 몸을 묶으면 어때까?' 하는 얘기까지 나왔던 것 같아요, '몸을 묶느다는 표

현이 그때 등장하게 될 거죠.

담 쇠사슬로 몸을 묶느다는 게 강경한 투쟁을 상징하는 이미지이기도 하잖아요. '너희가 아무리 그래도 우리의 몸을 치울 수는 없겠지' 하는 태도를 맏 그대로 온 몸으로 표현하는 투쟁 방식이요. 개간이나 별무을 막는 시위 현장에서도 보면 활동가들이 쇠사슬로 서로의 몸을 묶은 다음, 두꺼운 파이프에 팔을 통과시켜서 수을 맞잡는 방법을 쓰잖아요.

유리 장애인 이동권 투쟁할 때 고속버스 시트에 쇠사슬을 감아가지고 앉아 있는 이미지도 생각나요. 어쨌든 너니가 나를, 사람을 치울 수는 없을 거다, 하는 기세가 느껴지는 이미지죠.

무모 향기 활동가가 그런 말을 쓴 적도 있거든요. "활동가는 책상 위에서만 일하지 않는다, 위급 상황이 발생했을 때 어제

않았지만 예방적 살처분에 의해 죽인 돼지가 34만 3,136
마리에요. 땅에 묻힌 돼지의 피로 세벌강게 물드는 강
물 사진이 이슈가 됐었죠.

무모   네, 이런 문제가 있는 이상, 생죽여리 위치 선정도 함부로
할 수 없어요. 강원도같이 돼지 농가가 많은 곳도 안 돼요.
주변 농가에서 ASF가 발병하면 세벽이까지 살처분하라는
명령이 내려올 수 있으니까요.

유라   애초에 왜 돼지 한 명만 아파도 그 지역에 있는 돼지
를 다 죽이게 됐는지 의문스럽네요. 일일이 검사하고
치료하는 건 비용이 너무 많이 들어서 그런 걸까요?

무모   농림축산식품부의 연도별 ASF 살처분 현황에 따르
면 2019년에서 2022년 9월까지, 약 3년 동안 돼지
41만여 마리 살처분당했다고 해요. 대중 서울시 관악
구에 사는 사람들이 몰살당했다고 가늠해 보시면 돼
는 규모입니다. 이렇게 죽은 돼지 중에 병에 걸리지

는 병을 옮을 춘기가 되어 있어야 한다." 그 당시에 그런 예
기들이 오간 맥락이 있어서 브리가 쉬사슴 그랬던 게
아닐까 싶어요.

유라   ASF 같은 감염병 발병이 왜 문제인지 조금만 더 설명
해 주세요.

무모   한국에는 예방적 살처분이라는 정책이 있어요. 전염병이 발
생했을 경우에 동물마다 임의로 정한 구역 안에 있는 모든
개체를 감염 여부와 상관없이 살처분하는 정책이에요. 바려
돼지도 안타사사시킨 사례가 있죠.

말해도 되냐는 지적이 있었죠. 그러면서 '가축방역이란 가축을 건강하게 살리는 것이 목적이지 건강한 가축을 과잉 살처분하여 방역 행정 성과 실적을 쌓으라는 데 있는 것이 아니다'라고 비판하고 있어요. 현재의 가축전염병 예방법은 동물을 소모품으로만 다룰 뿐 동물의 생명과 건강을 조금도 고려하지 않기 때문에 현행법에 '가축의 건강 유지'를 목적으로 추가하라는 개정안도 제안되었고요.

사상으로 위험군에 숨하지만 전염병이 발생하지 않은 농가에서는 전염검사 후에 문제가 있을 때만 살처분을 시행하고요. 네덜란드는 방역 정책이 굉장히 강력하다고 알려져 있는데도 1킬로미터 이내 살처분 정책을 가지고 있고요. 독일에서도 살처분 범위 설정은 굉장히 신중하게 이루어지거든요. 사육 밀집도 등의 요소를 꼼꼼히 고려해서요.

유리 돼지의 목적이 건강한 음식이기 때문에, 음식이라서 더 철저하게 '예방'하는 것도 있겠죠? 위생적인 고기를 만드는 게 중요하니까.

답 실적 내기에 급급한 행정의 문제도 있는 것 같아요. 2021년 12월에 동물권 행동 카라가 주관한 가축전염병 예방법 개정 국회 토론회 자료집을 보면 현재의 예방적 살처분 정책을 '실패한 작전'에 비유하는 부분이 있었어요. 산불을 진화하기 위해 주변의 모든 산을 맷불로 태워버린 다음 산불 진압에 성공했다고 우리 그런데 저는 오늘 새벽이 생추어리 다녀오고 나서 널 적, 이게 얼마나 힘이 필요한 일일까, 그런 생각도 새삼스럽게 들었어요. 당연하지만 폐지를 줍본다는 게 절대 쉽지 않잖아요. 활동가분들은 다 이십대 안팎의 체구도 작은 여성들이고... 그에 비해 폐지는 정말 크고...

답 저도 활동가 중에 좀 덩치가 있는 사람이 없는지 물어보고 싶더라고요. 물리적으로 힘이 엄청 필요할 것 같아 보여서.

우리 또도 많이 필요할 것 같고. 새벽이 식사량만 해도 엄청날 테니까. 그래서 제가 제가 다룬 매는 거의 정기후원을 안 하는데 새벽이생추어리만큼은 소소하게나마 정기후원을 하거든요.

부모 후원 엄청 중요하죠. 물리적 힘이... 음... 저도 현장에서

소진되지 않기 위해서

담: 활동가들이 서로를 어떻게 돌보면서 지내는지도 좀 궁금해요.

무모: 돌봄이라는 게, 여러 방식이 있을 텐데요. 생주어리 활동가 중에 집에 초대해서 같이 있는 걸 잘해주는 친구가 있어요. 그 데 그 친구는 누가 힘들다고 했을 때 따뜻한 말을 배우거나 다독이는 것도 잘해요. 저는 참… 그런 걸 되게 배우고 싶은 마음이에요. 저도 노력하지만 그게 항상 잘되진 않거든요. 서로를 보면서 배워가는 중이 것 같아요.

그래도 요즘은 우리가 서로를 돌봐야 되다는 것만은 확실히 깨닫게 됐어요.

유리: 어떤 순간에 그렇게 느껴요?

무모: 누군가 힘들어하면서 어려움을 호소하는데, 해결하려고 편하느데도 잘 안 풀릴 때가 종종 있어요. 그럼 때 빗가게 도나 장서를 맞들어서 구조적으로 해결하려고 한 적도 있어

일할 때 처음에는 '힘 세면 더 쉽겠지, 룸겠지' 그런 생각을 한 적도 있어요. 실제로 힘이… 아험이 어느 정도 필요한 경우도 있고요. 근데 시간이 지나고 보니까 그렇게까지 기운이 장대하고 힘이 센 누구가가 꼭 있어야 될 필요는 없는 것 같아요. 힘이 많이 많이 있는 드는 없는 그냥 여탕이서 하면 되고요.

담, 유리: (잠시 웃음)

담: 한 방 먹었다. 난 아무것도 모른다, 진짜.

유리: 힘드 일으 함께 힘을 함쳐 하면 되느데 그 생각을 왜 못 했을까.

무모: 오늘은 좀 힘드 펴어있지만 평소에 돌봄하는 데 그렇게까지 많은 힘이 필요하진 않아요. 혼자서도 충분히 할 수 있어요.

가족들이든, 다른 사람들한테는 얘기를 하려고 해도 한계가 있는 경험이요. 그래서 생추어리에 관해 처음부터 끝까지 다 설명하지 않아도 되는 동료들끼리의 친밀한 시간이 엄청 중요한 것 같아요.

무모 맞아요.

답 그리고 생추어리가 앞에서 물어주고 뒤에서 밀어주고 하는 운동이 아니잖아요. 먼저 해본 선배나 선생님이 있어서 뭔가 막힐 때 어떻게 해야 되는지 물어볼 수 있는 것도 아니고요. 가끔은 그 안에 또래밖에 없다는 게 좀 답답할 것도 같아요. 그러니까, 지금 같이 헤쳐나가는 것들이 지금 여기 모인 사람들을 얼마나 강하게 연결시키는지 느낄 때, 그런 과정을 마리다 겪어봐서 사람이든 사안이든 좀 거리를 두고 볼 수 있게 된 사람도 만나고 싶을 것 같아요. 어떨 때는 서로 지금 상황을 너무 잘 알아서, 너무 가까이에 있

요. 근데 그보다 자주 만나서 밥 먹고 얘기 나누고… 이런 자리가 더 중요하다는 걸 최근에 느꼈거든요. 그래서 일주일에 한 번씩 서로 만나는 시간을 갖고 있어요. 그냥 밥 먹고 얘기하고, 별거 아닌 사소한 이야기를 털어놓고, 그게 중더라고요. 아, 이게 필요한 거였구나, 이유 없이 모이는 시간이 있어야 되는 거였구나. 그동안 우리가 너무 업무에만 몰두해 온 것도 있어요. 맨날 회의, 회의, 회의, 회의. (웃음) 그런 느낌이었거든요.

저희는 정해진 시간에 한자리에 다 모이는 방식으로 일하지 않기 때문에 고립감을 느끼기 쉬운 것 같아요. 주로 온라인으로만 소통하고 각자가 할 일을 알아서 해야 하니까요. 그래서 이제는 오프라인에서도 좀 더 많이 만나려고 하고 있어요.

유리 진짜, 어떤 어려움은 일로 접근해서 해결될 문제가 아니라는 게 너무 공감돼요. 무모 님과 활동가분들이 공유하는 특수한 경험이 있을 거잖아요. 친구들이든

어서 상대방의 어려움, 고통을 볼 때 오히려 위로하기가 더 어려워지는 것 같아요. 이걸 완충해줄 거리가 우리 사이에 조금도 없을 때, 정말 모두가 동시에 고통받고 있을 때.

유리 (웃음) 맞아, 모두가 고통받고 있다면 아무도 서로를 돌볼 수가 없고 그냥 각자의 부정적인 것들이 서로를 향항 수도 있죠. 나도 너랑 똑같이 아프네, 이런 식이으로요.

담 그래서 전화기 붙잡고 서로 "네가 여기로 와야 될 것 같은데" 하는. (웃음)

부모 너무 슬프다. 어떻게 해야 될까요.

담 아무리 함께 지키고자 하는 데이가 있다고 하더라도 그냥 내가 몸이 한 개라서 체력에 한계가 있고, 또 마음에 여러 부분들이 있기도 하기 때문에 이 일을 계속하는 데서 오는 어떤 충격이 있을 텐데요. 그래서 그냥 동물권 활동가들이 소진되지 않기 위해서는 뭐가 필요할까요. 아까 구조적으로 접근해서만 되는 일은 아니다라고 말씀을 하셨지만, 그래도 어떤 환경이나 조건이 없어서 문제가 있어요. (웃음)

부모 음…, 생추어리에서 일하는 제 입장에서 봤을 때는 일단 체력적이 한계도 분명히 있으니까 쉴 시간을 일정 정도 이상은 꼭 마련하는 것도 되게 중요한 것 같으요. 무엇보다도 저는 과도하게 몰입하지 않으려고 해요. 물론 보는 사람에 따라서 이미 제가 여기에 되게 많이 몰입하고 있는 것처럼 보일 수 있겠지만.

일동 (웃음)

유리 저도 궁금한 게 있어요. 타인의 칭찬이나 인정도 일
의 원동력이 되잖아요. 회사에서 일을 한다면 한 번
씩 상사의 격려를 받거나 되는 것처럼, '아, 우리의 성
과를 인정받고 있다' 하는 보람을 느끼는 순간이 있
었는지 물어보고 싶어요.

무모 음, 칭찬은 서로서로 해주는 것 같고요, "SNS 게시물 작성
해줘서 고마워요, 진짜 멋져요" 이런 게,

유리 칭찬 무한 공급 시스템이군요. (웃음)

무모 비판을 하든 칭찬을 하든 구체적으로 하는 게 좋다는 걸 일
하면서 배웠어요. 그래서 구체적으로 말하려고 노력을 많이
해요.

하지만 딱히 타인의 인정이 동반되었으면 하는 결과물이
있는 게 아니라 하면 그렇지는 않은 것 같아요. 매일의 돌봄을 세
번이와 잔디의 일상을 유지하는 게 목적이라서 어떤 특별한

무모 저는 사실 지금보다도 훨씬 더 몰입할 수 있는 사람이거든
요. 처음에는 24시간 내내 새벽이랑 잔디가 어디 아프지 않
을까, 어디가 불편하지 않을까, 계속 이 생각만 했어요. 그
런데 이제 혼자서도 새벽이, 잔디 돌봄을 할 수 있는 활동가
분들이 꽤 늘어서 많이 안정화됐거든요. 그래서 저
도 어느 정도는 마음을 놓아도 되는다는 믿음을 가지고, 쉴 때
는 확실하게 쉬고, 또 돌봄 받고 다른 일을 해야 될 때는 그것
에 집중할 수 있게 생활 패턴을 새로 잡아나가고 있어요.

그리고 엄청 잘해내겠다는 생각도 어느 정도 내려놨어요.
저희가 첫 구내 생추어리이기도 하니까 모범을 보여야 된다
는 부담이 있었거든요. 되게 잘되는 모습을 보여줘야 되는
것 맞지만, 방향과 비전이 크게 설정을 해놓더라도 그 가운
데서 우리를 챙기는 일도 소홀히 하지 말자, 어쨌든 길게 버
고 꾸준히 할 수 있는 방법을 생각해야 되니까 지금 당장은 눈
앞의 일을 이렇게 아득바득 하려고 하지 말자, 다짐하고 있
어요. 필요한 일부터 차근차근 해나가면서 어쩔 수 없이 놓
치는 건 그냥 미루고, 자꾸 쉴 틈을 내고 있어요.

성과로 드러나지는 않거든요. 새벽이와 잔디가 오늘도 잘
지냈다, 그 사실 자체가 제게는 가장 안도감을 주고요, 잘하
고 있다는 믿음을 줘요.

답 매일매일 새벽이와 잔디의 살아 있음으로 인정받으
시는 거네요.

유리 살림이네요.

남
저 생추어리 예산 구조 같은 것들도 궁금한데 붙어 보도 되나요? 세뱃이 식비는 얼마나 드는지, 한 달에 활동가들의 인건비는 얼마나 드는지….

남
아까 잠깐 카드뉴스에서 설명을 봤어요. 한 달에 식비로만 230만 원 정도 나간다고요.

부모
많이 나올 때는 그랬어요. 요즘은 그 정도는 아니에요. 예전 하고 달라진 건 상근자 급여가 매달 나온다는 거예요. 앞으로는 상근자 않고 다른 활동가들에게 드릴 소정의 활동비를 책정하려고 하고 있어요. 동물활동하러 와주시는 분들의 식비와 교통비, 세뱃이와 잔디의 진료 비용에다 울타리 유지 보수하는 비용도 있고요. 요즘에는 오프라인 모임도 꽤 하게 됐으니까 회의비도 나가고요, 그 외에 각종 수수료, 온라인 플랫폼 이용비도 꽤 돼요. 누가 보면 지금도 충분한 재정은 아니라고 하겠지만, 그 래도 처음에 비해서는 상황이 많이 나아진 편이에요.

남
앞으로 추가적인 구조 활동 계획도 있으세요?

부모
사실 생추어리가 구조 활동을 하는 단체는 아니에요. 생추어리는 일반적인 동물 보호소와 다르잖아요. 구조된 동물을 지내는 보금자리로서 그 동물의 평생을 보장할 수 있어야겠죠. 그러려면 재정적인 안정성도 중요하고, 지역적으로 안전하기도 중요하고, 여러 가지 요소를 고려해야 하거든요. 그렇게 봤을 때 지금 상황에서 새로 또 거주 동물을 들이기는 어렵다는 게 저희의 판단이에요. 저는 지금도 더 넓은 곳이로 이사 갈 수 있으면 좋겠다고 매일매일 생각하거든요. 후 원금도 많이 받고 싶고요.

남
그런 건 좀 더 크게 외쳐주셔도 좋을 것 같아요.

부모
한 20억 정도만 (웃음) 쾌척해주실 분이 있다면—

유리
네, 20억만 부탁드립니다 여러분….

부모 맞아요, 충분히 그럴 수 있죠. 누군가 그런 양심을 품는다면 그런 감정을 충족시키는 구조적인 메커니즘을 무례시해야 한다고 생각해요. 그러면서도 해요. 그러면서도 하나 진짜 나쁜 사람이 찾아올 때를 걱정하는 거예요. 새벽이생수리의 보아 정 섞이 철저한 이유 중 하나이기도 하고요. 새벽이는 사실 뭐, 크게 걱정은 안 되는데. (웃음)

답 생주어리의 방문 전 저희가 받았던 교육 중에 '새벽이 가 사람을 특히 경계하기 때문에 위협적으로 다가가오 는 사람을 쓰러뜨리거나 물 수 있다'는 주의사항이 있었느데요. 전 그게 너무 안심되더라더라고요. "새벽이 답게 잔디답네. 착취의 대상에서 주체로"라는 생주어 리의 슬로건이랑 그 내용을 나란히 보면서 그래, 주 체는 사람을 물 수 있지, 그런 생각이 들었어요. 생주어리의 의의도 인상 깊었어요. 생주어리는 태 어날 때부터 이미 집이나 서식지를 심하면 양심을 긴 이들에게 평생 살아갈 공간을 보장하며, 그게 임

답 시민단체의 재정 운영을 향한 외부의 인식이 가끔 나 무 야박하다고 느껴요. 활동가들이 활동비를 받으면 공익적인 활동으로 금전적인 이득을 취한다는 비난 이 날아오죠. 그런데 금전적인 이득이 이득이 좀 있어야 활 동가도 먹고살죠. 그게 엄인데. 물론 시민단체들의 기부금 사용 내역이 투명하게 공개될 필요요를 다 알지만, 공개의 목적이 활동가들이 얼마나 가난한 지를 증명하는 데 있는 것 같아서 착잡할 때가 많아 요. 가난하지 않다면 주원도 해줄 필요 없요고 생각 하는 것 같아서요.

유리 그리고 생주어리는 '인간을 도와주기도 벅찬데 돼지 를 먹이고 있다는 시선도 받게 될 것 같아요. 동물이 이만큼의 사랑과 돌봄을 받는다는 사실에 박탈감을 느끼기 쉽잖아요. 누군가는 새벽이가 맛있고 좋은 제 소들을 먹는 것마저 부럽게 여기거나 심하면 양심을 품을 수도 있겠다는 생각도 들고요.

권 운동은 동물을 일방적인 보살핌이나 돌봄이 필요한 약한 존재로만 간주하지 않아요. 우리가 돌봄을 하는 이유는 그들이 해방과 나의 해방이 연결되어 있기 때문에, 같이 종차별주의를 철폐하는 세상으로 나아가기 위해서요.

똑같이 현재의 축산업에 반대한다고 해도, 동물권 운동가라면 동물복지축산 같은 '타협점'을 용납할 수 없을 거예요. 그들이 살아 있는 동안의 고통을 경감시키는 게 다가 아니기 때문이죠. 이들의 고통이 우리가 느끼는 것과 다르지 않음을 인식하면서, 아예 면합당하기 위해서 살아가는 존재가 없게 해야죠. 그러니까 동물권 운동은 동물의 고통을 끝내기 위한, 그러니까 경감시키기 위한 것이 아니라, 그 고통을 끝내기 위한 움직임이에요.

유리 이런 말을 듣는 게 오랜만이네요. 정감하는 게 아니라 완전히 끝내기 위한 액션을 한다는 거요. 사실 저는 이제 평가를 완전히 끝내는 액션과 거리가 먼 삶을 살게 됐다고 생각하거든요. 비건을 지향하기는 하

앙을 위해 임시적인 보호를 하는 유기동물 보호소와의 차이점이라는 부분이요.

부모 네, 중요한 차이죠. 그리고 기존의 유기동물 보호소는 아무래도 개, 고양이 등 반려동물이라고 간주되는 종에 국한된 활동을 하는 경우가 많죠. 그런데 반려동물이라는 말 자체에도 종차별주의적이 한계가 있잖아요. 특정 종이 동물들은 인간의 사랑을 받아야 할 동물이고, 매의 식탁에 오르는 동물은 동물이 아니라 물건이 거죠, 이 정체를 깨버리 게 종평등주의에 입각한 동물권 운동의 움직임이고요.

남 동물봄을 하려 오는 이들에게 새벽이나 잔디를 '도와주러 온다'는 시혜적인 태도를 버릴 것을 강조하신 부분도 좋았어요.

부모 네, '동물 보호'나, '동물 애호'라는 단어에는 이미 인간과 동물을 동등하지 않게 여기는 시간이 들어가 있어요. 동물

부모 네, 그렇죠. 생숙어리에도 생숙어리가 굽구적으로 도움이 되겠느냐는 약들이 달린다고 하더라고요. 저는 보지 않았지만.

유리 욕심이 폭력이라고 하는 건 맞는 말이라고 생각해요. 맞는 말을 내가 동의하지 않는 방식으로 한다고 해서 틀려지는 것도 아니라고 생각하고요. 세벽이와 같은 존재를 맞는 건, 맞는 사람이 세벽이에게 저지른 잘못이 아닐 수 없는 것 같아요. 세상 누구에게도 부끄럽지 않은, 나를 먹여 살린다는 의미에서 나 자신에게도 떳떳한 식사라 할지라도, 세벽이에게는…… 세벽이 단 한 땅에게도 자신을 공격하고 실해한 결과란 말이에요.

저는 우리가 매일 그런 식으로 살고 싶다는 사실을 인정하게 되었으면 좋겠어요. 세벽이뿐만 아니라 내가 많은 존재에게 매일, 매순간…… 참께 한 물을 먹여도 남을 때리게 되다는 것, 서로를 비난하고 단죄하기 위해서가 아니라, 그렇다면 이제 내게 어떻게 할

———

지만, '지금 당장 딸내딤'에 동참한다는 건 잠깐 숨을 참는 일처럼 느껴져서요. 좌취와 폭력의 굴레도, 내 목숨이든, 무엇이든 정말로 끊어지는 순간이 올 때까지…… 그런데 그때가 언제지? 언제까지 숨을 참아야 되는지만 알려주면 내가 숨을 참아보겠는데.

부 이제, 안 알려주면 1분도 못 참는데 알려주면 2분 참을 수도 있잖아.

유리 맞아, 맞아. 그런 느낌이 있는데, 지금처럼 흔들림 없는 얘기를 들으면…… 또 그 순간에 환기되는 첫 번째 마음이 있어요. 그치, 내가 이런 아름다움에 매혹되었지, 하는.

직접행동D×E가 고치집에 가서 '욕심은 폭력'이라고 외치는 활동을 두고 방식이 잘못됐다고 말하는 사람들 되게 많잖아요.

진지 같이 고민하고 싶어서요.

음식이 폭력이라는 사실을 맞닥뜨렸을 때 '그럼 이제 라고. 폭력이면 어째라고. 나는 폭력이 좋아. 폭력을 하고 싶어. 폭력적일수록 더 맛있어. 더 많은 폭력을 원해. 폭력 안에서 평안해.' 그렇게 되버려질 수 있는 수많은 우리들을, 아니 나를 어떻게 해야 할지…

2023. 1. 23

오늘의 메뉴

먹는 밥처럼 믿음직스럽고 소박하게 지친 몸을 달래는 음식이 좋겠습니다. 오늘 메뉴의 원형은 누구에게나 친숙한 간장기름밥입니다. 간장기름밥에서 밥을 파스타로 바꾸고 맛과 영양의 균형을 생각해 버섯볶음과 양배추절임을 더했을 뿐이죠. 여기에 따뜻한 된장국을 함께 내는 작은 정성을 들여보았습니다.

새벽이 생추어리에 간 오늘을 '좋장 입심원'이라고 이름 붙이고 새벽이와 잔디를 위해서도 특식을 준비했습니다. 네이버도 구글이든 어느 곳에서도 돼지의 입맛을 돋우는 솜씨이고 레시피를 찾을 수는 없었어요. 생추어리 활동가께서 새벽이와 잔디가 좋아하는 채소들을 미리 알려주셔서 레시피를 구상할 수 있었습니다. 누군가 몸으로 부딪쳐 찾아낸 정보를 편하게 받아서 케이크를 구웠습니다. 돼지들의 영험한 눈을 떠올리면서, 나름의 미를 갖추어 만들었어요. 레시피도 잊지 않고 적어놓았습니다. 언젠가 돼지가 아름다워하는 모양과 색깔과 셰을 알게 되면 이 레

어느 마감과 마찬가지로 밥을 차리는 과정 또한 포기하는 과정입니다. 비건 음식은 부실할 거라는 편견을 접어버렸다는 욕심, 간단히 설로 나오는 근사한 식탁을 차리고 싶다는 욕심, "밥 이렇게 많이 준비하셨어요"라는 인사를 꼭 듣고 싶다는 욕심… 그렇게 손님은 안중에도 없는 마음으로 살림을 하다가 아차차, 한 적이 얼마나 많은지 모릅니다. 밥을 할 때 제일 중요한 것은 손님 앞에 제때 밥을 내는 것입니다. 엉망 나오지 않을 가상의 산해진미보다는 당장 숟가락으로 떠먹을 수 있는 실제의 밥이 언제나 낫습니다. 그러므로 상을 차리려면 포기해야 해요. 더 많이고 더 주무르고 더 뒤척이면 더 맛이 좋아질 거라는 생각을.

오늘이 바로 그런 포기의 날이었습니다. 생추어리에서 일을 마치고 돌아오니 배는 무척 고프고 시간은 꽤 늦었거든요. 빠른 리듬으로 하리뤼 만들어 대령할 수 있는 음식이 필요하죠. 임실이 아니라면 먹을 수 없는 특식보다는, 매일

느타리버섯 들기름 파스타

재료

링귀니 파스타 200g, 느타리버섯 1~2팩, 양배추 1/5통, 마늘 6쪽, 간장 3큰술, 설탕 1큰술, 들기름 2큰술, 소금, 깨 조금

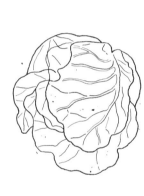

[1] … 파스타 삶을 물을 올립니다. 물에 소금을 넉넉히 넣어주세요. 보통 파스타를 삶을 때에는 물 1리터에 소금 13g 정도가 알맞다고 하는데요. 이렇게 들어서는 감이 잘 오지 않죠. 물이 끓었을 때 소금 2큰술을 넣어 소금이 녹으면 간을 봤을 때 소금이 예매한 깊이로 남았으는 모

[2] … 씻어둔 느타리버섯을 마른 팬에 볶습니다. 버섯을 볶다 보면 수분이 나와서 촉촉해질 텐데요. 그때 소금을 두루두루 뿌려줍니다. 수분이 날아가고 버섯 겉면이 노릇해질 때까지 볶습니다. 다 볶은 버섯은 빼서 접시에 담아둡니다. 느타리버섯은 크고 실한 것으로 골라주세요. 조금 덜게 볶아도 수분이 빠지면서 금방 양이 줄어듭니다. 저는 고기(느타리라는 품종)을 썼어요. 볶을 때 정말 바비큐 냄새가 나서 신났습니다.

[3] … 양배추를 할 수 있는 한 가늘게 채 썹니다. 필라나 채칼을 사용해도 되고, 일반 칼을 써도 됩니다. 파스타를 담을 접시 바닥에 깔릴 정도양이면 됩니다. 손 조심하세요. 채를 썰다가 채소 끝부분이 애매한 길이로 남았으는 모

보세요. 적당히 짭짤하면 됩니다. 면과 기름 맛으로 먹는 파스타이기 때문에 간이 간단한 편이 좋습니다.

시피를 고쳐야지요. 그때에 레시피를 고치는 건 제가 아닌 다른 사람일 수도 있겠습니다. 레시피는 변화에 거리낌이 없는 종류의 글이니까요. 부디 이 레시피가 크고 작은 변화를 계속해서 겪기를 바랍니다. _담

아욱된장국

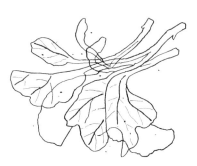

재료

무(중간 크기) 반 개, 아욱(또는 시금치, 얼갈이 등 봄동 등 좋아하는 된장국 재료 아무거나), 마늘 6쪽, 파 반 대, 참기름, 국간장, 진하고 전 된장(집된장 또는 재배식된장), 부드럽고 단 된장(시판된장), 진고추 1~2개

...험하지 말고 그 자리에서 와작 먹어버리는 편을 추천합니다.

[4] ... 버섯을 볶았던 팬에 편으로 썬 마늘을 넣고 올리브유를 넉넉히 두릅니다. 약불을 켜고 낮은 온도에서 서서히 마늘을 익히며 마늘기름을 내주세요. 마늘이 타기 전에 익히기를 멈춰야 합니다.

[5] ... 간장과 설탕을 분량대로 섞어둡니다.

[6] ... 삶은 파스타를 건져 마늘과 올리브유가 있는 팬으로 옮겨 볶습니다. 미리 섞어둔 간장과 설탕을 넣고 파스타도 4~5숟술 뿌려서 파스타를 볶습니다. 파스타는 열정적으로 볶아야 맛있습니다. 기름과 면발과 면수가 잘 섞여 자작해질 수 있도록 면을 많이 과움해주세요. 파스타를 열주 다 볶았다면 마지막에 들기름을 뿌려 한 번 뒤섞은 뒤 불에서 내립니다. 또는 파스타를 접시에 담은 다음에 들기름을 뿌려도 좋습니다.

...다. 들기름은 발열점이 낮아 잘 탑니다. 열을 오래 가하면 금방 쓴맛이 나요.

[7] ... 접시에 양배추쌈을 얹고 파스타를 올립니다. 파스타 위에는 느타리버섯볶음을 올립니다. 느타리버섯 들기름 파스타 완성입니다. 상에 내기 전, 깻잎 뿌려도 좋습니다.

* 이날의 아욱국은 파 기름을 내서 끓인 된장물에 아욱을 넣은 간단한 구이였는데요. 시간이 조금 더 있다면 다음 순서를 따라 아욱뿐 아니라 다른 채소를 넣어도 맛있는 필승의 된장국이 완성될 거예요.

[1] … 냄비 바닥에 참기름을 두르고 편으로 썬 마늘 또는 다진 마늘을 넣습니다.

[2] … 작게 깍둑썰기한 무를 냄비에 넣고 마늘과 같이 볶아줍니다. 양파를 넣고 싶다면 이 단계에서 채 썬 양파를 같이 볶아주세요. 양파를 넣으면 국물이 더 부드럽고 달아집니다. 대신 국물을 먹을 때 식감이 덜 깔끔합니다.

[3] … 무의 겉면이 투명해지기 시작하면 물, 쌀뜨물, 다시마물 등을 넣고 끓입니다. 조금 감칠한 된장국을 느끼고 싶다면 이 단계에서 건고추를 1~2개 넣어주세요. 고추를 썰거나 부수지 않고 통째로 사용해야 나중에 건져내기가 수월

함니다.

[4] … 진하고 찐 된장과 부드럽고 단 된장을 3:1 정도의 비율로 꽤서 손잡이가 있는 제망에 담습니다. 끓고 있는 국물에 제망을 반쯤 담고 국물 건더기가 국물에 들어가지 않도록 숟가락으로 된장을 휘휘 둘러가며 설설 풀어줍니다.

[5] … 아욱을 손가락 한 마디 정도 길이로 썰어 국에 넣습니다. 처음에는 냄비에 다 들어갈까 싶을 정도로 부피가 컸던 채소가 뜨거운 국물을 만나 사르르 줄어드는 모습은 언제나 마음을 흐뭇하게 합니다.

[6] … 아욱이 푹 익을 때까지 중약불로 국을 끓여주세요.

[7] … 아욱이 충분히 익으면 어슷하게 썬 파를 넣고 한소끔 더 끓입니다.

[8] … 제 입맛에는 된장국은 두 번 끓여야 훨씬 맛있습니다. 불을 꺼두었다가 먹기 전에 다시 한번 꽤어서 드세요. 하루 묵은 된장국이 까운, 더 진한 맛을 낼 수 있습니다.

* 국물은 먹고 싶지만 시간은 없는 분들을 위한 조스피드 파된장국도 소개해봅니다. 일명 '냄비 구이 된장국'인데요. 저는 이 방법을 〈오세〉이 만드는 일본 드라마에서 배웠습니다. 먼저 된장을 꽤 물에 어슷하게 썬 파를 넣고요. 빈 냄비를 불에 뜨겁게 달군 다음 된장을 냄비 바닥에 조금 붙습니다. 국물이 뜨거운 냄비 바닥에 꼴고루 둘러가며 굽듯이 국물을 꽤으로 주세요. 된장국 완성입니다. 여기에 꽤이버섯만 더 해도 충분히 사치스럽습니다.

새벽이와 잔디를 위한 채소컵케이크

재료

감자 9개, 찐 옥수수 4개, 당근 4개, 단호박 1~2개, 블루베리 400g, 전분가루, 올리브유

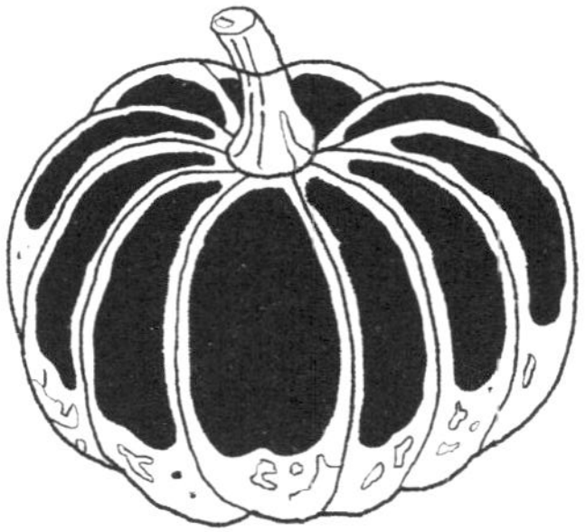

[1] … 깨끗이 씻어 껍질을 벗긴 감자를 푹 찝니다.

[2] … 감자가 잘 익으면 열을 날리고 열심히 으깹니다. 찐 옥수수의 알갱이만 발라 으깬 감자에 섞어줍니다. 전분가루를 조금씩 뿌려가며 농도를 잡습니다. 이 반죽이 컵케이크의 빵이 됩니다.

[3] … 깨끗이 씻어 껍질을 벗긴 당근 3개와 단호박을 듬성듬성 썹니다. 재료를 냄비로 옮겨 물을 자작하게 붓고 푹 끓입니다.

[4] … 당근과 호박이 충분히 물러졌다면 물을 조금 덜어냅니다. 당근과 호박을 불 위에서 으깨고 저어주면서 남아 있는 수분을 날려주세요. 이 반죽이 컵케이크 위의 크림이 됩니다.

[5] … 감자 반죽과 당근호박 크림을 충분히 식혀주세요.

[6] … 감자 반죽을 떠서 컵케이크 모양으로 빚어줍니다. 손으로 빚어도 되고 종이컵을 틀로 사용해도 됩니다. 윗면이 동그랗게 올라오도록 빚는 편이 나중에 크림을 올릴 때 편합니다.

[7] … 반죽을 다 빚었다면 올리브유를 살짝 바르고 180도로 예열한 오븐에서 겉면이 노릇해질 때까지 구워줍니다. 컵케이크 틀이 있다면 틀에 올리브유를 살짝 바른 다음 구워도 됩니다. 이 과정은 생략 가능합니다.

[8] … 감자 빵이 다 익으면 오븐에서 꺼내어 한 김 식힙니다.

[9] … 지퍼 백처럼 탄탄한 비닐주머니에 당근호박 크림을 담고 한쪽 모서리를 조금 잘라냅니다. 비닐주머니를 꾹 짜가며 감자 빵 위에 크림을 빙 둘러줍니다.

[10] … 생당근 한 개를 반달 모양으로 얇게 저밉니다.

[11] … 컵케이크 위에 블루베리와 저민 당근을 올려 알록달록하게 장식해줍니다.

26번째 자치구의 주민,

미어캣

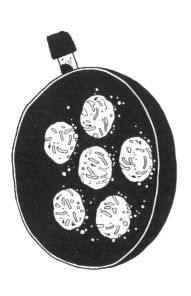

"전을 좋아하신다고 미리 말씀해주셔서요. 모둠 전 부쳐봤어요. 여러 가지로 만들면 식감도 다양해지니까."

"호박전이랑 감자채전··· 동그랑땡도 있네요. 버섯동그랑땡."

"그게 동그랑땡을 만들 때 좀 묘한 기요. 내가 지금까지 먹어오던 음식 버전의 동그랑땡이 있을 거잖아요. 그 동그랑땡이 맛을 재현해보겠다 하면 요소들을 생각해야 하잖아. 동그랑땡이 왜 맛있느지를 구성과 성분별로 분해해서 생각하게 되는 게 잔인하게 느껴지는 거야, 가끔. 그런 민망함이 있습니다···."

좋은 소식을 접한 미어캣이 너무 신이 난 나머지 아무 이유 없이 이쪽저쪽 전속력으로 마구 달리는 모습을 본 적이 있다. 참 신기한 광경이었다.

사실 내 일상에서는 미어캣을 볼 때마다 신기하다. 미어캣은 내게 없는 매력을 많이 가졌다. 일단 기본적으로 활력이 있고, 매사에 긍정적이고, 사람을 좋아한다. 이해를 돕기 위해 MBTI를 동원해보자면 나는 INTP, 미어캣은 ENFP다. 이는 우리가 네 항목으로 포짐수 있는 비스트 중 두 항목에서 특정 기준을 중심으로 서로 거리가 먼 답을 반복적으로 공장났다는 뜻에 불과하지만, INTP와 ENFP의 관계를 설명하는 글을

다양한 일을 너무 많이 하느라 힘들어 보일 때 염상한테 앉혀보긴 했지만, 미어캣이 염상을 잘 부리고 잘 자라는 생각은 안 했다. 미어캣은 나쁜 일이 생겨도 자신이 나쁜 일로 더 나빠지도록 내버려두지 않는다. 습도 마음 1이 생기면 속에 삼켜서 살을 붙이거나 셈을 덧칠하지 않고 그저 1만큼 슬프다고 말한다. 눈물이 나면 눈물이 난다, 두려우면 두렵다, 하고 마는 것이다. 아팠던 기억을 물어봐도 맞다, 그땐 아팠다고 사실대로 대답하고 나면 끝이다. 더 이어지는 이야기가 없다.

반면 기쁜 일에 관해서는 완전히 다르게 반응하는데, 기쁜 일이 생기면 아무리 작은 일이라도 크게 받아들이는 편인 것 같다. 나는 기본

미어캣은 마포구 시민이다. 기후위기 대응을 위한 연대체인 '기후위기 비상행동'에서 일했고, '비빌방에 분노한 사람들'의 주요 멤버였으며, 그보다 더 전에는 경의선공유지에서 쫓겨난 사람들과 함께 사는 삶을 꾸렸다. 성미산 지키기, 마포청년들 ㅁㅁㅁ, 홍대 관광특구 대책회의와 겹치는 지역 활동에서도 늘 열심인 미어캣은 한 명이 바뀌면 내 주변이 바뀌고, 내 동네가 바뀌고, 지역이 바뀐다는 철학을 가지고 있다. 그는 투쟁 현장이나 뒤풀이, 아무회 자리에서 뚝딱뚝딱 재밌는 곡을 작곡해 들려주는 음악가이기도 하다. 가장 널리 알려진 곡으로는 이제 그만 집에 가고 싶은 마음을 진솔하게 노래한 〈퇴근송〉이 있다.

현수막 간판으로 만든 수레 달린 자전거가 선거 트럭 대신 달리는 중이다.

장미꽃 봉오리가 터지기 시작한 듯 봄, 햇살과 나무가 드리운 빛과 그림자 아래 누에 웃음 같은 사람들이 지나간다. 그들은 나른하게 힘이 들어가거나 한 자유로운 얼굴로 웃기도 하고 노래하기도 하고 뭔가 소리치기도 하면서 동네를 누빈다. 누군가 연주하는 기타 소리에 발걸음이 흥겹다. 나는 관악구민이라, 인스타그램 스토리를 통해 춤추듯 늘어지는 행진 영상을 뒤늦게 시청했다. 그리고 생각했다. 이런 유세라면 한번쯤 가능하다거나… 진짜 이상하고, 낯설고, 아름답다. _유리

치를 원했다. 그래서 그런 정치인이 되고자 일꾼이 이름을 걸고 나섰다.

다만 선거 때문에 생길 쓰레기가 걱정이었다. 누세연합은 2022년 5월 18일 발표한 보도자료 「국민 세금으로 쓰레기 생산하는 선거, 더 이상은 안 된다」에서 지방선거 홍보물 사용으로 배출되는 온실가스가 4억 개의 플라스틱 컵 일회용컵 사용량으로 인한 탄소 배출량과 맞먹고 밝힌 바 있다. 미세캣의 선거팀은 새로 웨이스트를 지향하는 선거를 치르기로 결심했다.

마포 '라' 선거구에 사는 사람이라면 한번쯤 미세캣의 유세 행렬을 목격한 적이 있을지도 모른다. 배려진 현수막으로 만든 어깨띠를 메고 사람들은 미세캣 명함을 돌리며 선두에 선 단발머리 여자가 바로 미세캣이다. 마포를 숲으로 바꾸는 파캣을 든 청년들이 그 뒤를 이어 선는다. 그들은 2018년, 2020년 선거에서 입었던 티셔츠를 뒤집어 2022년 선거 정보를 프린트한 재활용 유세복을 입고 있다. 결에는 안 쓰는

읽어보면 미세캣과 나를 설명하는 내용이 아주 아니진 않아서 흥미로웠다. 예를 들어 어떤 MBTI로 분석 글에서는 별 근거도 없이 INTP가 ENFP로부터 에너지를 받아 간다고 나온다. 그런데 가만 생각해보면 미세캣과 같이 일을 하다가 내가 속으로 이기고 싶었다고 판단하는 순간 어디선가 미세캣이 나타나서 힘이 나는 춤 비슷한 동작을 하긴 했다. 그러면서 "그래도 우리 함 내서 더 해보자! 우와아아!"라고 기합을 넣고 그러면 나도 다시 춤 더 해볼 생각이 들면서 소매를 걷어붙이게 되고 그랬다. 그러다가 끝내 잘되는 일도 있었다. 그럴 때는 미세캣이 얼마나 다행인지 모른다고 느꼈다.

염산안에 다녀간 미세캣은 2022년 2월, 기후위기비상행동 활동을 중단하고 녹색당 마포구의원으로 출마했다. 자신이 활동해왔던 여러 영역에 정치가 부재하다는 문제의식 때문이었다. 미세캣은 임자인을 위한 정치, 지역 예술인을 위해 미세캣은 임자인을 위한 정치, 동물을 위한 정치, 산과 들을 위한 정

답　기후위기 비상행동 활동가라고 들었어요. 그 외에도 다양한 의제에 연대하고 계신 것 같아요. 공연이나 전시 같은 예술 활동도 하시고요. 활동가도 배우나 배우의 활동가인 것은 아닐 텐데, 어떻게 일을 시작하게 되셨어요?

미어캣　원래는 그냥 직장 다녔어요. 영상 외주 회사에서 일했는데요. 아는도 많고 위계적인 조직문화도 힘들어서 '이렇게 살아야 하나?' 하고 그만뒀어요. 회사 관두고는 몇 개월 동안 두문불출하고 게임만 했어요. 그러다 우연히 인디 레이블에서 일하게 된 거예요. 거기서 음악 하는 친구들, 인디밴드 하는 친구들을 만났어요. 그러면서 이생이 좀 바뀌었어요. 어느 날 그 친구 중 한 명이 '벌갤'에 나가보자는 거예요.

답, 유리　음~

미어캣　그때 갔던 곳이 한남동 '테이크아웃드로잉' 건물이었어요. 건

· 활동가 미어캣의 탄생

불루였던 가수 싸이하고 강제집행을 막으려는 예술가들하고 한창 싸우고 있을 때였죠. 거기서 만난 사람들과 친해지면서 그 공간에 자주 드나들었어요. 공연, 마켓 같은 것도 기획하고요. 용역들이 올까 봐 사람들하고 돌아가면서 공간을 지키기도 했어요. 자연스럽게 현장이 알게 됐죠. 같이 먹고 자고 아침밥 해 먹고. 이런 경험이 저한테는 뒤에 좀 있어요. 제가 고향을 떠나서 서울로 오면서 정들거나 마음을 붙일 곳이 없었거든요. 그런데 거기서 나이도 직업도 성별도 다른 사람들하고 하나의 목표를 가지게 되니까, 우리가 그 공간을 함께 지키는 사람들이라는 유대감을 크게 느끼게 되더라고요. 그래서 이게… 연대라는 건가? 싶었죠.

답   방금 만화 한 장면 같았어요. (웃음)

미어캣   네, 그 경험이 활동의 출발점이 된 것 같아요. 처음에는 연대인으로 시작을 했던 거죠.

그다음부터 다른 곳에도 갔죠. 서대문 옥바라지 골목도

가고, 마포구 아현포차 현장에도 가고, 강제집행을 목격하기도 하고.

그런데 2016년쯤에 경의선공유지라는 공간에 가게 됐어요. 원래 그 땅은 경의선이 지나다니던 뒤쪽이었어요. 경의선이 경의중앙선으로 지하화가 될 때, 그 위에 철길이 철거되면서 나대지 땅은 어떻게 활용할 것인가, 하는 문제가 생겨난 거죠. 그중 일부분은 경의선 숲길이 됐고요, 역세권 부근의 땅은 개발구역으로 지정이 됐어요. 대기업한테 임대를 해주고 건물을 올리겠다는 계획이었죠. 경의선 숲길 공사를 하는 동안에는 마포구 시민단체들이 경의선공유지에 모여 '늘장'이라는 시민 장터를 운영했어요. 그때 경의선 숲길 공사가 끝나니까, 2년 동안 잘 운영되었던 늘장 사람들한테 이제 나가라고 한 거예요. 원상복구를 해놓고 나가라고. 저는 늘장에 자주 갔거든요. 친환경 제품 파는 곳도 있고, 우리밀팥과자 같은 먹거리 판매하는 가게도 있고, 빈티지숍도 있고… 저도 거기서 물건 사고팔고 했거든요. 그렇게 자주 이용했는데 이제 와서…

유리 대신 프랜차이즈 같은 거 입점시키겠다?

미어캣 그렇죠. 특정 기업이 그 공간을 임대하고 건물을 올려서 사용하겠다는 거예요. 거기가 한 백 평 정도의 넓은 땅인데, 그 공간을 한 기업한테 다 주겠다는 거야. 그 땅은 구유지라서 팔 수가 없거든요. 임대하는 가능하죠. 그런데 특정 기업이 그 땅에 건물을 올려버리면 그게 맞인 임대차 그 기업의 사적인 공간이 되어버리잖아요. 지역 주민들은 그곳에서 물건을 팔 수도 없고 행사를 열 수도 없죠. 주민들이 오직 소비자가 그때부터 존재하게 되는데, 그건 좀 아닌 것 같아서 경의선공유지 활동을 시작했어요. 2016년부터 2020년까지 4년 했죠. 놀이터도 만들고 마켓도 운영하고 여름에는 물놀이장도 만들고 텃밭도 가꾸고 있고 하고… 맞케스트도 만들고 제간지도 만들었어요.

유리 할 수 있는 건 거의 다 했네요.

미어캣 할 수 있는 건 다 했죠. 근데 그렇게 4년 동안 경의선공유지를 지키려고 노력했지만, 어쨌든 저희 활동이 영원법상으로는 불법이잖아요. 저희는 불법이 아니다 비합법적 점거라고 하는데, 이걸 '스쾃팅'이라고 해요. 둘러앉아 있는 거죠. 당연히 사람들이 용인하지 않죠. 주변 아파트에서도 민원이 계속 들어왔어요. 왜냐하면 그분들은 거기가 공원이 될 거라고 기대하셨으니까. 그런데 이상한 사람들이 와서 그 공간을 차지하고서 맨날 이상한 걸 한다? 북을 걸고, 공연하고, 시끄럽다.

답 그게 공원이 아닐까요? (웃음)

유리 공원처럼 들리네요.

미어캣 다른 지역에서 재개발로 밀려나거나 공유지에서 포장마차를 운영하기도 했어요. 원래 아빠도 돌레방다리에서 몇 십 년 동안 포차를 해왔는데, 정비사업 같은 걸로 다 쫓거나 미어캣 저희는 두 손 두 발 두 발 다 들 수밖에 없었죠. 왜냐하면 어떤 포차 이모님, 농성현동조합 조합원과 조합원같이 상식적으로 그 공간에 있었던 사람들 앉으로 소장이 날아왔거든요. 활동 가듯 앉으로 온 게 아니라요. 그래서 그냥 2020년 4월쯤에 결국 위상보수를 했어요. 컨테이너 빼고, 정리를 다 했고.

유리 그다음 활동이 'n번방에 분노한 사람들'이죠? 그때 저랑 미어캣이 만났어요.

미어캣 맞아요. 정의선공유거 활동이 끝나갈 때쯤 조장이 저한테 'n번방에 분노한 사람들'(이하 'n분사') 활동 같이 하자고 제안해왔어요. 저는 좋다, 너무 하고 싶다, 그랬죠. 저도 텔레그램 성착취 사건을 접하고 너무 화가 났으니까. 처음에는 1인 시위만 했는데 점점 붙여나서… 분명 우리는 1인 시위만 하려고 했었는데… 어쩌다 일이 커졌지? 순장우 판결 부터요?

고 갈 곳이 없어진 분들이 오신 거죠. 도시에서 쫓겨난 사람들이 더 이상 갈 곳이 없잖아요. 공적인 영역에서 그 사람들을 챙길 수가 없다면 우리가 같이 살아보자, 여기로 오시라, 그랬죠. "정의선공유거는 서울의 26번째 자치구다!" 선언도 했어요. 그때 그 주변에 사는 사람들 중에는 그게 싫은 분들도 있었겠죠.

유리 싫어하는 시민도 있었다면 좋아하는 시민은 어땠나요?

미어캣 텃밭을 가꾸고 싶어서 찾아오시기도 했고요, 물놀이장이나 마켓을 열면 아이들이랑 같이 와서 노는 사람들도 있었어요. 그러다가 국토교통부에서 우리더러 4년 동안 이 땅을 점거했으니 36억 원을 배상하라고 소장이 날아온 거예요.

유리 와, 진짜 매정하다.

유리 네. 2020년 7월에 손정우 미국 송환 불허 판결이 나면서 갑자기 1인 시위가 1,000인 시위가 됐어요. 손정우가 '웰컴투비디오'라는 사이트를 운영하면서 아동·청소년 성착취물을 팔아서 4억 정도 벌었대요. 한국에서는 겨우 징역 1년 6개월이 구형됐는데, 이게 세계 최대 규모의 아동성착취 사이트니까 보니까 미국에서라도 기소가 돼 가지고. 미국으로 보냈으면 아마 다시는 한국에 못 돌아왔을 수도 있어요. 감옥에서 죽게 되었을지도 모르죠.

미어캣 처음에는 코로나 시국이니까 시민들이 비법법적 떨어져 있는 상황에서도 할 수 있는 액션을 해보자는 생각으로 1인 시위를 시작한 거였어요. 그런데 손정우 미국 송환 불허 판결 기사를 접하고 나서 불이 난 거예요. 확 나서 안 되겠다, 우리 뭐라도 해봅시다, 그래서 기자회견을 하게 됐어요. 그런데 그 기자회견에 시민 150명이 온 거예요.

유리 그렇게까지 할 생각이 아니었는데 150명이 딱 모여 버렸죠.

미어캣 기자회견 장소가 시조동 별의 별일 앉아 있었는데, 거기 사람들이 바글바글했어요. 그때부터 달리기 시작한 거죠. 집회도 하고, 기자회견도 하고, 릴레이 1인 시위도 하고, 국회 안에서도 시위하고, 지방으로도 시위가 확산되고….

유리 맞아요. 국회 앞에서는 n번방 방지법 통과시켜라, 이런 얘기를 주로 했고요.

미어캣 법원 앞에서는 솜방망이 판결 하지 마라, 그리고 사법부도….

유리 사법부도 공범이다.

미어캣 네, 그걸 주로 얘기했던 것 같아요. 아직도 기억나는 게, 그무에 활동을 계속할 수 있었던 것 같아요. '○○사'의 활동이 작은 승리처럼 느껴져서.

2020년 여름에는 '기후위기 비상행동'에 들어갔어요. 미디어 홍보 활동가를 구한다고 해서요. 저는 그전까지만 해도 '기후위기가 중요하지, 부느급 어떡하지?' 이 정도만 생각했었거든요. 근데 거기 들어가서 여러 자료를 접하다 보니까 '우리 진짜 진짜 진짜 망했다, 얼마 안 남았구나?' 하는 생각이 들었어요. 활동 초반에는 기후 우울이 오기도 했죠. 너무 답답스럽게 많은 정보를 접했고, 전문가들이 자기는 끝났다고 말하는 걸 보니까.

유리 어땠어요, 우울했을 때?

미어캣 잠이 잘 안 왔어요. 계속 기후위기 생각이 나고. 기후위기에 좀 관심이 있었다는 나조차도 관련 정보를 정확히 몰랐고, 단체에 들어오고 나서야 너무 뻔하다, 그런데 이 심각한 문제를 전혀 모르고 있는 사람들이 너무 많다는 거잖아

때 7월이었나 8월이었나, 비 오는 날 서초동 법원에서 모였던 거?

유리 아예 무대를 쌓아서 시위를 한 번 했었는데, 그날 비가 엄청 왔어요.

미어캣 근데도 사람들이 5백 명 넘게 왔어요. 다 같이 우비 입고 행진하고, 바닥에 앉아서 구호를 외치느니, 텔레그램 성착취 문제 해결을 바라는 사람들의 열망 같은 게 간절하게 느껴졌어요. 다들 이 문제를 정말 중요하게 여기고 있다는 걸 알 수 있었어요, 열심히 했죠. 저희뿐만 아니라 다른 활동가분들도 함께싸웠어요. 다른 단체에서도 많은 액션을 했었고요. 그리고 나서 2020년 말쯤에 법이 좀 바뀌었죠. n번방 방지법이 생겼어요, 재판에서 구형하는 형량도 좀 들어나게 하는 됐고요. 사람들이 목소리를 내니까 바뀌는구나 하는 생각이 들었던 것 같아요. 경이선공유자는 아직게 끝났지만 성착취에 관해서는 빛가 바뀌었다, 하는 경험 때 텔레그램 성착취에

요, 근데 미디어에서는 기후위기를 제대로 조명하지도 않고
있고요.

유리 얼게 돼서 되게 놀랐던 정보 같은 거 있어요?

마여깃 '티핑포인트'라는 개념이 있잖아요. 어떤 변화가 걷잡을 수
없이 급속하게 발생하는 시점, 그런데 기후위기의 측면에
서 보면 지구는 지금 티핑포인트에 근접해 있다고 해요. 그
다음에 기후위기는 이제 막을 수가 없다는 사실이 충격적이
었어요. 완전히 막을 수는 없고, 딸맘을 늦추는 정도만 가능
하다는 거죠. 지금 당장 지구상의 모든 석탄발전소를 다 끄
고 모든가스를 완전히 배출하지 않는다고 해도 지구의 온도
는 상승할 거예요. 근데 석탄발전소는 계속 돌아가고 있고,
사람들도 전기 쓰면서 그냥 살고 있잖아요. 지금과 같은 삶
을 영위해서는 절대 기후위기를 늦출 수 없어요. 그리고 늦
추는 방법이 있다 해도 사람들이 그걸 원항지가 확실치 않아
요. 왜나하면 경제성장에 걸림돌이 되니까요.

정의신공유지, n번방, 기후위기,
세 의제 간의 차이

답　지금 말씀해 주시는 활동을 주요한 의제들로 나누어 보면 경의선공유지, n번방, 기후위기, 이렇게 세 가지인데요. 운동의 활력이나 사회의 반응을 비교해 볼 때 의제가 엄청 다르다고 느끼셨을 것 같은데요. 물론 그 활동들이 손을 맞잡고 있는 부분이 있기 때문에 한 운동에서 다른 운동으로 확장해나갔겠지만요. 그러니까 경의선공유지를 보는 시민들의 인식, n번방을 보는 시민들의 인식, 기후위기를 보는 시민들의 인식이 다 달랐을 텐데요. 미어캣에게는 세 의제 간의 차이가 어떻게 느껴졌었는지 궁금해요.

미어캣　일단 경의선공유지 활동 당시에는 저도 아는 게 별로 없었어요. 뭘 많이 공부했거나 깊이 고민했던 게 아니라, '이 공간은 다 같이 쓰는 공간이어야 한다, 누군가 독점해서는 안 된다?' 그런 생각만 가지고 활동을 시작했어요.
'커먼즈'라는 개념이 있거든요. 공동체, 공공자원이라는 뜻인데요. 우리가 다니는 도로도 커먼즈고, 어떻게 보면 지구도 커먼즈죠. 옛날 시골에는 그런 공동체가 굉장히 많았거든요. 마을 공용 여장이라든가, 우물 같은 것도 마을 사람들 모두가 함께 썼잖아요. 그렇기 때문에 사람들이 협동해서 그곳을 가꾸고, 여기까지만 소비하자, 이만큼은 아끼자, 그런 약속을 하는 거죠. 그런데 도시에는 그런 공간이 많지 않아요. 사람들이 이용의 주체가 되는 동시에 그 공간을 돌보는 주체도 되는 그런 공간이 드물어요. 한국에서는 네 거와 내 거를 구분하는, 그러니까 사유재산이라는 감각이 굉장히 발달되어 있잖아요.

유리　맞아. 재산을 둘러싸고 합법과 불법 구분도 강하죠.

미어캣　경의선공유지도 구 주거지거든요. 나라의 땅이에요. 나라 땅이면 국민들의 땅이기도 하잖아요. 그러니까 어떻게 보면 나에게도 그 땅에 대한 권리가 있는 거예요. 그런데 사람들은 경의선공유지 활동을 욕할 때, 그거 나라 땅인데 너네들이 왜 그러냐고 그래요. 그런데 우리는 나라 땅이니까 시민들

누구를 시민들이 점거하고, 26번째 차차구 주민으로 스스로를 임명하고, 4년 동안 자체적으로 운영을 했죠. 쉽지 않은 일이었고 어쩔 수 없이 사라졌지만 저는 좋은 실험이었다고 생각해요.

저희가 점수하고 나서 그 공간은 펜스에 가로막힌 채로 그냥 버려진 땅이 됐어요. 2년이 지난 지금까지도.

그에 반해 'n번사'는 화면이 엄청났어요. 워낙 많은 사람들이 주목한 이슈이기 때문에, 성평등이 개입, 그러니까 페미니즘 같은 걸 모른다 하더라도 미켓방을 이룸에 반대하는 사건으로 여겨졌고, 내용이 잔인함에 모두가 분노했고, 엄청나게 많은 사람이 함께했고, 저희의 활동을 지지해줬죠.

유규

이 더 많이 쓰게 해야 한다, 왜 나라 땅을 가지고 기업이 이윤을 추구하도록 두냐, 이렇게 주장을 하거든요.

그런데 대부분의 시민들에게는 우리의 주장이 너무나 급진적인 거죠. 정의선공유제를 다룬 칼럼이나 기사가 나오면 댓글에 다 이렇게 적혀 있어요. "너네들 땅도 아닌데 왜 점거하냐, 남의 땅을 왜 너희가 사적으로 소유하냐." 이 부분을 많이 고민했지만 아직은 설득하기가 힘들다는 걸 실감했어요.

그럼에도 정의선공유제 같은 공간을 방치하게 권리를 다 뺏긴 받는 시민이 공간이 다 사라지거든요? 예를 들어 지하철역도 다 누구거예요. 근데 그 공간을 인간 개발 하라고 대기업에 주면 벽화점 세우고 마트 만들잖아요. 누구거인데도 시민이 그냥 들어갈 수 있는 공간이 아니게 돼요. 돈을 내야 사용할 수 있는 공간이 되는 거예요. 모든 시민이 출입 가능한 공공도서관 같은 장소가 생기는 대신, 소비자만 들어갈 수 있는 가게가 생기는 거예요, 당연하다는 듯이.

정의선공유제는 하나의 실험이었다고 생각해요, 도시 손

제가 2015년에 반성폭력 활동을 시작했었는데요. 한 해 한 해 시간이 흘러가면서 느끼는 건 디지털성폭력 영역에서는 조금씩이나마 계속 승리하는 부분이 있다는 거예요. 페미니즘 리부트 이후 활동을 시작해서 그런 걸 수도 있지만, 수도가 디딜지인정 이쨌는 부분적으로나마 꾸준히 나아지는 게 있어요. 어떤 여성도 불법 촬영 및 유포 문제에서 자유롭지 않다는 건 모든 여성이 디지털성폭력 근절을 위한 움직임의 한 표를 인저순다는 뜻이기도 하죠. 대다수 여성들이 현실을 얕게 된 이상, 강하게 결집될 수밖에 없는 여건이 마련된 거죠.

근데 그 영역 밖으로 나와서 다른 여성운동 세션, 다른 활동들 쪽에 갔을 때 저는 처음에 좀 놀랐어요. 계속 패배하는 거예요. 계속 지고 계속 뺏기고 입법 계속 안 되고. 예를 들어서 전국장애인차별철폐연대가 장애인 이동권 시위를 20년 넘게 하고 있는 것처럼요. 그런 걸 보면서 처음에는 어떤 감정이 들었냐면,

니도 있고 중년 남성도 있었어요. 평소에는 사회운동과 거리가 있는 일상을 사는 시민들, 다양한 연령대의 다양한 사람들이 오시는 거예요. 근데 모두가 n번방이라는 사건에 대해 분노하는 사람들이라고 해도, 생각의 층위는 또 다른 거죠.

답 왜 화났는지가 다 다른 거죠.

유리 네. 우리 '아이들'에게 이 어떻게 할 수 있느냐는 반응부터 시작해서… 그러니까 안에서 n번방이 아이들에게 일어난 일이기 때문에 분노한 시민의 경우에는, 성인 여성이 자발적으로 성적 영상을 촬영하다가 경험하는 디지털성폭력 피해에는 이렇게까지 분노하지 않을 수도 있죠. 분노한다 해도 군이 시위하려 오지는 않을 수도 있고요. 근데 텔레그램 성착취 사건은 어떤 보편의 기준에 걸리는 게 많았어요. 그런게 활동의 추진력이 됐던 것 같아요.

'뭔가 방법에 문제가 있나?' 싶었어요. 이게 올바른데 패배한다는 것을 믿고 싶지가 않아서. 이게 진짜 옳은 일인데, 맞는 말만 하는데도 그냥 계속 패배해. 그랬을 때 운동을 실패한다는 것에 대한 괴로움, 무기력함이 있었어요.

미어캣 맞아요.

유리 그런 감정이랑 싸우고 나서는 패배를 두려워하거나 부끄러워하지 않는 태도가 진짜 중요하다고 생각을 바꿨어요. 이기고 지는 문제가 아니라고 생각하게 됐고요. 왜냐하면 어떻게 해도… 실패할 수밖에 없을 때가 있거든요.

옛날에 운동은 간지가 나아야 한다고, 당당하고 멋진 게 있어야 한다고 생각을 했는데, 하다 보니까 이렇게 해도 제대로 못 챙기는, 어떻게 해도 구린, 때로는 비참하기까지 한 운동이 항상 있는 거예요. 그래서 그런 걸 쪽팔려하지 않는 연습을 하게 됐어요, 개인적으로는.

미어캣 정말 동의를 하는 게, 어떤 변화가가 실정적으로 눈에 보이면 열심히 활동했던 사람으로서 좀 고양이 돼요. 이 활동이 의미가 있었구나, 목소리를 냈면 바뀌는구나! 그런데 그렇지 않은 경우에는 좌절감이라고 해야 하나요, 그런 감정이 많이 들어요. 경의선공유지에 관해서도 지금은 단답하게 얘기하지만 사실 그 공간이 없어질 때쯤 심하게 우울했어요. 너무 우울한데, 같이 활동한 사람들 앞에서는 우울하게 못 있어요. 사람들이 활동가이 저한테 와서 얘기를 하잖아요. 메들 들어 아현포차 이모들이 막 울면서 저한테 "아이고 이제 다 뿔뿔이 흩어지면 우리 얼굴 못 보는 거 아니냐, 너는 여기가 있어서 너무 좋았느데, 미어캣도 있고 다른 사람들도 있어서 너무 좋았느데 우리 흩어지면 이제 어도 못 닿는 거 아니냐" 그래요. 그러면 제가 그 앞에서 "괜찮아요, 우리 여기 떠나도 계속 얼굴 보고 연락하면 되죠" 그러는데 그다음 기후위기 비상행동은 대정부 활동을 했거든요. 국회 가서 기자회견하고, 벼이나 의원들도 만나고, 정책을 바꿔야 하니까 정부 쪽에도 얘기를 하고, 국회의원들도 만나고. 그러다 보니까 지금 정부나 국회가 기후위기에 대해서 어떤 입장인지를 어렴풋이 알게 되더라고요. 우리 앞에서는 "바뀌어야죠~ 기후위기 해결해야죠~" 그래요. 그런데 사실은 변화하는 걸 되게 싫어한다는 느낌을 받았죠.

유리 맨날 똑같은 태도야. 이번 정부에서는 아니고 다음 정부에서 해야 돼. 왜냐하면 기업들한테 욕먹기 싫으니까.

미어캣 2050년까지 탄소중립이라는 걸 하기로 했잖아요. 문재인 대통령이 우리나라도 탄소중립 하겠다고 선언을 했었고요. 탄소중립은 탄소를 배출하는 양과 탄소를 흡수하는 양을 맞춰서 실질적인 배출량이 0이 되도록 하는 건데요. 그러려면 2050년까지 10년 단위로 탄소 배출을 줄이기 위한 계획을 내놔야 하거든요. 한국은 탄소 배출량이 엄청나서 2050년

집에 오면 막 눈물이 나요.

유리 맞아 맞아. 활동 가니까 의연하게 "괜찮아요. 다음에 잘하면 되죠" 이렇게 하고 집에 가서는 혼자 울면서 그러죠. 다음에? 다음에 어떻게…… 잘하지?

답 다음이 있을지 없을지는 어떻게 알지?

미어캣 아, 진짜 눈물 날. 내가 거기서 불안해하면 안 되잖아. 그럼 그 사람들이 더 힘들어지니까, 앞에서는 씩씩하게 다시 보자고 얘기하는데, 집에 오면 어떻게 다시 만날지를 장담할 수 없어서 눈물이 막 나요. 내 세계가 사라진 느낌. 4년 동안 그 공간에 정이 많이 들었는데, 너무 많은 사람을 만났느니, 그 관계가 영영 없어지면 어떡하지? 그래서 힘들었어요. 그런데 공간이 사라져도 어쨌든 사람들이 남더라고요. 아 국도 정의공유지에서 만났던 사람들을 한 열린다고요. 이 모임에도 가요. 지금도 많이 많이 괜찮아지진 것 같아요.

이 있는 소수의 사람들만 알았어요. 근데 지금은 설문 조사해 보면 기후위기 모르는 사람 없어요. 기후위기가 심각하다는 건 다 알아요. 그 정도로는 모두가 답가졌어요. 그런데 문제 해결을 위해서 어디까지 행동할 수 있느냐, 어디까지 감내할 생각이 있느냐까지 생각했을 때는 아직 많이 부족하죠.

유리 어디까지 딜 쓰고 딜 쓸 입고 딜 딜 먹을 수 있느냐.

미어캣 응, 사람들이 아직까지는 두려운 거죠. 내가 지금까지 누렸던 걸 누리지 못할 수도 있다는 두려움. 결국에는 탈성장을 해야 되는데, 우리는 계속 성장을 추구하잖아요. 경제 성장을 하려면 계속 더 많은 물건을 쓰고 물건을 생산하고 소비를 부추겨야 하죠. 성장한다는 건 계속 이렇게 살자는 거예요. 사회의 변화들을 탈성장을 해야만 일어나는데, 근데 탈성장하면 꿈여 죽을까 봐 사람들이 두려워하잖아요.

유리 직장 없어질 거 같고요.

까지 탄소중립을 하려면 팍팍 줄여야 돼요, 지금 돌리고 있는 석탄발전소나 화석연료발전소 다 닫아야 하고, 다른 재생에너지나 친환경에너지로 싹 바꿔야 하죠. 엄청 급격하게 변화해야 해요.

그게 그러기가 싫죠, 왜냐면 도둑들을 킨 폭은 기억이고, 그 기업들은 화석연료 기반의 사업들을 진행하니까요, 제일 거 모가 큰 게 포스코 같은 철강 기업이에요, 불을 때서 철을 녹이는 산업이데, 이런 기업들이 국가경제에 끼치는 영향이 엄청나잖아요, 포스코뿐만 아니라 다른 기업들도 사실 탄소 줄이기가 싫은 거예요, 자기비용이 엄청나 순해들 보게 되니까, 정치 논리 때문에 기후위기에 관한 목소리를 정부에 잘 반영되지 않아요, 여러 정부 부처가 있지만 환경부는 힘이 별로 없고 기재부가 힘이 세죠, 그래서 경두 경제 논리가 우리의 안전이나 미래에 관한 논의보다 앞서게 돼요.

저는 정두에는 여동이 완전히 바뀌어야 되다고 생각하거 드요, 지금 2022년이잖아요, 기후위기 비상행동이 2019 년에 처음 생겼는데, 그때만 해도 기후위기는 환경에 관심

미어캣 그러니까요. 그런데 탄소중립을 한다고 단순하게 탄소 쓰는 공장 다 닫는 게 아니에요. '기후정의'라는 개념이 있어요. 기후위기에 정의롭게 대응을 해야 된다는 거죠. 예를 들어서 석탄발전소의 노동자들은 발전소가 문을 닫으면 일자리가 없어지잖아요. 그러면 교육 지원 같은 걸 통해서 다른 친환경에너지나 재생에너지 분야로 재취업을 할 수 있게끔 제도를 만들라고 요구해야 해요. 우리는 그와 관련된 요구를 구체적으로 하고 있는데 정부 정책이나 현재 통과된 녹색성장기본법에는 그런 내용이 전혀 없어요.

그리고 석탄발전소에서 일하시는 분들도 정규직이 아니라 비정규직이 많아요. 그러다 보니까 우리가 이런 요구를 해도 혜택은 정규직에게만 돌아가고, 비정규직은 계약이 끝나면 끝이에요. 바로 실업자가 돼버리는 거예요. 그러니까 우리가 기후위기를 해결하려면, 단순히 생산방식을 친환경으로 바꾸는 데서 끝나면 안 돼요. 사회의 전반적인 문제를 같이 들여 비정규직 문제도 함께 해결해야죠. 소비 자체를 줄여야 하고요. 소비를 줄이기 위한 노력도 해야 하고요. 소비를 줄이기 위해서 수

타깃'을 도입하자는 주장도 있어요. 물건을 수리해서 오래오래 쓸 수 있게 하자는 거예요. 또 뭐랄까, 지방에서 생산이 이뤄지게끔 하자는 주장도 있고요. 기후위기에 제대로 대응하려면 이렇게 하나의 사회체제 전체가 바뀌어야 해요.

그게 정부에서는 그런 고민 없이 '탄소중립' 하기만 해야 하느냐 어떻게 할까? 친환경 사업 하는 기업들한테 돈 줘서 기후를 만들라고 요구해야 해요. 우리는 그와 관련된 요구? 이런 식이 거예요. 실질적인 변화는 없이, 겉모습만 그럴듯하게 녹색으로 칠해버리는 거죠. 포털에 '그린뉴딜'을 검색하면 그린뉴딜 관련주가 떠요. 환경 이슈가 또다시 경제성장에 이용되는 문제가 생기는 거죠.

유리 미어캣은 기후위기 비상행동에 들어가고 나서부터 비건이 된 거죠?

미어캣 네, 주변의 활동가들을 보면서 비건이 됐어요. 원래는 해산물까지는 먹고 채식을 하고 있었는데, 기후위기에 대응하는 활동가가 비건을 실천하는 모습을 보고 나 자신을 돌

사료를 소화하는 과정에서 발생하는 가스, 소의 배설물에서 발생하는 가스만 측정하는 경우가 있고, 소가 먹는 사료 수급 과정에서 발생하는 가스나 소고기를 운송하는 데서 발생하는 가스까지 고려하는 경우가 있거든요. 기준을 어떻게 잡느냐에 따라 수치가 다 달라져요. 저도 축산업계의 주장과 연구자들, 활동가들의 주장을 나름대로 찾아보고 고민해봤는데, 겉은 면적의 땅이 있다면 축산업을 하는 것보다는 식물을 재배해서 국내 소비하는 편이 식품 생산량 측면에서도 환경 문제 측면에서도 더 낫다는 결론을 갖게 됐어요. 지금도 아마존과 같은 귀중한 숲이 고기 생산을 위해 파괴되고 있고… 무엇보다 고기 생산에 연관된 모든 수치가 정말 지나쳐요. 소가 밥도 먹고 방귀도 뀌고 트림도 하면서 사는 게 이렇게까지 문제가 될 정도로 땅이 기르게 된 상황이 지나치다.

아프게 됐어요. '알로닥 기후위기 대응하는 거 아닌가? 내가 정말 최선을 다하고 있나?' 이런 질문이 생겼고, 주변의 도움을 받아 비건 생활을 시작했습니다.

유리 미야켓 인스타그램에 당시의 사진가 남아 있어요. "기후위기를 위해서 개인이 실천할 수 있는 일은 바로 채식이다." 제식이 육식보다 탄소를 덜 배출하니까요. 특히 소고기의 탄소 배출량이 크다고 하는데요. '한국스고기 없는 월요일'과 '기후변화행동연구소'가 제시는 이야깃거리를 만들어주신 적도 있어요. 쇠고기등심덮밥을 두부스테이크덮밥으로 바꾸면 온실가스 배출량을 11배 줄일 수 있다는 거죠. 두부 120그램에서 배출되는 이산화탄소는 0.47킬로그램인데 소고기 등심 120그램에서는 무려 5,365킬로그램의 이산화탄소가 발생한대요. 사실 이런 계산이 맞는지 아닌지에 관해서는 이견이 있을 수 있어요. 소고기 생산으로 배출되는 온실가스를 측정한다고 했을 때 소가 답   입장이 다른 사람에게 어떻게 말을 걸어야 할까요? 주변인들을 설득해보면 경험이 있다면, 어떤 방식이 좀 효과적이었어요? 실천할지 말지 경계에 서 있는 사람들도 많잖아요. 가혹위기를 알지 알지만, 고기까지 안 먹는 건 유난이라고 말하는 사람이 만약 있어요. 그런 사람에게 요건 물랐지~, 비건 안 되고는 못 배기겠지~, 하고 좋을 수 있는 정보라든가. (웃음)

유리   진짜 궁금하다. 요건 물랐지~. (웃음)

미여캣   근데 제 주변에는 제 활동에 거부감을 가지는 사람도 없어 젔어요, 이렇게 산 지 오래되다 보니까. 비건 실천에 관해서 라면, 저는 친구들이 제 앞에서 육베건 음식 먹어도 비난하거나 하지 않아요, 채식 하라고 권하지도 않고요. 그냥 제가 따로 밥 먹어요. 대신 나중에 맛있는 채식 음식을 갖다주죠. "채식 음식이니 맛있잖아" 하고 잘 먹으면 "이제 내가 요리 해줄게" 하면서 비건 요리를 해줘요. 그럼 "맛있네" 하고 그것도 먹어요.

유리 정말 고답포다....

미어캣 비건 실천하고, 물건 아껴 쓰고, 그러는 게 굉장히 윤리적으로는 다 옳바르죠. 그런데 사실 사람들이 옳바른 길이라고 해서 부조건적으로 따르지는 않거든요. 결국에는 스스로 마음이 그쪽으로 가야 돼요.

유리 맞아. 약간 사랑하게 만들어야 돼.

미어캣 그러려면 내가 먼저 신뢰하는 사람이 되어야 해. "우리 맛있는 거 먹자~" 이렇게 긍정적으로 얘기를 해야지, "너 왜 그래, 기후위기 얘기하면서 왜 채식은 안 해?" 이렇게 말하면 사람들이 더 거부하는 것 같아요. 그래서 긍정적으로 둘러서 얘필해요. 최근에 비건 체다치즈맛 소스를 친구들한테 갖다줬는데 너무 맛있다는 거예요. 다들 막 시켰대요. 저는

이런 식이에요. "채식해야지!"가 아니라 "채식에도 이렇게 맛있는 거 있지~" 이렇게.

답 내가 너의 인프라가 되어줄게. (웃음)

미어캣 '내 주변에 채식하고 환경운동하고 이런 사람이 있는데, 그 사람이 나한테 강요는 하지 않아, 근데 나한테 되게 맛있는 거 막 주고 그래.' 이렇게 긍정적인 인상이나 인식을 만드는 게 설득에 도움이 되는 거 같아요.

유리 (웃음) 나라도 주변에서 그런 식으로 다가오면 설득 당할 것 같아. 저 사람은 나한테 맛있는 걸 준다! 저 사람은 따라가도 괜찮겠다!

각 영역에서 협동이 정말 중요한 것 같은데요. 예를 들어서 직접행동DxE처럼 직접적으로 폭력을 직시하도록 말하는 사람도 너무 필요하거든요. 왜냐하면 거기서 충격받아서 비건이 되는 사람도 있기 때문

물체 제거를 하거나 항의를 하고 나면 약간 찝찝한 게 남더라고요. 그렇게 해서 문제가 해결되더라도, 그 사람한테 내 얘기가 가닿지는 않았겠다는 생각이 들고요.

싸움에도 요령이 필요한 것 같아요. 정의선공유지에서 같이 일했던 이모들이 나이가 있다 보니까 가끔 "남자가 왜 설거지 하고 있어?" 이런 말도 하시거든요. 그러면 정색하고 따지기보다는 "에이, 자기가 먹은 건 자기가 치워야죠, 요즘 남자 여자가 어딨어 이모" 이런 식으로 넘길 때도 있는 거죠. 사람들이 무지도 죄라고 하지만, 진짜 모르면 이야기해 줄 수 있는 거잖아요. 남성들의 몸에 밴 권력을 볼 때, 저도 너무 화나고 빠지치만, 어떻게 보면 그 사람들도 또 경험해 보지 못해서 그럴 수도 있거든요. 그런데 제가 덮어놓고 화를 내면서 "당신이랑은 얘기 안 해" 그래버리면 그 사람들은 점점점 더 모를 수밖에 없죠....

유리 얘기를 해 주는 것 자체가 되게 운동인 거네요.

예. 만약 저런 건 너무 극단적이야, 싫다면 또 다른 방식의 운동에서 영향을 받아서 변화하기도 하고요. 미어캣이 하듯이 으근슬쩍 스며드는 방식이 좋다는 얘기가 다른 방식이 틀렸다는 얘기는 아닌 것 같아요. 그냥 온 사방에서 각자가 할 수 있는 수단과 방법을 가리지 않고 다 시도해야 하는 문제인 것 같아.

미어캣 저도 사실 오랫동안 싸웠어요. 강남역 살인사건 이후부터 나도 페미니스트라는 걸 갑자기 각성했고, 온갖 사람들과 다 싸웠어요. 맨날 주변 사람들한테 시비를 걸고 다녔고요. 가족, 애인, 친구... 가리지 않고 싸웠어요, 사실 최근까지도 이런 자버리라는 얘기 들으면 확 올라오거든요?

그녀 그렇게 계속 싸우다 보니까 어떤 생각이 들었냐면, 싸워서는 상태가 바뀌지 않는다는 거예요. 잇단 내가 "니 방금 뭐라고 했어?"라고 한 순간부터 그 사람은 내 얘기를 듣지 않을 준비가 될 거야, 내가 아무리 맞는 말을 해도 그건 인정하지 않는 상태가 이미 되어버린 거예요. 그래서 저도 이정하지 않는 상태가 정의선공유지 활동 때 야간 후원되는 게 있어요. 공유지 옆에 사는 아파트 주민들이 저희를 별로 좋아하지 않았는데요. 그 와중에 저희가 '파티 51'이라고, 하루 종일 하는 연습 한 번 열었어요. 저녁 늦게까지 좀 시끄럽기 했느데, 주민들이 찾아와서 엄청 화를 내는 거예요. 심지어 어떤 분이 벽돌을 들고 오고, 정말도 왔어요. 부위기가 진짜 험악했어요. 그분들께 죄송하다고 잘 얘기할 수 있었을 텐데, 그 사람들과의 관계를 좀 돈독하게 하기 위해서라도 최대한 몸을 낮춰서 얘기해볼 수도 있었을 텐데, 활동하는 사람들도 지쳤다 보니까 낮을 좀 세운 거죠. "우리가 매일 시끄럽게 구 것도 아니고, 하루 이렇게 하는 건데" 하고 받아친 거예요. 그때 같이 활동하던 남자분이 항의하는 주민분한테 "라 구 그러실 거면 토론회 열 테니까 토론회에서 얘기하시라" 고 말하기도 했어요.

유리 (눈이 동그레 진)

·미·어·켓·이 ·하·드·코·어·한 ·활·동·가 생활

미어캣 그런데 주민들한테 어떻게… 우리가 토론회를 열 테니까 당신도 거기 와서 얘기해, 이렇게 말을 하는 게 맞나?

우리 그럼 베는 죄송하다고 할 줄도 알아야지. 늦은 시간에는 당연히 시끄러울 수도 있잖아.

미어캣 주민분들 기가 차서 그냥 "헐!" 이러고 가시더라고요. 그걸 보면서 생각했죠. 우리가 이래도 되나, 주민들한테 저렇게 계속 막간을 말을 읽어야? 저는 주민들에게 진정하게 대하면서 갚이 해보는 쪽으로 가길 바랐어요. 그래서 그분들이 시끄럽다고 해도 "갚이 놀아요~" 그랬죠. 그러면 그분들은 이미 영이 빠질 대로 빠져가지고 "뭘 갚이 놀아요!" 이러죠. 제가 "갚이 놀아요~" 하면 "뭐라고? 시끄러워 죽겠느데 뭘 갚이 놀아!" 하면서 계속 역정 내고, 그 와중에 한쪽에서는 토론회 하자 그러고, 거의 뭐 아수라장이었고요. 그날 공연 온 아티스트는 놀라서 눈만 끔벅거리고 있고.

미어캣 항의하는 주민들에게 "갚이 놀아요~" 그랬다고요? (웃음)

답 (웃음)

우리 진짜 웃기다. (숨 넘어감)

미어캣 관객들도 놀라서 다들 막 별써 있고요, 평소에도 저희한테 얘기 더럽다, 이런 구조를 안정하지 못하다, 어떻게 고쳐봐라, 나무라는 주민들이 있었어요. 그럼 얄젤웠습니다, 하고 막 싶 것도 하나 드리면서 얘기 나누고, 그렇게 관계를 개선하는 노력을 미리 했으면 좋았을 텐데, 하여튼 좀 더 노력했어야 했다, 좀 더 주민들을 품으로 끌어들였어야 했다는 후회가 많이 남습니다.

답 진짜 진짜 좋아요, 이 얘기가.

미어캣 네? (웃음) 저 요면은 얘기 하고 있습니다.

답　뭐가 좋냐면요. (웃음) 상대방을 설득하는 수완도 성별화되어 있는데, 여성들이 터득한 설득의 기술은 무시당할 때가 많잖아요. 훈련해서 얻은 기술로 인정받기보다는 기질이나 천성으로 생각하고요. 나긋하고 부드러운 태도를 가지는 건 모욕적인 일이라고 여기는 사람도 있죠. 실제로 그런 태도가 여자들한테 강요되는 경우도 하다하니까요. 그래서 같이 싸우는 여자들한테도 전문가로 보이면, 무시당하지 않으려면, 예쁘게 말하지 말라고 얘기하게 되죠. 무슨 뜻인지는 알지만 저는 이것도 기술로, 힘으로 인정했으면 좋겠어요. 예쁘게 말하는 건 약자의 습속이고 수치스러운 거라고 하고 싶지 않은 거죠. 예쁘게 말할 줄 안다는 게 얼마나 유용할 때가 많은데요. 그리고 아무나 못해요. "같이 놀아요~" 수준의 니스레를 어떻게 아무나 하겠어요.

미어캣　저희 함께 놀아요, 같이 놀아요, 이렇게 춤추면서 다가가면

상대방이 진짜 춤을 출 수도 있으니까…,

유리　(몸짓몸짓 다가가는 시늉하며) "혼자 오셨어요?"

답　(몸짓몸짓 맞장구치며) "여기 재미있죠? 나갈까요?"

미어캣　그분을 떡 같이 노나고 여어있어하셨지만…, (웅성)

답　근데 나는 그분이 분명 나중에 생각났을 것 같아. "뭐? 같이… 놀아?" 주민분 입장에서는 토론회 오라는 말을 들을 때는 하는 나지만 예측 가능한 반응이라고 생각했을 것 같거든. 근데 활동가가 같이 놀자고 할 줄은…. (웃음)

에인　그냥 나중에 생각날 것 같아. 그때 한번 같이 놀걸.

미어캣　저는 경의선공유지에서 처음 활동가가 됐는데, 거기서 하는

유리: 아니진 않아, 말만 하면 성희롱인 게.

답: 아니면 그냥 물어봤을 수도 있어. "나 혹시? 말만 하면 성희롱이야?" (웃음)

미애얫: 제가 엄청 화를 냈거든요, 성희롱 땜다고, "사과하세요." 이랬어요, 아저씨도 및 사과시라니, 그러면서 자리를 뜨더니 다른 사람한테 가서 "무슨 말도 못 해, 내가 뭐 말만 하면 성희롱이야" 하면서 구시렁구시렁…, 그게 웃긴 게, 그렇게 한바탕 성질내니까 태도가 바뀌더라고요, 나중에는 그 아저씨들한테 인사하면 다들 "어이…." 이러고 말더라고요, 강아덕강아덕이겠지.

유리: 말만 하면 성희롱이라서 말을 하지 않기로 결정한 것일 수도 있습니다.

답: 이후에 많이 물어보고 다녔을 수도 있어요. "나 혹시

고야한 경험을 많이 했어요, 늦장을 열고 술을 파니까 이상한 아저씨들도 오고 그랬거든요, 하루는 광장에서 행사가 있어서 아저씨가 테이블을 놓고 뭔가를 만들고 있었는데, 좀 자주 오던 아저씨들 술을 옆에서 마시다가 "아가씨들이 그러고 있으니까 누우기가 되네" 그러는 거예요, 너무 빼쩍 가고 그 짓짜, 그 아저씨가 평소에도 좀 이상했거든요, 맨날 전만 보면 옆에 와가지고 "뭐 사줄까, 먹고 싶은 거 골라~" 그랬어요, 평소에 나를 그렇게 대하는 것도 짜증 나는데, 그 낮은 너무 화가 나서 말했어요, "지금 뭐라고 하셨어요? 다시 한번 말해보세요" 그랬더니 그 아저씨가 "아니이~" 영 바뚜리고 잘 얘기를 못 해.

"아니 지금 누우기라고 하셨잖아요, 아저씨 딸한테 누는 게 좋을 것 같아요? 나쁠 것 같아요?" 하니까 "아니 뭐 그런 말…" 하길래, "그런 말 못 하고 하지 마 셔야죠, 그거 지금 성희롱하신 거예요." 그랬더니 아저씨가 대뜸 큰소리를 쳐요, "무슨 말만 하면 성희롱이야!"

도, 사람들은 모이면 꼭 위계를 만들더라고요, 나이가 많으니 적으니 하면서 누군가를 꼭 배척하고 무시하고… 저는 계속 '왜 그럴까? 정의선공유지에서 모두가 평등해야 하는데…' 고민하고.

말만 하면 성희롱이야?" 물어봤더니 다 성희롱이라고 그래서, 말을 하지 말아야겠다….

미어캣 별별 사람 다 겪었죠. 공유지에 되게 여러 사람들이 왔으니까요, 불특정 다수한테 오픈된 공간이다 보니까, 거기서 물건 파는 사람들끼리도 많이 싸웠어요, 자리를 누가 더 많이 차지했네, 나이가 누가 더 많네, 돈을 누가 더 냈네…, 그래서 우리가 반상회를 열었거든요, 같은 공간 이용하는 사람들끼리 월별로 모여서 얘기를 하자고, 거기서도 싸움이 났어요, 하필 저를 가운데에 두고 양쪽에서 싸웠어요, 저는 중간에 끼여서 안건지 듣고 "제발 그만 싸우세요, 말로 하세요, 말로…" 이러고, 경찰까지 출동하기도 하고요, 태풍 와서 다 날아가기도 하고….

유리 (웃음) 사람들이 모이면 그렇게 되기 쉽죠.

미어캣 네, 우리가 아무리 이곳에서는 모두가 평등하다고 얘기해

답 정의선공유지를 점거할 당시에 주변의 시민들은 대
개 적대적이었다고 하셨잖아요. 만약 그 시민 중에
한 명이 호기심을 가지고 공유지 안으로 들어와 보기
로 했다면, 어떤 좋은 경험을 할 수 있었을까요?

미야캣 일단은… 거기서 진짜 뭐든 할 수 있었거든요. 실제로 어떤
부스 뭐랄까 공간이 좋다면서 마당극을 하고 싶다고 하셨
었어요. 그래서 하시라고 했어요. 여기해도 되나요? 물어봐
도 네, 하세요, 빈 공간에 아이들 놀이터 만들어도 되나요?
물어도 다 하시라고 했죠.

정의선공유지가 공원하고도 비슷해 보이지만, 공원에서
도 하면 안 되는 것들이 있잖아요. 물건을 판다거나 공연을
하는 건 안 될 수 있죠. 그리고 어떤 것이든 열린 공간에서
사람들끼리 모여서 하는 행사는 무조건 허락을 받아야 하잖
아요. 그런데 정의선공유지에서는 굳이 허락받진 않아도,
어떤 요건을 갖추지 않아도 하고 싶으면 하시라고 할 수 있
었죠. 그래서 만약 시민 중 누군가가 거기 찾아왔다면 어떤

깔끔하게·질해버리지 않는 이유

상상력, '내가 이 굼터 안에서는 무엇이든 할 수 있구나'라는 상상력과 자유로움을 얻어 갈 수 있지 않았나 하는 생각이 들어요.

그런데 그런 자유로움이 대중으로부터 지적도 받게 돼요. 실제로 공유지에 어느 어떤 분들은 이렇게 말씀하시기도 했어요, "여기 건물은 왜 다 다르게 생겼냐, 똑같은 색깔로 벽을 칠하고 그러면 좋을 텐데."

유리 깔끔하게!

미어캣 그렇지, '깔끔하게 하면 사람들이 좋아할 텐데, 왜 이렇게 색깔도 다 다르고, 간판도 어디서 빨래판 같은 나무를 가져와서 만들었나, 통일성 있게 하면 좋잖다.' 그게 지저분하다고 생각할 수 있잖지만... 저한테는 그게 그냥 각기 다른 모양으로 느껴졌거든요. 규격에도 맞지 않더라도, 깔끔하지 않더라도, 각자 다른 모양으로 있는 것들을 그대로 두고 볼 수 있는 그런 자유로움. 사람들에게 별로 얽매임 없는 거가? 저는 똑같이 있는 그런 것들이 사람들에게 똑같게 벽으로 얻는 똑같이

비교나 건물들보다 각자 모양도 다르고 색깔도 다른 건물들이 더 좋은데.

유리 다양성!

미어캣 네, 저는 다양성 강조가 좋아합니다, 획일화되는 것에 대한 거부감이 좀 있어요, 통일하는 것, 획일화하는 것이 뭔가 어때서라고 있지만, 저는 그러니까...,

답. 유리 (기다림)

미어캣 저는 사회의 어떤 문제점은 거기서 생겨나기도 한다고 생각하거든요.

유리 딸려나게 되는 것들이 반드시 생기고요.

미어캣 "왜 너 달라?" 이러면서 평균이나 규격을 정하거나, 정상

과 비정상을 나누고 구별하는 것이 깔끔하게 하자는 말에서 시작되는 거라고도 생각해요. 서로 좀 달라도, 그대로도 괜찮다는 걸 받아들이는 사회가 좋지 않나 하고요.

답 전 들으면서 반성이 좀 되는 게, 까막 설명하면 그 깔끔함을 요구하는 사람이 나였을 것 같거든요. 그리고 그런 현장들이 또 도이 활동가들이 (웃음) 그래서 활동가들이 여느 행사에 가보면 상상하던 이미지랑 달라서 당황하기도 하잖아. 너무 다양한 가치관과 미감을 가진 사람들이 한꺼번에 모여 있고, 좀 산만한 인상도 주고. 처음에는 그런 잡탕 같음, 혼종성, 역동성을 즐겁고 아름다운 것으로 느끼기도 하는 데에 어려움을 겪기도 하는 것 같아요.

유리 현장이란 게 참 마르세 상티 갑지 않다…. (웃음)

답 맞아. 전혀 그렇지 않지. 세빨간 당근이 면광주리에

담겨 있고 그렇지 않단 말이죠. 그런데 사실 우리가 모여 사는 모습이 그렇게 잉여가 제거된 깔끔한 모습일 리가 없으니까요.

그리고 운동을 하면서도 세련되게 하고 싶은 욕심이 있잖아요. 미감이 더 좋으면 사람들이 와줄 것 같아서. 그런데 그게 꼭 선배이나 의지에만 달린 문제도 아니거나? 왜냐면 거기에도 자원이 들기 때문에. 하다못해 사람들 나눠줄 피켓, 포스터, 굿즈, 배지 같은 물품을 디자인적으로 더 아름답게 만드는 데도 자원이 들기 때문에.

유리 맞아.

답 그래서 새로운 미감을 가져야겠다고 생각할 때가 있어. 가령 비진적 삶의 방식이라고 했을 때, 그리고 그런 삶을 상품으로서 연중을 잡한다고 했을 때 사람들이 떠올리는 물건들이 세계가 있죠. 사자사자한 제생

지, 나무 손잡이가 있는 베이지색 솔, 자분한 녹색, 소
창행주….

유리 비전들 이런 말 하면서 집집마다 다 있어요. 천연수
세미 이런 거.

남 나도 있어. (웃음) 나도 좋아해, 그런 물건…. 그러면
서도 비전 지향적 삶이라는 제로 웨이스트를 추구하는
삶이든, 더 '에코' 하다고 여겨지는 삶이 정갈함, 단정
함, 깨끗함 같은 가치와 연결되는 게 점점 더 거부감
이 들어요. 왜냐하면 이건 더 많은 더러움에 직접 참여
하는 삶이어야 한다는 생각이 들기 때문에. 쓰레기를
줄이는 삶이 쓰레기를 보지 않아도 되는 삶은 아니잖
아요?

미어캣은 집밖구리

미어캣 사실 〈퇴근송〉도 회사에서 야근하다가, 막 진짜 빨리 퇴근하고 싶다, 하는 생각에 만든 건데 사람들이 되게 좋아해줬거든요. 사람들의 시선을 받을 수 있는 일이 좋아요. 아까 말한 대로 "성미산을 반드시 지켜내야 합니다!" 하기보다는 "성미산을~ 지켜주세요~"(노래) 하는 거죠. '쟤는 왜 여기서 저러고 있지?' 하고 한 번이라도 더 보니까요.

답 성미산 메크릴 공사는 무엇이 문제인가요?

미어캣 성미산에 물이 없어요. 그래서 성미산이 황폐화되고 사막화되고 있어요. 이미 문제가 많은데 거기서 나무를 더 베고 산을 깎아서 대규모의 땅을 팔겠다는 거예요. 딱히 개발할 필요가 없었는데, 예산이 생겼다고 개발하고 착수한 거죠. 수요 조사도 제대로 하지 않고 지역 주민들한테 알리지도 않고 그냥 진행을 하다가 주민들과 마찰이 생겼어요. 그래야 민간협의체를 만들어서 논의해보자고 했고요. 그런데 주민들 의견을 최대한 수용하겠다고 해놓고, 더는 예산 집행을 미룰 수 없...

유리 미어캣 음악도 하지요? 최근에는 마포구 성미산 비크릴 공사 때문에 노래 만들지 않았어요?

미어캣 네, 저는 음악도 합니다. 2017년에 〈퇴근송〉이라는 노래를 발표했어요. 음원 발매를 했죠. 다른 노래들도 많았으며 바빠서 음원으로는 못 만들었어요. 곡을 만들면 유튜브에 올리긴 해요. 그냥 여기저기서 불러요. 얶대 현장에서 공연하기도 하고.

답 미어캣 음악도 활동의 연장선인가요?

미어캣 음악이 활동에 도움이 되기도 하는 것 같아요. "반대한다! 규탄한다!" 이렇게 사람들이 '뭐야?' 이러면서 지나가는데 "규탄합니다~ 규탄합니다~"(노래) 이러면 '뭐지?' 하고 보게 되잖아요.

답 확실히 보겠네요. (웃음)

미어캣 맞아요, 맞아요. 이미 성미산 한쪽은 공사를 했거든요. 안 한
다고 하더니, 어느 날 갑자기 포클레인을 가져와서 숲을 싹
벌목했더라고요. 그 나무들에 지어진 새 둥지가 한 50개 정
도 있었대요. 그 둥지가 다 사라진 거죠. 그때가 겨울이었는
데, 지역 주민들 말로는 바닥에 죽은 새들이 되게 많았대요.
저는 성미산에서 탐조 모임도 했었거든요. 작년부터 해서
비다섯 번 정도. 그때 본 새들이, 어... 직박구리, 어치, 피
지빠귀, 노랑지빠귀, 박새, 숲새, 울새, 까치도 있고, 멧비
둘기, 잔새, 딱따구리에 새호리기 같은 매 종류도 있고 솜부
엉이도 있고... 성미산에 새가 많아요. 그런데 이런 생태계
를 제대로 조사하지도 않고 개발을 하는 거예요. 그래서 나
는... "나는~ 직박구리..." (노래)

답, 유리 (눈 동그레지서 마주 봄)

미어캣 네, 노래 〈나는 직박구리〉의 한 소절이었습니다.

다큐서 나중에는 구청 공원녹지과에서 공사 시작하겠다고
통보를 해버렸어요.
최근에도 벌목을 맡으려고 지역 주민들이 다 나와서 새벽
까지 지켰거든요. 그러다가 우리가 기자회견을 열겠다고 했
더니, 그냥 새벽에 공사를 일단 중지하겠다더라고요. 주민
들과 대화를 재개하겠고, 일단은 다행이지만, 개발을 자
꾸 진행하려고 하니까, 내가 할 수 있는 게 뭐 없을까 고민하
다가 노래로 메시지를 전달하면 좋을 것 같았어요. 그래서
〈나는 직박구리〉라는 노래를 만들었어요.

유리 성미산에 새가 많이 산대요. 근데 나무를 베고 거기
에다 비크링을 깔아버리면 그 나무에 살고 있었던 새
들이 삶의 터전을 잃어버리게 돼요. 그리고 그 비크
림이 만드는 그림자 때문에 자라지 못하는 식물들이
생기고, 황폐화가 더 가속화되는 생태 환경이라고 하
더라고요.

답 미여캣의 몸짓이나 표정을 문자로는 담을 수가 없어서 너무 아까워요. 창피해하지 않고 망가지는 걸 두려워하지 않고 흥을 잘하는 사람을 볼 때의 감동이 있어요. "큐탄~ 큐탄합니다~" 이런 문구에 가락을 붙여서 부르고도 한다 암짝 안 하는 사람은 않지 않잖아요. 저는 좀 유리하겠다는 생각도 드네요. 활동가에게는 어떤 종류의 오타구적인 면모가 필요하구나!

미여캣 오타구적이 뭐요?

유리 본인이 다다른 정치에 관해서 금시초문인 본네. (웃음)

답 맞아, 인권 오타구의 정치인 거지. 그러니까, 내가 참여하는 의제에 무척이나 진심이기 때문에 사람들이 눈을 신경 쓰지 않는 상태까지 가는 거요. 동시에 내가 하는 퍼포먼스에 대한 물입도가 좋아야 된다! 예나는 노동, 인권을 주제로 노래하면 사람들이 어떤 면에선 민망해하잖아. 정치사회적인 메시지를 담고 있는 공연은 사람들이 너무 노골적이거나 오글거린다고 여기기도 하는 것 같아요. 그럴 때 퍼포머가 자기 공연을 우직하게 밀고 나가야 사람들도 비로소 물입을 할 수 있는 거죠. 그리고 정작 이런 '찐' 노래들을 들으면 좀 좋다? (웃음) 되게 빠져버다!

유리 〈나는 지박구리〉 풀버전으로 한번 들려주시면 안 돼요?

예인 이거 영상으로 찍어야 되는 거 아니에요?

답 직관이다, 직관.

미여캣 그럼 일단 해보겠습니다, 그 지박구리의 마음에 빙의가 되어서 〈나는 지박구리〉라는 노래를 한번 만들어봤어요.

나는 이 산에 오래오래 살았죠
나의 엄마 할때니도 이 산에 살았죠
어느 날 포크레인이 들어와
우리의 집을, 산터를 부수었네

나는 이제 어디로 가야 하나요
이곳이 바로 나의 고향이고 집인데
여기에 내가 있어요
나의 집을 부수지 말아줘요

나는 지박지박 지박구리
짹짹짹이 우는 지박구리
나는 지박지박 지박구리
짹짹짹이 우는 지박구리
나를 쫓아내지 말아요

나는 갈 곳이 없어요
나의 친구들과 가족들
모두 이곳에 있어요

나는 지박지박 지박구리
짹짹짹이 우는 지박구리
나는 여기에 있어요
나의 집을 부수지 마요

답 지박구리가 울음소리하고 관련이 있는 이름이군요.
처음 알았어요.

미예캣 '지박구리' 하면 사람들이 보통 풀더미를 땅이 생각하는데
요. 그 지박구리가 노래를 부를 때, 울음소리 낼 때 찌익찌익
이 이렇게 울어요.

답 지박구리는 어떻게 생겼어요?

미어캣 일단 몸이 회색이고, 머리 길이서 있어요. 째익째익하며 소리도 크게 내요. 사실 도시에서도 흔하게 볼 수 있는 새가 되어서 저도 집 근처에서 많이 봤어요.

우리 저 일하는 사무실 옥상에도 살아요! 되게 강한 새예요.. 나무 열매 파파 따 먹어요.

미어캣 맞아요. 그래서 〈나는 직박구리〉 노래를 만들었습니다. 째익째익 우는 직박구리. 네, 째익 우는 직박구리입니다.

2022. 2. 19.

엄 준비를 하던 동생과 함께 살던 시설에는 그에게 중요한 시험이 있을 때마다 전을 부쳐주었느니에요. 제가 전을 부치는 날에는 집에 들어오기 한참 전부터 고소한 기름 냄새가 났다고 해요. 눈을 감고 전 냄새만 맡아도 집을 찾아 들어올 수 있었다고요. 그런 날이면 동생은 현관으로 들어와 부엌을 보기도 전에 오늘은 전을 먹느냐고 기뻐했어요. 어떻게 알았느냐고 제가 물으면 동생이 얼러주었습니다. "냄새가 나. 전이기 골목에서부터 진짓집 냄새가 나."

노릇한 전을 부치기 위해 꼭 달걀물이 있어야 하는 것은 아닙니다. 강황가루를 반죽에 섞으면 색이 고운 전을 만들 수 있습니다. 깨끗한 기름으로 만든 튀김은 세하얘서 오히려 군침이 덜 돋는다고 강황가루를 섞은 반죽으로 노르스름하게 튀김 색을 내는 일식집이나 분식집도 있어요. 하지만 노랗지 않아도 좋은 전도 있죠. 제가 제일 좋아하는 전은 배추전입니다. 넓은 팬에 기름부터 밀가루 반죽을 한 국자 무심

미아갱이 전을 좋아한대서 여러 가지 전을 부쳐 보려고 해요. 호박전, 김치깐자전, 감자전… 여기까지야 해도 충분히 배는 부르겠지만, 여럿이 모인 김에 완전히 명절 기분을 내고 싶은 마음이 들었습니다. 그래서 동그랑땡을 연상시키는 버섯와도 만들었어요. 사실 저희 집가에서는 한 번도 명절에 동그랑땡을 만든 적이 없으니 신기한 일이에요. 새 공동체의 명절 문화를 처음부터 만들다 보면 다른 가문들이 역사까지 참조하게 된다는 게요. 아무튼 엄심원이라는 시공간에 임시 저으로 생겨난, 우물벨레 소리가 이따금 딩가딩가 울려 퍼지는 명절과 같은 날에는 버섯완자를 먹기로 합니다.

전은 재료 준비는 비교적 단순한 편이지만 부침개는 요령이 필요하고 끝에 가서는 부엌을 좀도화하는 음식이에요. 전을 몇 장씩 굽다 보면 기름 냄새에 절려 정작 부치는 사람은 맛도 안 보게 되는 일도 하더라고요. 이런처럼 이유로 제게 전은 남이 먹어줄 때 가장 맛있는 음식입니다. 커

히 두르고 씻은 김치나 절인 배추를 척 얹어서 구워내는 배추전이에요. 저는 여전히 전을 적당히 부치는 법을 모르겠어요. 손님들이 배가 무거워 드러눕기 일보 직전까지 자꾸 부치게 됩니다. 느긋가리는 속을 달래려고 사람들은 공연히 복슛을 티뜨리거나 노매를 부르기도 해요. 밤은 지긋지긋 깊어집니다. 여러분의 명절에도 전을 들여보세요. _답

모둠 전

재료

· 애호박전: 애호박 2개, 강황가루, 소금
· 감자채전: 감자 2개, 소금
· 김치감자전: 감자 3~4개, 김치 1/5 포기, 양파 1개, 대파 1개, 설탕, 소금
· 버섯완자: 팽이버섯 1봉지, 새송이버섯 1깨, 미과 반 개, 마늘 5쪽, 간장 40ml, 설탕 20ml, 소금, 후추, 참기름

반죽

부침가루 또는 밀가루, 전분, 물

지는 설적하고 푹신한 전도 좋아하지만, 많은 분들이 바삭바삭한 전을 부치려고 노력하시잖아요. 전을 부치기 전에, 바삭한 전을 부치는 데 도움이 되는 방법을 몇 가지 적어보겠습니다.

[1] … 반죽을 너무 많이 휘젓지 마세요. 젓가락으로 가볍게 휘휘 섞으면 됩니다.

[2] … 반죽 온도를 차갑게 유지해 주세요. 반죽에 얼음을 몇 개 띄우는 것도 좋습니다.

[3] … 반죽을 묽게 만들어 보세요. 따랐을 때 주르륵 흐를 정도로요. 오늘 만든 김치감자전의 경우 감자가 기름에 튀겨지면서 바삭하고 쫀득해지기 때문에 굳이 반죽을 묽게 하지 않았는데요. 감자 없이 그냥 김치전이나 과전을 부칠 때에는 반죽을 좀 더 묽게 해보세요.

[4] … 전을 부칠 때 식용유에 참기름을 좀 섞으면 훨씬 고소운 전이 됩니다.

[5] … 기름 온도가 일정하게 유지되도록 불 조절에 신경 써보세요. 기름을 새로 추가할 때 팬 온도가 낮아지면서 반죽이 기름을 먹어 축축해지는 경우가 있습니다.

감자채전

[1] ··· 감자를 감자칼 모양으로 넓고 얇게 썰어 줍니다. 감자에 살이 들어있을 때 칼날이 비껴 정도면 좋습니다. 아차피 채 칠 거니까, 둥그랗 고 온전한 모양으로 썰려고 신경 쓰지 않아도 됩니다. 칼집이 어렵다면 감자칼로 껍질 벗기듯 이 깎아도 좋아요.

[2] ··· 얇게 썬 감자를 겹쳐 가늘게 채 칩니다.

[3] ··· 감자채를 찬물에 10분 이상 담가주세요. 전분을 제거해서 바삭한 전을 만들려고 하는 거 예요.

[4] ··· 감자채를 전쳐 소금으로 간하고, 부침가 루나 밀가루를 살살 뿌려 버무립니다. 여기에 카레가루 섞어도 무척 맛있어요. 가루는 감자 채가 서로 잘 달라붙을 만큼만 넣어주세요. 감 자채에 남아 있던 수분이 가루를 흡수하여 미끈

애호박전

[1] ··· 애호박을 동그랗게 썰고 넓은 그릇에 펼 쳐 소금을 뿌려 둡니다. 애호박 표면에 물기가 맺히면 키친타월로 가볍게 닦아냅니다.

[2] ··· 반죽을 만듭니다. 부침가루와 물을 1:1로 섞어줍니다. 여기에 강황가루를 조금 넣습니다. 강황가루는 맛으로 넣는 것이 아니라 색을 입히 기 위해 넣는 것이니 조금만 넣어주세요. 많이 넣으면 쓴맛이 날 수 있어요.

[3] ··· 부침가루를 애호박에 골고루 묻힙니다. 애호박 표면에 수분을 없 애면 나중에 부침옷과 분리되는 것을 조금 막아줍니다.

[4] ··· 애호박에 반죽을 입힌 다음 달군 팬에 기 름을 두르고 부칩니다.

[6] ··· 뜨거운 전을 바로 그릇에 담아내지 말 고, 구멍 뚫린 채반이나 채반에 얹어 기름을 빼 고 바람이 들게 하면 바삭함이 더 오래 유지됩 니다.

김치감자전

[1] … 감자를 강판에 간 다음 물을 부어둡니다. 감자 속살과 전분을 분리하는 과정이에요. 가만히 두면 흰 전분이 아래쪽으로 가라앉습니다. 투명한 그릇을 사용하면 잘 가라앉았는지 쉽게 확인할 수 있어 좋습니다.

[2] … 김치를 총총 썹니다. 저는 썰어놓은 김치에 설탕을 조끔 넣고 버무려서 단맛을 추가하는 걸 좋아합니다.

[3] … 양파를 채 썹니다. 대파도 취향대로 썰어주세요. 손마디만 하게 길쭉하게 썰어 반죽을 걸쭉하게 되고 채를 썰도 됩니다. 과전처럼 아예 쪽파를 사용해도 좋습니다.

[4] … 물에 담가놓은 감자를 확인해봅니다. 전분이 잘 가라앉았다면, 물을 최대한 따라버리고 감자 속살과 전분만 남긴 다음 소금으로 간합니다

해질 정도면 됩니다. 처음부터 가루를 너무 많이 넣어서 물을 살짝 뿌려 표면에 보이다면 물을 살짝 뿌려 희끗한 가루가 섞어줍니다.

[5] … 달군 팬에 기름을 두르고 감자채를 넓게 펼쳐 부칩니다.

다. 감자가 쎄다면 소금은 생략해도 됩니다.

[5] … 감자에 감자와 양파, 대파를 넣고 섞습니다. 반죽이 너무 묽다면 부침가루나 밀가루를 조끔씩 뿌려가며 점도를 잡습니다. 일반 감자전에 비해서 빡빡해도 됩니다. 반죽을 주걱이나 국자로 집어봤을 때 양쪽으로 갈라진 반죽이 몇 초 있다가 다시 합쳐지는 정도로 묽다면 적당합니다.

[6] … 기름에 부칩니다.

버섯완자

[1] …팬에버섯을 다집니다.

[2] … 새송이버섯을 한입 크기로 대충 자릅니다. 믹서기나 푸드프로세서에 조금씩 넣어 갈아줍니다. 약간 입자가 살아 있도록 성기게 가는 편이 좋습니다. 숙주탕 너무 곱게 갈면 물기가 많이 나와서 반죽이 질어집니다. 믹서기를 연속으로 작동시키지 않고 짧게 짧게 끊어서 작동시키면서 갈린 상태를 확인해 주세요.

새송이버섯을 갈지 않고 곱게 다져 그대로 기름 없이 팬에 넣고 적당히 물기를 날리며 볶아준 다음 팬에 반죽으로 써도 좋습니다. 저는 귀찮아서 그냥 갈았어요.

[3] … 다진 팽이버섯과 간 새송이버섯을 합쳐 주세요.

[4] … 버섯에 다진 대파와 다진 마늘을 넣고 간장, 설탕, 후추, 참기름으로 간을 합니다. 간장과 설탕을 2:1 비율로 섞으면 대중적인 맛이 납니다. 흔한 불고기 양념 맛이 난다면 완벽한 것입니다.

[5] … 반죽에 전분을 뿌려 쉽습니다. 끈적하게 됐다면 순가락으로 반죽을 조금씩 떠서 동그랗게 완자를 빚어줍니다. 아마도 단단하게 뭉쳐지지는 않을 거예요. 구우면서 모양이 잡히니까, 완벽하게 공처럼 빚으려 애쓰지 마세요. 대강 동그란 모양으로 빚어만 놓는다고 생각하시는

것이 마음 편합니다.

[6] … 넓은 그릇이나 쟁반에 전분을 뿌려놓고, 때통은 완자를 그 위에 굴려 전분 옷을 입혀줍니다.

[7] … 팬에 기름을 아주 너넉히 붓고, 약불 또는 중불에서 부쳐주세요. 간장 양념을 해서 금방 탑니다. 완자를 자주 뒤집어가며 전체히 익혀주세요.

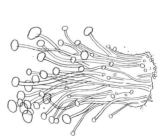

에필로그

"넉넉히 만들었으니 양껏 드시고 남는 음식은 전혀 개의치 마세요. 제가 일용할 양식이 되거든요."

손님들 앞에 밥을 내놓으면서 자주 이렇게 말하곤 했다. 이 자리를 빌려 고백하건대 엄살한에 남은 음식을 나는 며칠 동안이나 건드리지 못했다. 혹여나 음식이 맛이 없었을까 봐, 걱정이 되었기 때문이다. 방금 전까지 평등, 인권, 노동, 환경, 온정 등의 묵직한 단어들로 북적이던 부엌에 오도카니 서서 그릇에 쓴 소금, 간장, 설탕 등의 양이 과연 적절했는지를 집착적으로 따지는 세계. 손님들이 떠나고 나면 내가 그렇게나 금방 그릇이 작은 사람으로 돌아온다는 게 매번 우스웠다.

엄살의 한 편이 끝나고 나면 한동안은 남몰래 우울에 시달렸다. 음식이 싱거웠을까 봐, 짰을까 봐, 많았을까 봐, 적었을까 봐. 내가 하는 건 고작 밥, 이라고 생각했으므로 스스로를 비난하기도 쉬웠다. 자책과 자기 정벌에는 유혹적인 구석이 있다. 사실상 아무것도 하지 않으면서도 체력을 소모하게 해주니까. 내가 무능력하다는 기분에 젖는 것도 마찬가지다. 아무도 보지 않는 곳에서 마음을 난도질할 자유 정도야 내게 있다고 믿었다. 심지어는 그런 자기 비난에 힘입어 다음에 지을 밥은 더 달아질지도 모른다고 생각했다.

다만 그럴 때마다 밥을 맛있게 먹어준 손님들이 마음에 걸렸다. 내가 고작 밥, 으로 그날의 식탁을 낮춰주는 순간 그 모욕이 내가 아니라 손님들을 향하는 것도 같았다. 이상하게도 손님을 환대하는 마음과 스스로를 자책하는 마음은 종처럼 양립할 수가 없었다. 손님들에게는 좋은 것만을 대접한다는 책임을 다하려면 우선 내 안에 담긴 값진 것이 있음을, 내게 그것을 만들어낼 힘이 있음을 믿어야만 했다. 그런 아주 가혹하고 어려운 가르침이었다. 자기혐오의 달콤한 낮잠에 빠져 있을 때마다 손님들과 엄살의 식구들이 나를 흔들어 깨웠다. 타인을 천대하고 폄하하지 않아야 한다는 원칙을 끝까지 고수하기 위해서는 결국 스스로를 전

고작 밤, 이라는 소리를 내 마음속에서 싹 몰아낸 것은 이렇게 시작하는 기사 한 편*을 접하고 나서다. '심시'일반 음식연대 밥목자의 대표 유혜 씨의 이야기다.

지난 14일 오후 2시 인천 부평구 민주노총 인천지부 지하 강당에 모인 80여 명이 함성을 쏟아냈다. 모두가 한 사람을 바라봤다. '도움있는 밥이 좋아' 응원회의 주인공, 유혜 씨(64)였다.

이날 모인 노동자와 인권운동가들은 "집회 현장 어디를 가도 유 씨가 있었다"고 입을 모았다. "대한민국에서 투쟁하는 사람치고 유혜 유혜 동지 밥 안 먹어본 사람은 없을 것이라고 생각합니다. 저도 그 밥 먹고 컸고, 복직했습니다." 한진중공업의 마지막 해고노동자 김진숙 씨도 유 씨가 건낸 밥을 기억하는 응원 영상을 보내왔다.

전국노점상연합회에서 활약하던 유혜 씨는 1995년, 장애인 노점상 최정환 열사가 분신하던 그해 처음으로 투쟁하는 장애인들을 위해 밥을 짓기 시작했다. 그 후로 20여 년간 전국의 투쟁 현장을 찾아다니며 동지들에게 집밥을 해 먹였다. 빠르게 가사를 읽던 나의 눈은 다음 문장에서 오래 멈춘다.

몇 인분이든 유 씨가 집에서 직접 짓고, 순수 나른다. 100인분을 매는 교관도, 300인분까지는 에쿠스, 1,000인분이 필요할 매는 1톤 화물차를 빌려 날랐다.

100명이, 300명이, 1000명이 먹을 밥을 순수 짓고 나른 사람이 있다. 20년에 걸친 그의 투쟁이 있다. 유혜 씨가 씻

여기 계신 분들 못해도 한 번 씩은 유혜 언니 밥 다 먹어 봤죠?

대하고 열시할 자유 또한 포기해야 한다고, 그들은 따뜻하고 엄정하게 알려주었다.

은 여수로 많은 쌀알이 쎄우는 이들이 피가 되고, 살이 되고, 정체이 되고, 제도가 되고, 역사가 되었다. 유희 씨는 늘 말했다고 한다. "밥은 하늘이다." 유희 씨의 투쟁을 알기 전에 내가 밥에 관해 했던 어떤 말이는 유효하지 않다. 꽉 제 위도 10인분의 밥을 지을까 말가 한 내 작은 밥솥을 가지고는 이해할 수 없었을 것이다. 밥 짓기는 내가 가진 그 어떤 교묘한 자기검오의 언어로도 감히 천하게 만들 수가 없는 일이라는 사실, 밥은 어떤 경우에도 고작 밥일 수 없다는 사실, 밥은 하늘이라는 사실을.

임심원을 하는 큰 기쁨 중에 하나는 바로 협업의 기쁨이었다. 밥은 눈과 섬세한 손, 칭찬을 아끼지 않는 마음을 가진 유리와 예인이 함께하지 않았더라면 임심원은 영영 개업을 준비할 뿐 아무런 손님도 들이지 못하는 허상의 식당이 되었을 것이다. 임심원 식구들을 생각하면 진짜는 다른 데도 인연을 찾아내야 할 것만 같은 기분이 든다. 그리므로 인연을 찾아내며 부역 한쪽에 밀어두고, 목소리와로 익숙한 의심을 잘 개어 한쪽에

자세를 가다듬고, 안주인다운 태를 갖추어 한 번쯤 이렇게도 말해본다. "나는 아주 멋진 일을 하고 있습니다." 가슴속에서 진주알같이 뽀얀 기쁨이 설핏 빛나고, 내 일굴은 약간 일그러진다. 왜레 공지란 조금 아린 느낌을 동반하는가 보다 생각하면서 상을 치운다. 다시, 손님을 맞을 시간이다.

* 「"밝은 하늘"… 밤심으로 투쟁하던 이들이 기억하는 '밤낚시'」, 『경향신문』, 2023년 1월 15일 자.

새로운 섹슈얼리티 형식에 대한 경험이다. 이 책은, 비건-페미니스트-컬렉티브 임상원은 도덕적 분노나 죄의식을 이용하지 않고도 근거리의 활동가들, 더 실패하는 쪽에 포진한 여성 활동가들의 목소리-현장을 기록했다. 밤상머리 대화 형식의, 자기-고백(나르시시즘과 자기-의심(성찰), 자기-희화화(유머)가 동시에 작동하는 이 글쓰기는 구슬이면서 대화이고, 리서치이면서 시적 텍스트이다. 내가 어제 7시 5분에 놀라며 간과했던듯이 임상원은 밤을 해 먹이고 이야기를 '듣는' 여성적-수동적 자리에서 사실은 이기적이고 쾌락적인 정치적 행위성을 단 한 번도 놓치지 않았다. "만병의 근원이 제식"이라는 임상원의 자조는 논쟁 해로 음미할 수 있는 레시피를 발명하면서 중화되고 근거리 여성정현 구정군독자-우리는 군-투일럽 신청 활동가로 이미 예정된 듯하다. 너무나 맛있는 식탁이고 너무나 탐나는 활동들일 것이다. 제식의 쾌락과 현장의 사랑을 가인한 이 글쓰기, 웃기고 슬프고 아름다운 사람들이 나오는 이 녹취록이 포기 불가능한 욕망을 위해 발명한 새로운 형식의 법배임을 나는 결코 번복할 수 없을 것이다.

— 양효실(여성학자, 미학자)

좋은 대화는 다 어디로 간 거냐고 냉소하는 이의 손을 덥석 붙잡고 이 책을 건네야겠다. 누구와 마주 앉든 '맘살핌'은 수다의 극치로 손님을 데려가려니까. 여기엔 분명 기술이 필요하다. 말하기와 듣기와 묻기와 춤 처 적기의 기술. 언어 때문에 환장도 해보고 구원도 받아본 자들만이 그 것을 안다한다. 저항하지 않고도 도저히 지킬 수 없는 사랑도 있음을 아는 자들만이 투쟁에 지친 이를 묵직이 대접한다. 밤상에 정성과 지성을 최다 바치는 맘살핌 식구들을 본다. 이들이 상을 차리면 온갖 아름답고 치열한 이야기가 식탁에 쌓인다. 세계의 없는 구명들을 두루 살피는 이 야기이자 흥터 난 이들의 서로를 모시는 이야기다. 그 모든 이야기가 밤 을 나눠 먹으면서 홀러간다. 익숙하고도 여전히 친귀한 이 장면이 내 가 슴에 사무친다. 살고 싶기 때문일 것이다. 나도 살고 너도 살기를 울고 먹고 웃고 떠들고 노래하기를, 무엇보다 우리가 진정으로 만나기를 바 라면서 『맘살핌』을 읽는다. 둘러앉아 식사를 하는 인간들의 이야기가 이렇게나 좋을 수 있다는 사실이 한 술 제 놓은 가득 채놓은 만두들만큼 감격스 럽다. 최선의 만남이란 바로 이런 것이라고 온 세상에 외치고 싶다. 이 시대 가장 뛰어난 대화집이다.

— 이슬아(작가, 헤엄출판사 대표)

독자 북펀드에 참여해주신 분들입니다.
고맙습니다.

가랑비 강산 강수민 금계 기쁨이 김도연(도로롱) 김민우 김민진 김민찬 김민희 김보경 김신아 김소연 김세원 김시윤 김영을 김유진 김지현 김진아 김혜시바 김혜영 김혜윤 김희정 나은우 노루잠쿵 느티나무어린이도서관 단 도한 독고희라 동동 둘둘 딴지 류현정 림보 무모 문시현 문식 박송효 박슴미 박찬세 박현회 배신회 배종윤 비모 방봉 서여의도엄살쟁이 서영이 서정희 서하 소앙 손명수 손서정 송창환 수민 신소요 신은혜 안단 안지영 양양 양양 여운송 연혜린 영상 오요 우리집마디 유수정 유진 이동화 이설 이세인 이수민 이승연 이승화 이야기장수 이여로 이연숙 이연화 이재정 이하나 이하늘 이해삐 이효 임가현 임마인 전이 정창수 정정빈 정민지 정수지 정승은 황영석 정요한 정자람 제니 지영 지운 진기 진세의 진승 차한비 총편집장표르 최리외 최선 최인영 카피발전소iN교하 김킴 탐해 푸른봄 하미나 하은님 해수 현리나 호두강성 호모부커스 호영 홍영득 홍이현숙 황닷스 황원규 휘 희음
Lee Haebin Misong

얼심원

밤하늘에 둘러보내는 엉터리 이웃

초판 1쇄 … 2023년 5월 15일

지은이 … 안담, 한유리, 꽈에인

펴낸이 … 이재현, 조소정

편집 … 조형회, 문벼리

디자인 … 오혜진(오와이이)

일러스트 … 최성민

제작 … 세걸음

펴낸곳 위고

등록 … 2012년 10월 29일 제406-2012-000115호

주소 … 10881 경기도 파주시 회동길 290 206-제5호

전화 … 031-946-9276

팩스 … 031-946-9277

hugo@hugobooks.co.kr

hugobooks.co.kr

© 안담, 한유리, 꽈에인, 2023
ISBN 979-11-93044-03-2 03330

이 책 내용의 일부 모는 전부를 재사용하려면 반드시
저작권자와 출판사 모두의 동의를 받아야 합니다.